小学数学结构化学习教学指导

吴玉国　孙谦　著

丛书顾问　周洪宇

丛书主编　刘大伟　张爱平

生活·实践教育系列成果

南京教育文库

明远题

南京出版传媒集团
南京出版社

育文库

顾明远题

南京教

图书在版编目（CIP）数据

小学数学结构化学习教学指导 / 吴玉国，孙谦著. -- 南京：南京出版社
（南京教育文库）
ISBN 978-7-5533-4063-0

Ⅰ. ①小… Ⅱ. ①吴… ②孙… Ⅲ. ①小学数学课－教学参考资料 Ⅳ. ①G623.503

中国国家版本馆CIP数据核字(2023)第004848号

丛 书 名： 南京教育文库
丛书顾问： 周洪宇
丛书主编： 刘大伟　张爱平
书　　名： 小学数学结构化学习教学指导
作　　者： 吴玉国　孙　谦
出版发行： 南京出版传媒集团
南 京 出 版 社

社址：南京市太平门街53号　　邮编：210016
网址：http://www.njcbs.cn　　电子信箱：njcbs1988@163.com
联系电话：025-83283893、83283864（营销）　025-83112257（编务）

出 版 人： 项晓宁
出 品 人： 卢海鸣
责任编辑： 钱　薇
装帧设计： 张　淼
责任印制： 杨福彬

排　　版： 南京新华丰制版有限公司
印　　刷： 江苏凤凰通达印刷有限公司
开　　本： 787 毫米 × 1092 毫米　1/16
印　　张： 14
字　　数： 187千
版　　次： 2023年5月第 1 版
印　　次： 2023年5月第 1 次印刷
书　　号： ISBN 978-7-5533-4063-0
定　　价： 60.00元

用微信或京东
APP扫码购书

用淘宝APP
扫码购书

总　序

不忘本来　吸收外来　面向未来

南京作为六朝古都，历史悠久，底蕴深厚，自古以来就是东南一带的政治、经济、文化中心。南北朝时期，宋文帝首开中国古代教育分科先河，在南京开设儒学馆、史学馆、文学馆和玄学馆，以分科的形式传经授道；梁代的五经博士以考试选拔人才，为隋唐科举制的实施奠定了基础。南京教育在明代更是达到了一个巅峰，不仅全国最高学府国子监设立于鸡鸣山下，且乡试、会试考场也设置于秦淮河畔的夫子庙，“天下文枢”也因此而闻名宇内。与官学相颉颃，私学在南京也有着悠久的传统，宋代的明道书院，明代的江干书院、新泉书院、崇正书院，清代的钟山书院、惜阴书院等，为学术思想的传承、学术流派的形成打下了扎实的基础。

民国以来，南京成为中西方教育思想汇聚的交融地，一大批本土教育家和海归教育家以南京为基点，加入了绘制中国近现代教育改革的蓝图大业中。张謇、沈恩孚、江谦、袁希涛、黄炎培、郭秉文、陶行知、陈鹤琴、邰爽秋、吴贻芳、俞子夷等一批学贯中西的教育家致力于南京教育的改革与发展，“生活教育”“活教育”等教育思想在南京萌芽、丰富与完善，铸就了传承至今的晓庄学院、鼓楼幼儿园等一批教育实践的典型代表。这些源于南京的教育思想与实践以中国基本国情为基础，对西方教育思想与实践进行了创造性转换与创新性发展，走出了一条独具中国特色的教育改革发展之路，一改民初“仪型他国”的社会风气，也为随后很长一段时间的中国教育改革与发展指明了方向。如果说，北京是近现代中国思想变革的策源地，那么南京一定是近现代中国教育思想变革的策源地，也是中国式教育现代化的起源地。

“敢探未发明的新理，敢入未开化的边疆”，这是我对南京教育的一个直观看法。这既有陶行知、陈鹤琴等教育先辈们对我的影响，也有我与南京教育人交往后的感触。早在1982年，我因为编撰《陶行知全集》，就多次来到南京市晓庄师范学校、南京大学、南京图书馆查找资料，认识了一批南京教育界的朋友。近年来，由于工作的关系，我常常有机会参加南京的基础教育活动，也因此与百军局长、张生书记结下了深厚的友谊，对新时代以来南京教育的高质量发展有了深厚的感悟。在学前教育普惠优质发展方面，南京普惠性幼儿园覆盖率达89%，优质园覆盖率达92%，率先全市域创成“江苏省学前教育改革发展示范区”；在义务教育优质均衡发展方面，南京义务教育优质资源覆盖率达98.6%，学校标准化率保持在100%，率先全市域通过“全国义务教育发展基本均衡县（市、区）”评估；在高中教育多样特色发展方面，南京整体规划和建设学术型、特色型、综合型普通高中，实施高中布局优化行动计划，全市达省定三星级以上的公办普通高中比例达95.5%；在特殊教育融合优质发展方面，南京建立了特殊教育工作联席会议制度，建立起从学前教育到高等教育全纳性的现代特殊教育体系，实现了全市所有街（镇）学前、义务教育阶段学校融合教育资源中心全覆盖。

南京教育能够取得如此优异的成绩，既有教育行政部门在方向上的正确指引，也有每一位普通南京教育人在岗位上的默默付出，因而我们既要关注教育宏观问题，也要关注微观上每一位教师、每一件事、每一个孩子。2022年1月，我的学生大伟从南京晓庄学院调任南京市教育科学研究所主持日常工作，我建议他既要在宏观上发挥市教科所作为教育智库的功用，也要关注到学校的内涵发展，更要关注到每一位教师的专业发展，因为教师的发展是学校发展的基础，只有教师发展好了，学校才能发展，而最终指向的必然是孩子的发展。因此我提议他能否整理出版一套“南京教育文库”，通过文库工作推动一批专家型教师梳理提炼教学主张、教育理念和学术思想，以时代为观照，立足南京教育实际，解决中国教育问题，推进南京教科研在知识创新、理论创新和方法创新上不断传承与发展。大伟很快邀请了南京一批名特优教师参与“南京教育文库”的编写工作，并规划了持续长达8—10年的发展计划，其中包括了写作指导、出版、评奖、宣传等全方位的保障体系建设。这一宏大体系建设还得到了顾明远先生的肯定与点赞，并欣然赐予墨宝“南京教育文库”六字。

“南京教育文库”的提出与推进，对于基础教育界具有非同寻常的意义，具体我认为有以下几点价值：

第一，独特性。毋庸置疑，每一个城市的教育发展都有独到之处和自身特点，但南京的教育发展与其他城市相比，其特点更加明显、风格更加独特。在江苏提出率先实现教育现代化的进程中，南京确立了“加快建设现代化教育强市、以高质量教育支撑高质量发展”这一战略目标，更加自觉地坚持教育优先发展、科学发展、创新发展。南京教育的主要发展指标已达到或超过OECD（经济合作与发展组织）发达国家和地区的平均水平，教育现代化水平连续六年获江苏省第一，在省对设区市政府履行教育职责考评中连续三年位居江苏省前列。可以说，南京教育在江苏省甚至全国都具有标杆性的独特作用。而如何将这种独特价值展现出来，“南京教育文库”的编撰正好起到了这一作用。这套丛书通过挖掘梳理南京教育的内涵，将南京教育的独特做法与经验理论化和系统化，既是对南京教育光辉历史过往的追溯与总结，也是对南京教育未来的期待与展望，更是可以成为中国教育改革与发展的地方样本。

第二，人本性。人的发展是教育的出发点和归宿，人的活动是教育的核心和关键，这是我近些年来提出的教育活动史的一个重要观点。教师是教育发展中的人，我们各级教育行政部门应该给予他们更多的关注与关心，特别对于一批具有典型性和代表性的教师，我们应该提供各种条件帮助他们总结、凝练、宣传、推广他们的教育理论与实践。就我所知，目前国内还尚未有类似的丛书出版。南京市教科所率全国之先，关注教育活动中的人，为教师的研究提供物质保障和学术指导，帮助他们在研究中发展，在实践中成熟，在推广中完善，可谓真正地将教师置于教育活动的中心地位，实现了以人为本的目的。

第三，开放性。对于这套丛书的设计与出版，我跟大伟提议，除了考虑名特优教师的教育思想总结与凝练外，还要在未来考虑对青年教师的支持，特别是要支持一批“学带”“优青”等具有基础的青年教师。南京教育近年来提出了如“宁教杰青”等一系列教师培育计划，我想我们的工作在未来还要吸收这样的教师参加“南京教育文库”的编写工作，加快对青年教师的培养速度。在学段上，我建议他要综合考虑各学段人员的配置，中学、小学、幼儿园各学段教师都要涉及，还要考虑在教师发展中心、教研室、教科所等单位工作的人员，更要考虑在学校管理岗位有丰富经验的教育管理者，这样就可以让我们这项工作更加开放、更加多元。

第四，持续性。南京教育的发展历史是一个整体，我们要做到不忘本来，吸收外来，面向未来，既要思考南京教育从哪里来，也要想好往哪里去，更要做好走向的持续性。因而对于这套丛书我还是有一个期待的，期待这套丛书能够持久地做下去，做成制度，做成系列，做成品牌，让更多的教师参与其中，享受到教育改革发展的红利，并在这项工作中得到发展、得到进步。我还希望将来“南京教育文库”能够借鉴“教育智库与教育治理50人圆桌论坛”的思路，形成一支队伍、一项制度、一套丛书、一个论坛、一个品牌的“五个一”发展思路，为南京教育的高质量发展注入持续不断的动力。当然，我也知道为了这套丛书的出版，大伟费尽了心思，他跟我说他要以陶行知办学的事迹为榜样，四处化缘筹措出版经费，找寻出版社确保进度，策划高级别平台宣传，以及筹划、参与各级各类评奖。我希望他能够保持这种工作激情的持续性，将这项工作一直做下去，实现陶公所说的“为一大事来，做一大事去”的理想目标。

合抱之木，生于毫末；九层之台，起于累土；千里之行，始于足下。“南京教育文库”的出版在不久的将来必然会成为中国教育界重要的一棵“合抱之木”、一座“九层之台”。我也衷心希望参与到文库编写工作的同志们千里之行，永不停歇！

是为序。

周洪宇

2022年11月22日

于武昌东湖

（作序者系第十三届全国人大常委会委员、湖北省人大常委会副主任，中国教育学会副会长、中国教育发展战略学会副会长、长江教育研究院院长、华中师范大学国家教育治理研究院院长，博士生导师）

目　录

第二章　学情调查：了解“双基”情况

第三章　学材开发：支持认知过程

绪　论

实践结构化

——小学数学结构化学习实践研究的回顾与总结

2014年，我获评江苏省人民教育家培养工程第三批培养对象后，在杨九俊等导师的指导下，“小学数学结构化学习的实践研究”成了我的研究主题，后来这项研究还获批了江苏省基础教育前瞻性教学改革实验项目、江苏省教育科学规划重点资助课题与课程基地的内涵发展项目。在导师们的多次指导以及特级教师工作室团队的合作探究实践下，历经多次热烈讨论，虽难深入，但还是坚持推进，总算把这块硬骨头啃下来了。在广泛的实践过程中，我们能够越来越接近现实小学数学教育的本质问题。这项研究也引发了国内广大一线老师的兴趣与共鸣，给老师们理解新课标、实践新教学带来了不少启示与帮助。研究团队不断壮大，研究主题越发有意义。

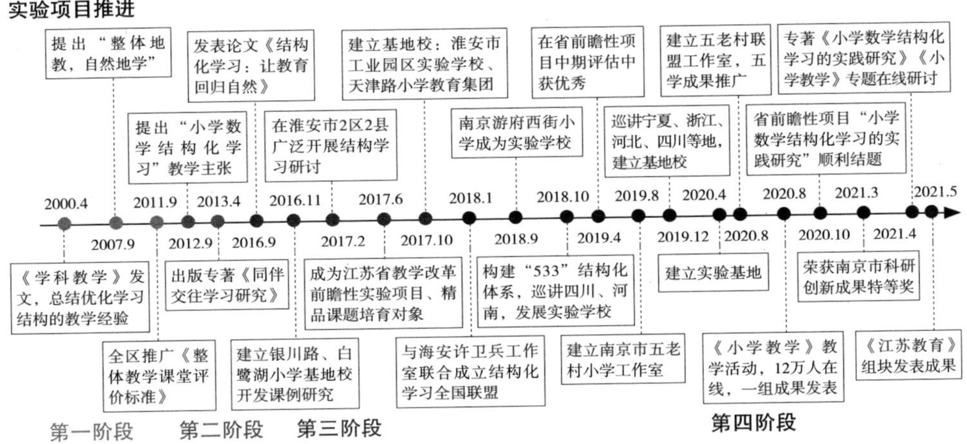

图1　小学数学结构化20年时间研究历程

现实中的小学数学学习的教学指导，普遍存在着教学内容组织未能形成有机整体、过程设计未能建立深度关联、目标评价未能指向综合发展的问题。其具体表现在以下五个方面：一是教师对数学知识的传授缺乏在融会贯通的基础上对学习原理的分析与理解，在形式上简单模仿、套用书本讲解；二是教师对学生认知的了解缺乏进行学情调查研究分析的意识与能力，肤浅、笼统地推测学情现状；三是教师对学习资源的利用缺乏基于师生教学而共同开发的认识与实践，简单、机械地拼合学习材料；四是教师对学习活动的开展缺乏促进思维结构层级发展的框架与措施，多于单向、一元地组织学习过程；五是教师对学习目标的制定缺乏挖掘创新发展潜在能力的理解与设定，盲目封闭地采用识记等简单评价。结构化学习就是通过对知识结构的整体分析，包括明晰连接生活的知识产生过程，理解知识内部以及知识之间的网络联系，以及通过对学生学习情况的调查分析，回归学生真实的生活世界，引导他们发现蕴含在数学大概念中的数学问题，通过大问题的驱动，明确数学学习的大任务，设计富有独立思考与合作探究的挑战性学习活动，促进学生建构自己的认知图式，在数学实践活动中不断提高数学综合素养，并将数学学习用于生活的实践、创新与创造，从而培养学生的数学眼光，启发学生进行数学思考，提高数学表达能力与水平。这个过程与学生学习的机制原理、学生学习的情况分析、学生学习材料的开发以及学生学习的评价有着密切的联系，也逐步形成了指导结构化学习的“五学”框架体系。“五学”教学指导，有益于教师教学思维的改善与学生学习方式的改进。

结构是系统的必要属性，体现了元素及关系的整体关联，是具有能动性功能的完整体系。皮亚杰指出，结构就是由具有整体性的若干转换规律组成的一个有自身调整性质的图式体系。[①]美国认知心理学家布鲁纳说：“掌握事物的结构，就是允许许多别的东西与它有意义地联系起来的方式去理解它。简单地说，学习结构就是学习事物是怎样相互关联的。”[②]结构化学习，就是学生在学习中能将展开后的点、线、面状的知识，用整体关联的方

①[美]皮亚杰：《结构主义》，商务印书馆1987年版。
②[美]J.S.布鲁纳：《布鲁纳教育论著选》，人民教育出版社2018年版。

式融通融合起来，深刻理解、创造模型，从而实现解决复杂情境下新数学问题的目的。具体可以从以下三个方面阐述：

一、关注四个层面结构化，发展核心素养

“学习过程就是学习主体的原有认知结构与从环境中接受的感觉信息相互作用，是主动构建信息意义的生成过程。”①小学数学结构化学习是基于小学数学学科的整体系统性、结构关联性的本质特征，引导儿童自然而又有意义地进行数学学习——即从结构化数学知识本身出发，通过结构化学习活动，在数学学科学习中提升核心素养。主要包括四个层面的结构化：

一是学习内容的结构化。包括基于教材三个层次梳理与理解——课时知识点元素关联形成的数学概念知识结构、概念关联组成的数学单元知识结构以及单元发展的数学大概念知识结构。对小学数学知识进行整体性梳理与理解，是小学数学教师理解数学专业化的基础要求。

二是核心任务的结构化。包括结构化学习过程中目标要求的认识、理解、应用与核心素养发展中的必备品格、关键能力、情意态度的阶段发展相匹配的层级任务结构化。

三是学习活动的结构化。包括知识与认知连续性对接、合作探究关联性展开以及变化情境循环式应用，逐步形成教师主体、学生主体、师生双主体建构的活动结构化。

四是目标评价的结构化。情境问题中元素发现、整体关联中理解建构、应用创新中结构迁移，都可以通过表现性观察记录乃至数据化实证分析，达到对儿童数学学习中“抽象、推理、模型”等的关键能力发展水平进行结构化评价的目的。

二、立足“五学”实践，助推结构学习

小学数学结构化学习，是儿童在已有数学知识经验的基础上，借助数学教师对数学学习内容进行整体理解与适切的课程开发，经历个性化的连续、关

---

①谭敬德，陈清，张艳丽：《维特罗克生成学习理论认识论特征分析及其对教学设计的指导意义》，载《电化教育研究》2009年第8期。

联、循环的认知转化[1]，指向具有知识经验的结构内容、思维方式的结构过程、思想方法的结构目标，促进个体思维结构发展，影响并引领未来发展。教师能够理解知识整体单元的变化发展，明晰知识载体之上的学科育人价值，学会在了解和分析儿童学习经验与心理、整理与整合教材资源、创新与创造学习活动的基础上设计学习过程。从“真实”情境中来，到“真实”问题中去，以较完整的内容呈现、多变化的问题表达向儿童传递“贴近”的数学信息并渗透相应的数学方法与思想，凸显数学知识元素的联系，培养儿童科学地认识和理解概念的能力，发展数学的基本思想与方法，不断形成对数学的整体认知结构。从这个角度来看，小学数学结构化学习，就是从建构数学基本思想与方法的角度，对数学知识进行合理统整。打破孤立的“一节课”局限，将学程的起点定在“一类、一组、一系列课”的组织与设计，包括学什么、为什么学、怎么学、为什么这么学、还可以怎么学以及学到什么程度，目的在于促进儿童良好的思维方式与习惯的形成，帮助其从意义的角度理解知识的发生发展，凸显元素整体关联与系统结构发展，“本着整体性和结构性教学思想，寻找相关知识、方法和思想的连接点，统整相关教学资源，达到帮助学生整体建构知识的目的。”[2]

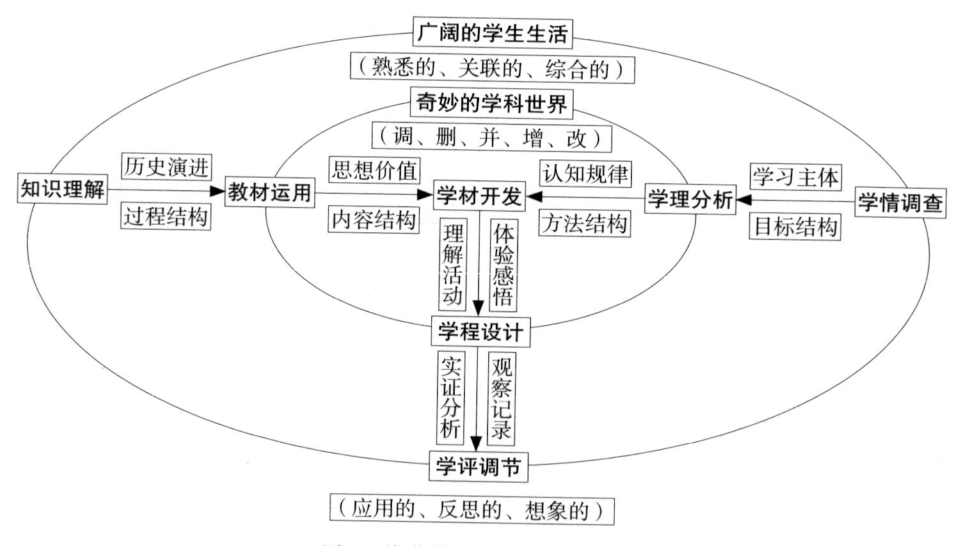

图2　数学学习的结构化理解

①朱俊华，吴玉国：《结构化学习因“变式”而精彩》，载《中小学教师培训》2019年第4期。

②朱俊华，吴玉国：《基于整体的小学数学结构化教学》，载《中小学教师培训》2019年第9期。

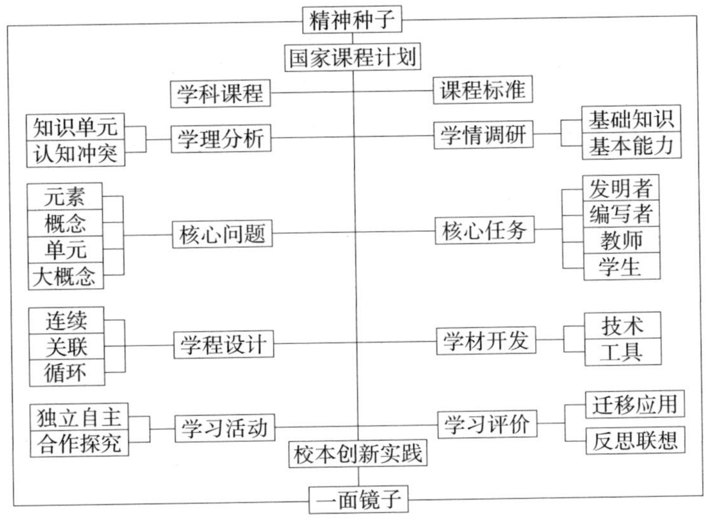

图3 结构化学习理解与实践

在小学数学结构化学习中，国家课程是教师引导儿童成长的精神种子（如图2、图3），意思是小学数学学习要基于教材并在梳理教材的基础上理解其内容结构与目标要求，从中感悟儿童数学学习的认知规律与方法结构，清晰儿童的数学学习原理。教师要从儿童数学生活的角度去理解这一点——数学其实就是儿童熟悉的、整体的、关联的知识经验，真正搞懂知识的来龙去脉与学习的过程、结构，同时重视儿童学习情况的调查与研究，确立儿童学习的主体地位，厘定数学学习的目标结构，将内容结构、方法结构、情意结构融入目标结构之中。教师与教材编写者、儿童一起感受，融入学习中，研究开发学习需要的好玩的材料、学习有趣的情境过程以及学习后进行反思联想，真正通过学习促进儿童元认知水平的发展。结构化学习，“致力于寻找知识之间的连接点，将碎片化的知识连成线、织成网、筑成块、构成体，让学生整体感悟学习内容、学习进程，帮助学生建构整体的结构思维，建构学生的思维体系和认知结构”①，有效地促进了儿童基于小学数学学科的核心价值、必备品格与关键能力的意义学习。同时，学习过程伴随着具有意义的连续与关联、转换与迁移、创新与创造，促进了儿童情感、意志与思维的

①颜春红，吴玉国：《结构化学习的活动设计与组织》，载《江苏教育研究》2018年第1期。

和谐发展，儿童学习到的知识，也就会成为儿童成长的精神种子。这种充满了生命灵动的学习过程可以从以下三个方面循序渐进地进行：

首先，基于课程与课标的对接理解，明晰学理分析与学情调查。（如图4）当下的学科知识，主要是以教材的形式呈现，而结构化学习机制与原理是非常复杂的，我们的团队在这方面的研究很是用心用力，在案例实践研究中不断构建出用于知识大概念、大单元、单元与概念的分析图表。小学数学结构化学习的原理，是指小学生以数学知识学习为载体的认知心理发生发展规律，是学生在学习过程中基于数学“经验意义”而建立的心智发展结构图式。

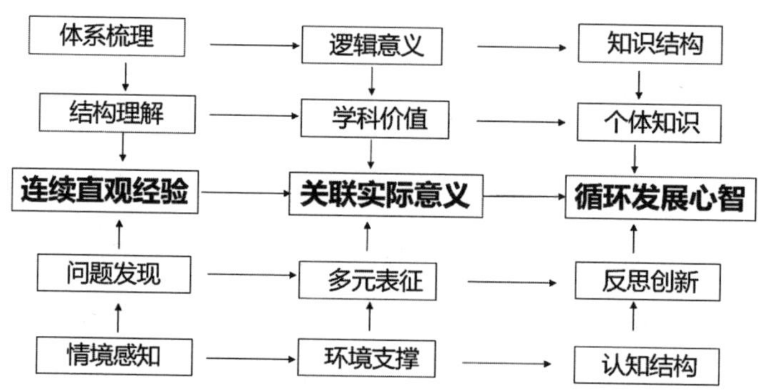

图4　小学数学结构化学习原理分析

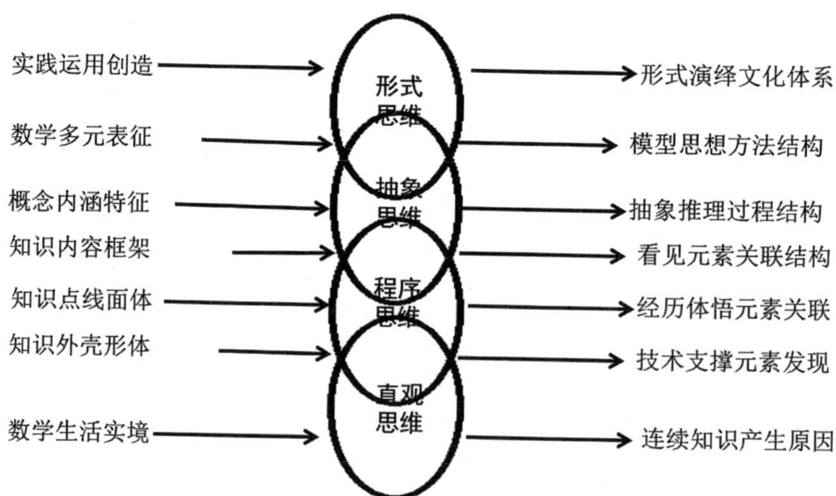

图5　数学学习思维发展的层级性结构

"就知识的整体性把握而言，我们不应停留于所说的逻辑关系，而应努力帮助学生建立起相应的概念网络，或者说是知识结构，'逻辑结构'与'认知结构'的一个重要区别是：前者主要表现为线性的、单向的关系，后者则是双向的或多向性、网状的。"[①]"小学数学结构化学习着眼于数学整体知识结构的建构，通过对课时内容与本单元、本领域、相关领域和学科外内容的关联性结构分析，将课时内容置于数学整体知识结构中去建构，使课时内容具有连续性、关联性和生长性……"[②]具体来说，当我们运用学科教材教学具体课时内容时，要将这一点知识"嵌入"到"单元"视野之中，从关联的例题、单元、领域的目录梳理中分析理解概念、单元、大概念的横向、纵向的知识结构网，抓住基于数学本质的核心问题。同时也要明晰直观操作、抽象推理与模型应用的认知结构融合式"螺旋上升"的层级结构，从而透彻辨析知识内在组织形态的优劣，并能从构建知识、教师、儿童学习共同体出发，立足于儿童基础知识与基本能力，科学了解儿童的相关生活学习经验，调查了解儿童是否知、知多少与怎么知的整体经验，考量儿童现实认知的整体水平及不同个体间存在的具体差异。在此基础上，将知识的单元结构与学生的整体经验结合起来，进一步找到作为"发明者—编写者—教育者—学习者"知识学习的核心任务，设计主题活动，促进学生潜在能力发展，真正理解知识结构与认知结构的关联，刻画立足知识结构与儿童认知结构以及怎么学习的路径图。在这个过程中，课程经过标准对照与问题引领，实现向任务的转换，任务就具有了目标综合性、主体多元性以及过程活动性，体现出基于发明者、编写者、教育者与学习者的整体意义关联后的"合一"。同时，这样的研究活动还可以促使教师努力提高理解课程意图的自觉性与专业水平，正确把握课程与标准的联系，提升纵向贯通与横向融合的教学理解力与创造力，达到从整体意义关联的角度理解和把握学科教材的

①郑毓信：《数学哲学与数学教育哲学》，江苏凤凰教育出版社2007年版。

②席爱勇，吴玉国：《学理分析：让结构化学习深度发生》，载《中小学教师培训》2018年第4期。

目的。

其次，基于核心问题与核心任务的把握，开展学材开发与学程设计。在研究学理和学情的基础上，我们着力进行学材开发。我们所说的学材开发，是基于知识内容、学习材料和学生三者之间整体、关联、发展的关系，从整体到细节对学习内容进行适合的、个性化的挖掘重组，构建促进学生自主学习的材料资源。我们强调学材开发的三个原则，对于我们一线老师“用教材教”具有普遍的指导作用。

一是整体性原则。教师依据教材分析小学数学知识的结构内容，找到知识的核心元素，看清知识生长的原点，厘清知识结构的思维发展过程，以及横向融通跨领域数学知识的思想方法，明晰知识体系与学生认知过程的整体性，从而搞清楚教材依据知识核心元素螺旋上升编排的体系结构，结合学生的认知困难，架设学习认知的“桥梁”，促进学生的学习过程在“来来回回”中循环上升的整体性。

二是关联性原则。教师依据核心元素的关联结构及其变化，打通知识点之间的关联，创造真实学习的整体性情境；理解突出核心元素的结构中心的转移、转换与转变，从而不断推进层级性数学问题解决活动得以深入展开，促进学习过程由内而外进行结构化理解。连接着数学的点、线、面、体知识的整体认知学习，融通融合了课时、单元、领域知识的“层层叠叠”的理解学习，实现了“课课不同，课课融通”的数学结构化学习。

三是发展性原则。学材的开发应重视以学生经历经验为基础，突出学生的内在动机、兴趣、态度、习惯等因素，科学开展具象、表象、抽象与想象四种不同层级的认知活动，不断提升学生自我反省、修正与调节的元认知水平，引导学生在动机、兴趣、态度与习惯方面经历“弯弯曲曲”的自我体验，促进数学学习的综合素质发展与关键能力提升。关于学程设计，我们曾经描画了结构化学习理解与课堂实践的表格（如表1）。

表1 学程设计：3×3备课

	情境	活动	评价
连续	设计经验情境，连接学生已有知识经验和生活经验，通过直观动作感知新知	经历系列感知活动，经验感知，明确目标，激发学生学习心向	是否体现教师主导作用，从科学形态走向学科形态
关联	设计互动情境，经历“具象、表象、抽象”表征过程，通过程序抽象新知概念模型	经历系列体验活动，体验理解，分析描述，表象建构，互动交流，启发学生思维方法	是否体现师生双主体作用，从学科形态走向学习形态
循环	设计实践情境，经历新问题解决过程，深化新知一般化模型结构	经历系列实践活动，迁移应用，循环上升，发展学生解决新问题的综合能力	是否体现学生主体作用，从学习形态走向实践形态

我们的学程设计深受冯忠良教授的影响。冯忠良教授曾经把学生学习的心智动作描绘成一幅关系图（如图6）。冯忠良教授认为，教材的直观、概括、具体化是知识掌握中三个主导性环节，直观是起点，概括在中间，具体化与概括相联系。另外，这三个认知动作间又存在着部分交叉渗透关系，比如直观中包含部分的概括，即直觉的概括；具体化中也存在着概括，即具体事物的同化和类化，由抽象到具体的概括。同时，认知过程还要重视识记与保持，识记与保持亦存在交叉渗透关系。显然，我们的学程设计脱胎于冯忠良教授的心智动作关系图，这显然是在对相关理论通透理解的基础上，在经典理论与长期实践经验的契合点上提出来的。杨九俊先生对此也明确地指出：第一，中小学教师的理论指导实践，主要在于理论运用，玉国所做正是如此；第二，冯忠良教授的心智动作关系图是相当经典的，在今天仍然有借鉴意义；第三，在今天的语境中讨论心智动作，讨论结构化学习，是需要我们有所创造的。由此看出，结构化学习的“连续、关联、循环”的三个环节与冯忠良教授的“直观、概括、具体化”是一致的，而“关联”是结构化学习的核心，显然这对科学推进教学改革有着积极的进步意义。

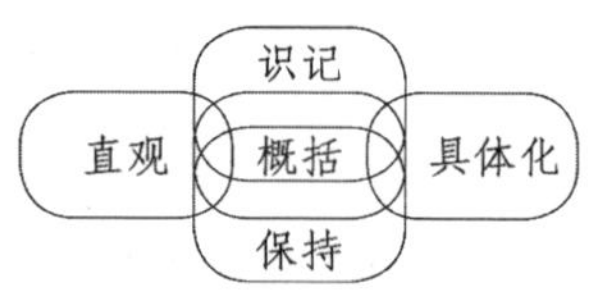

图6 知识掌握的基本心智动作的关系

在学理分析与学情调查的基础上，着力将教材改变为学材，即通过数学教师对知识结构与儿童认知结构的专业化理解，设计连接儿童认知经验的“真实”情境，激发儿童发现数学问题，找到关联的数学元素，从而建构起教师理解的知识结构逻辑意义。在这里需要强调的是，这种知识结构是适合儿童学习的，体现了知识的学科价值。在“真实”情境中，教师积极投身于意义学习的场域创造，引导、激发儿童展开学习共同体合作探究，积极使用多元表征方式，进入实际意义的关联建构，发展抽象、推理、模型等综合能力。经历这样的结构化学习活动，学生的发展不再单一，它伴随个体知识的生长，知识结构的建构，在模型应用创新中深化认知结构，在修正、反思、想象中提高元认知水平；它伴随着个体心智的发展，主体内涵的发展，在自然融通的学习中主动发现问题，在对话、操作、合作中促进心智发展，学有所获，实现学习的价值追求，提升个体的综合素养。从课堂学习的层面上，结构化学习的具体体现是“连续—关联—循环”课堂学习模型（如图7）。

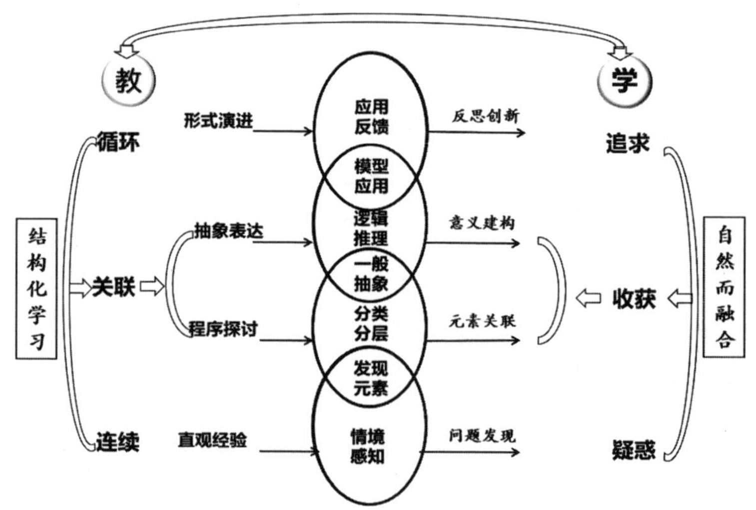

图7 结构化学习：连续、关联、循环的自然融合

在连续中强调核心知识元素的“直观”过程，在关联中凸显多元表征形式的“概括”过程，在循环中突出项目综合应用的“回问”过程。[①]通过教师对思维发展“直观经验—程序探讨—抽象表达—形式演绎”的科学理解，支持儿童数学学习“问题发现—元素关联—整体建构—反思创新”的实践过程，经过教师教学的“连续—关联—循环”，支撑起学生学习的“疑惑—收获—追求”，学习自然而有意义地发生。基于整体意义关联，促进结构思维发展，结构化学习创生了“3×3”活动设计，即连续、关联、循环与情境、活动、评价的结构化活动组织，在结构化学习的每一个环节匹配发展必备品格、关键能力与学科情意的核心素养（如表2）。

表2　结构化学习的教师3×3备课

	情境	活动	评价
连续	呈现“真实”情境，连续学生已有知识经验和生活经验，直观动作感知新知元素	经历整体性活动直观感知过程，经验“直觉”，发现新知元素，确立学习心向，调动学习兴趣	体现教师主导作用，梳理知识体系，理解知识结构，建立大概念下的知识元素、概念、单元的学习，看见生活经验中的知识，从科学形态走向学科形态
关联	创设“支撑”情境，互动“具象、表象、抽象、想象”表征过程，自主建构新知概念模型	经历层级性活动合作探究过程，展开一般抽象、逻辑推理、模型建构，建立学习联系，培育学习态度	体现师生双主体作用，发现知识逻辑意义，分析知识学科价值，构建知识结构下的思想、方法与态度的学习图式模型，理解学科学习中的知识，从学科形态走向学习形态
循环	变化“实践”情境，经历问题解决过程，应用新知开放想象结构	经历发展性活动反思应用过程，迁移延展，问题解决，循环上升，培育学习联想，养成学习创新品格	体现学生主体作用，形成知识学习模型结构，内化个体生成性知识结构，拓展意义结构下应用创新、自我反思以及开明开放的创造学习，反思个体认识中的知识，从学习形态走向实践形态

---

①万兆荣，吴玉国：《结构化视角下“认识比”学材开发的实践与思考》，载《中小学教师培训》2019年第5期。

"在数学教育中，主体只有在用数学组织生活的同时建构数学，才能反映出数学真正的生活本质，也才能反映出数学发展中人的主体性……"[①]在学习的连续环节中，创设的情境要与儿童知识经验和已有的现实生活发生实质性联系。在真实、连贯、直观的活动中，引导认知冲突，引发学习心向，唤醒儿童主动进入体会知识的意义过程，发现新旧知识之间的联系，自主萌发探索新知识的愿望。在学习的关联环节中，提出探究新知识的各个元素及其联系的大问题。大问题驱动儿童的操作、分析、归纳、概括、抽象、建模等程序活动，多元表征参与思维建构，在指导者（主要是教师）的帮助下，经历存疑、析疑、解疑与反思的全过程，多种感官协调运行，逐步完成知识与素养的自主协调建构。在学习循环的环节上，创设运用知识解决问题的新情境。新情境具有丰富的文化性和变化的延展性，促进儿童对概念模型的深化理解与问题解决的计划、实施与反思，从知识层面发现元素、概念、单元之间的关联结构，从能力层面提高在多变情境中应用知识解决问题的水平，促进思维的灵活性、开放性、创新性发展，最终达到提升学科综合素养的目标。

最后，基于思维结构与心智转换，建构发展性评价体系。

第一，评价目标具体化。结构化学习评价是基于整体目标、阶段目标与课时目标的分步评价，突出结构化思维的形成以及知识、方法、思想迁移能力的培养，对学习过程、学习结果、学习态度与学习行为几个方面都有具体要求。在连续、关联、循环三个学习环节中，可以通过观察记录、数据分析甚至实证评价监测学科素养发展情况；将课堂学习的时段目标与单元学习的阶段目标以及学科学习的整体目标有机地贯通起来，实现目标的一致性与阶段性的统一。这样能够清晰地认识、理解具体目标的实施要求，从而促进教师有效设计学习情境与活动、开发学习工具与技术、组织学习内容与形式，引导学生主动进入经验连接学习、深入探究体验学习与反思具体应用学习。

第二，评价过程全覆盖。小学数学结构化学习评价，教与学的评价整

①陈碧芬，张维忠，唐恒钧：《"数学教学回归生活"：回顾与反思》，载《全球教育展望》2012年第1期。

体兼顾，教的效果是通过学的评价来体现的，指向学习过程与学习结果相结合、显性效果与隐性效果相结合。我们设计的“连续—关联—循环”三个环节，对教与学的活动以及目标都有“合情合理”的预设。小学数学结构化学习更加重视思路、思维、思想与教学的方式方法、数学学科素养相结合的评价，评价贯穿学习的全过程。

第三，评价内容结构化。结构化学习评价在内容、方法、过程、成果以及情感、态度、意志、价值观上浑然一体。我们用诸多的案例说明了结构化学习评价内容更具有结构化特征，包括学生经验下沉到连接激活，学习知识还原到元素结构，生长素质触动到应用创新。如学习内容的知识结构化，是在知识还原认识与理解中，把握纵向连贯领域知识与横向融通跨领域知识的、网面立体的、单元整体关联的结构化，明晰基于年段知识的面与面关联的单元章节结构化，以及基于核心知识点的元素关联的单元课时结构化。正如案例所反映的：课始，看见核心概念，发现结构；课中，探究核心任务，建立结构；课尾，提升核心素养，深化结构。

第四，评价引领新创造。结构化学习的创新创造，在理解应用、综合应用与变化应用的课程学习中，促进学生主动而有意义地学习，即完成心智的转换；用“应用”唤醒教师创造真实连贯的情境，引导学生“发现”数学变与不变的规律。我们认为，结构化学习让国家课程成为学生学习成长的一面镜子，教师的专业理解与创造引领学生学习并获得新体验，建构新知识就成了学生成长的精神种子。从这个意义上讲，包含关联、转换、迁移的结构化学习，是具有灵性的学习，促进了学生情感、意志与思维的和谐发展，用情感与认知“双轮”驱动学习深度展开，有效解决了纸上谈兵、照本宣科与学做分离等教学问题，有力地推动了教师科学教学的专业理解与创造、学生深度学习的发生与建构。

小学数学结构化学习目标评价是多层面、全方位的，整体目标、阶段目标与课时目标评价分步进行，依次递进。结构化评价指向素养的动态与静态相结合、过程与结果相结合、显性与隐性相结合，对教师、学生、教材的观察记录、图示理解、数据分析进行综合的实证评价，力求对教师的专业化教学水平起调节、修正作用，促进学生心智素养结构的生态发展与阶段达成。评价将应用性放在核心位置，贯穿数学学习的始终，重视儿童理解应用与综合应用，促进科学知识结构发展与儿童心智结构发展之间的转换，在经历直观、建立表象、发展逻辑抽象与反思想象中，结构化地认识、理解、应用，理性地进行数据分析与模型转换，科学而又有创造性地解决新环境中的新问题。评价侧重思维的迁移运用和元认知反思，思路、思维、思想伴随方式方法、运算推理而形成，直至文化素养的提升。结构化学习的课堂，在课尾都会让学生反思学习了什么、怎么学习的、还想到什么问题，因为“结构化反思要求学习者通过回顾和反思自己的真实体验，用一种全新方式去分析和理解同一内容。……关注并重视它们对概念理解、问题解决及经验建构等过程的影响。而反思之所以是结构化的，是因为它需要由一些即时特定的提示、循序渐进的问题、巧妙合适的情境、有组织的讨论及其他相关活动来引导，以促进学习者深层次、系统化地思考某一问题。”①回顾与反思让学生打破思维的“天花板”，生长出合理的新问题，引导创造新课程，并在数学之“变”中发现不变的规律，感受数学结构化之美。

三、丰富思维活动，建构发展图式

小学数学结构化学习是基于系统论、信息论和控制论的支撑，从结构化视角理解和实践的学习方式，即通过对数学知识结构（内含方法结构和思想结构）的解构、建构和用构，与学生原有认知经验基础进行意义连续、同化顺应、系统关联、迁移应用和融通循环，不断完善学生认知结构（内含知识结构、思维结构和情意结构等），提升学生结构化的数学眼光、思维方式和多元表征能力，从而达到培育学生数学学科核心素养，实现立德树人的育人目标。具体表现为：

一是直观经验意义连续。教师在小学数学知识整体单元体系纵横梳理

①郑旭东，王美倩，饶景阳：《论具身学习及其设计：基于具身认知的视角》，载《电化教育研究》2019年第1期。

的基础上，对知识结构的教材形态、科学形态与学习形态不断还原，发现数学知识本质及其育人价值，找到核心元素，明晰动态结构，厘清教学内容与目标。同时，研究学生的学习历程，调查了解学生学习情况，贴近课标理解并开发课程，联系学生课堂生活，调整优化学习内容，基于学生学习的技能与技术，创设真实或模拟的学习情境，整体直观地下沉到学生的认知“经验”，延续学生的学习意义起点。这个过程充分发挥了教师的主导作用，教师为学生进入神奇好玩的数学学习搭建了一个“梯子”。

二是实际意义系统关联。教师在知识纵横体系梳理中明晰其逻辑意义，感受体悟其知识教学场域，阐明知识单元整体性的学科教育价值，尤其是厘清数学思想与方法的总体目标、阶段目标与课时目标的关系。学生在师生共同创造的支撑性认知场域中，运用创造性工具，突破数学学习认知困难，在合作探究中自然地观察、理解与表达，学会多元表征。教学在教师的引导下，师生、生生形成合作互助的学习共同体，学生的个性化学习与合作探究学习成为一种自然需要，学生的学习主体性得到充分发挥，学生思维的唤醒、激发与碰撞，经验的迁移、内化与积累，促进了学生建构具有个体理解的数学模型，即个体意义的知识建构。这样，学生的学习认知就在学科教育活动中步入了具有实际意义的关联学习，教师的引导作用是通过学生主动学习体现出来的，就是学生能够主动地寻找到进入奇妙数学“单元”学习的“钥匙”，学习的自主性与合作创造的能力得到长足的发展。

三是心智发展迁移循环。结构化学习的迁移应用创新，能够促进学生认知心理的发生与发展。学生通过新知识结构理解与意义建构，形成个体性的知识内化结构；在新的问题情境中运用知识模型解决问题的能力，包括自我激励问题解决与问题反思，建立并完善自我认知图式，提高元认知水平，从而促进心智开放与发展，在数学学习中培养关键能力与必备品格。特别是重视知识结构的迁移应用、知识跨领域、跨学科的融通融合应用以及在更加复杂问题情境中想象、开放与解放的思想与方法培养。在这个过程中，教师更加重视凸显学生实践创新创造中持续学习力的培养，即为学生打开多扇学习可能的“窗户”。

四、探寻结构特征，回归学习规律

我们在研究中提出小学数学结构化学习，主要是基于现实问题的发现，即以知识点为中心的教学所主宰的小学数学课堂，其存在的问题经年已久、根深蒂固，学生所学知识碎片化、学习过程被动化、知识存贮惰性化。但发现问题离解决问题尚远，离在问题解决中创新更远。而问题解决与创新首先不在于“怎么做”，而在于把“是什么”想清楚、说清楚，在这方面我们下了很大功夫。在江苏人民教育家培养工程的培养对象教育思想报告会与成果的实践推介会上，甚至在2021年7月国际数学教育大会上，小学数学结构化学习的深厚学理基础和小学数学结构化学习的基本特征被大家广泛认可。

1. 整体性

结构即元素与关系的整体关联。结构化学习，即学生根据教师对知识整体关联的理解设计，实现心智转换发展变化的学习。在某种意义上，讲结构就是讲整体。

一是学科知识的整体性。“不论我们选教什么学科，务必使学生理解该学科的基本结构。”小学数学结构化学习，首先基于数学学科知识的结构，用结构化的思维去认识学科、认识知识；学科整体存在着一种有机关联，某些知识是另一些知识学习的基础，同一知识则会在螺旋上升的大结构中不断升阶。整体洞察教材的逻辑结构和内容体系，成为结构化学习的基本前提。知识是存在于“整体—部分—整体”之中的，部分的知识是深深地嵌在整体之中的，部分的变化会引起整个系统的变化。学习要与还原知识的形态、学生反思后的“个体知识”整体关联起来。

二是认知过程的整体性。皮亚杰说：“结构就是由具有整体性的若干转换规律组成的一个有自身调整性质的动态‘图式体系’，它具有整体性、转换规律或法则以及自身调整性这三个基本要素。”这里的“图式体系”是整体性的表达，从已有的图式到通过同化和顺应结构的新图式是整体性的观照。奥苏贝尔认为，有意义的学习就是把教育内容与自己的认知结构联系起来，这也是整体性思维，而认知过程中伴随始终的主动参与、探究合作、交流分享等情感体验，也是整体性的表现。

三是学习成果的整体性。奥苏贝尔认为，“认知结构，就是指学生理解现有知识的数量、清晰度和组织结构”。在本质意义上，学生不是学“点”状的知识，不是学知识的细节，而是朝着学科知识体系走去，学的是学科知识体系中他目前能消化、理解、运用的那一部分，在学习过程中融合了个体的深刻体验和心得，形成具有开放性的个人知识图景。当然，和过程一样，学习成果也包含了我们所说的精神种子，也就是说，非认知因素与认知因素相互关联，一起生长。我们曾经依据认知心理原理画过这样的知识图景（如图8），把结构化学习作为实践的活动深刻领悟。

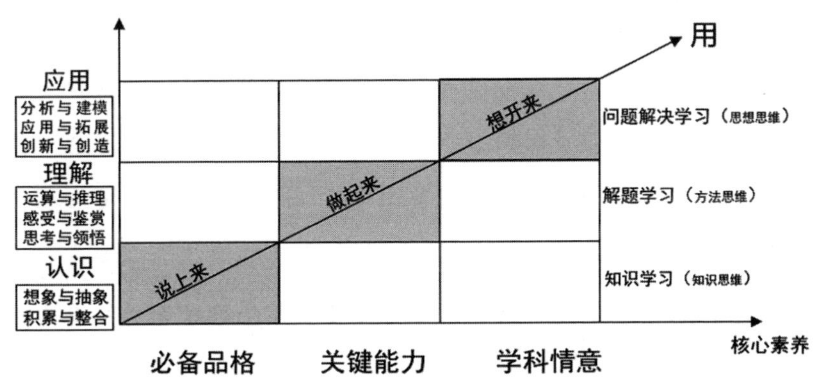

图8　结构化学习目标的理解与实践

2. 主动性

人们在讨论认知图式时，曾列举了一些基本要素，如：动力系统——需要意识，控制系统——价值观念，工具系统——思维方式，材料系统——知识和经验，调节系统——非理性心态要素和非逻辑思维形式。学习者的主体性认知大多是多种因素共同作用的复杂过程。结构化学习，是心理动作展开的过程，这个动作可能用“做”最能概括。所谓“做”，就是亲历，就是经验，是指向具体结构化目标的主动学习，是“自然润泽”的教育过程。弗赖登塔尔强调，数学是人类的一种活动，即数学化的过程。数学活动突出的主动性精神与结构化学习对心态要素、动力要素的重视是一样的。可以说，学生的数学学习，就是通过主体自由的数学活动实现的，更是指向知识的结构化。在真实的情境中提出学习任务，学生通过“做中学”，生成数学的基本经验，掌握数学的基本知识和技能，领悟数学的基本思想，在培养“双基”过程中培养关键能力。我们非常重视具有“脚手架”意义的学具开发，并且不断突破，有着新的收获，从而养成了创新教学的习惯与思维的方式，我们常常自得其乐；后来想想，我们的学具开发，就是让学生从感性入手，在“做数学”的过程中突破数学抽象认知困难，“自然”创造出抵达学习图景的“桥梁”，是出于促进学生主动数学学习很周到的考量。

3. 生成性

皮亚杰认为，认知的发展，涉及图式、同化、顺应和平衡四个方面，是不断从低级到高级发展的过程。图式，是人脑中已有的知识经验的网络；同化，就是将新的因素纳入已有图式之中；顺应，就是个体改变以适应新的认知；个体的学习就是通过同化和顺应这两种方式来达到自己与客观环境的平衡，建立自己能解释的结构，将新知识转换成新的形式。一些心理学家在此基础上提出“认知图式理论”，特别是维特罗克，提出了人类学习生成性模式。他们认为学习的生成过程就是学习者原有的认知结构，即头脑中已有的知识和信息加工认知策略，对外界刺激（新知识）进行主动选择，以及主动建构信息新意义的过程。学习者认知图式的建构，根据不同的学习类型有增长、调整和创造三种方式。这些论述不仅强调了生成性是结构化学习的内在规定性，而且清晰地描述了几种主要的生成类型。我们把握到这些理论的本质，他特别强调了小学数学结构化学习的关联性与发展性，指出关联涉及新与旧、远与近、主与客、内与外、整体与部分等结构元素以及层次、层级的动态多元；关联有着点、线、面、体的综合理解，其中数学学习的本质存在着一致性，强调实践、项目和综合化学习，内容、方法、能力的关联过程是结构的形成过程，是有着科学要求的。在讨论心智转换形成发展时，我们也认为学习是知识、认知与心智的有机转换，且具有很强的关联性；学习建构的起点是数学学习的意义与困惑；结构是多元整体互动的，结构中心伴随学习过程而转换，且同时发生与发展；数学学习中的内化、表象、对象化建构、迁移等具有积极的结构意义。这样的阐述是源于生成性，主要是生成性特征的个性化表述。

小学数学结构化学习是儿童基于熟悉的整体关联的经验知识而展开的。结构化学习的“五学”教师专业化理解与实践，促进了教师结构化思维素养提升，其过程充分重视对知识科学形态与知识学科形态及知识学习形态的转换、分析与理解。通过教师与儿童意义融合性创造学习的资源开发，实现科学组织儿童数学的“连续—关联—循环”层阶学习的互动活动。学生获得思维结构化发展，提升深度学习水平，科学实践核心素养发展的学科育人目标。

结构化学习的重要意义是不言而喻的，正如布鲁纳说：“一门学科的课程应该决定于对能达到的，给那门学科以结构的根本原理的最基本的理解。”[①]“五学”框架对小学数学结构化学习的可操作的层面进行了整体系统的规划与指导，其有利于小学数学教师开展切实可行的结构化备课与结构化课堂教学实践，也让儿童能从数学结构的角度深刻认识到数学知识整体内在的关联，生动体会到数学结构的过程、模型与广泛应用，自然而然地进入单元整体深度学习，通过意义的学科实践活动主动地实现结构化学习发展学科核心素养的目标。

本书建立在小学数学结构化学习实践已有研究成果的基础上，以“认识小数”为例，具体阐述如何将结构化学习的“五学”框架应用于一节实实在在的数学课中，通过这样的“一课研究”让教师明白为什么要这样上课，怎样上好一类课，让学生知道还可以这样学，应该怎么学，打破以往教师孤立地教，学生零散地学的常规固定教学模式。

“认识小数”的研究，关注学习的整体历程，包括认识小数的认知序列、学生“双基”的掌握情况、学材开发的支持效果、学习过程的设计思路、师生活动的整体评价以及回顾教学过程后的问题与经验的总结，即本书从学理分析、学情调查、学材开发、学程设计、学评监控和教学总结这六个方面对认识小数进行结构化教与学的理解与实践。

---

①[美]J.S.布鲁纳：《布鲁纳教育论著选》，人民教育出版社2018年版。

学理分析通过讲述小数的历史，了解小数的起源与发展；梳理小数知识的内在联系，建立较完善的数系结构图；依据新课标的要求，落实认识小数在教学中应实现的具体目标；对比不同版本的教材编排，实现对教材的最优化处理；梳理小数的知识结构，系统掌握小数的知识体系；了解儿童头脑中小数的认知结构，逐步提升学生思维结构的发展；制定小数的教学目标要求，以落实学科认知和育人的双重价值。

学情调查通过调查学生已有的相关经验，确定课堂教学的起点和落脚点；分析学生对小数的多元表征方式，建立和提升有价值的认知方式；依据小数的知识、认识与情意结构，叙写学习目标。

学材开发通过分析教材的整体编排，弄清教材编写者的设计意图；着眼于学生自身的发展，创造性地开发学材；按照学材的不同开发路径，编写结构化学材的使用说明书；依据学生认识小数思维层级发展的不同，开发多元化的技术工具。

学程设计通过设计结构化教学的备课轴，进行生动的现场教学活动；立足学生对小数的认知过程，展开“3×3”的结构化活动设计与实施。

学评监控通过研究教材的例题与习题，对教材内容进行整合与重构；探索跨领域跨学科的综合问题，注重整体关联的结构与迁移应用；基于学生对小数的认知与学习，回顾整个过程进行思考与提问。

教学总结通过整理学生对认识小数的过程性资料，使得所学内容体系化、结构化、板块化的呈现与保存；融通融合经典的有主题的片段，获得与问题理解一致的实践证明；教师对认识小数的不同维度的教学理解，体现教师多元教育理念的支撑。

下面本书将从结构化学习的视角，就“认识小数”从学理分析、学情调查、学材开发、学程设计、学评监控和教学总结六个方面进行研究，请跟随我们一起进入这节“长程”的数学课。

吴玉国

2022年9月16日

第一章　学理分析：理解认知序列

小数的数学发展史

一、小数的发展史

（一）小数的产生

从数的发展历程来看，历史上是先产生分数再出现小数的，两者都表示不足整数的情形。既然已经有了表示不足整数的分数，那么为何还要创造小数呢？这就涉及小数存在的意义。

小数是在我国最早提出和使用的，人类社会早期在分猎物、量物体的过程中，人类发现很多时候用“一”来表示还不行，就慢慢产生几分之一即分数的思想，随着对数的精确度及应用要求的提高，又产生了小数。小数的产生有两方面的需求。一是源于现实生活中实际度量的需要。在天文测量、商业贸易、金器铸造等需要精密计算的实践活动，原来的整数和分数不足以支撑人们对数的需要，这就促使人们将数加以扩充，为小数诞生积累了外部需求；二是源于数学数系本身发展的需要。早在3世纪（约260年），我国魏晋时代数学家刘徽在计算圆周率的过程中，用到丈、尺、寸、分、厘、毫、秒、忽，忽是最小的单位，对于忽以下的更小单位他没有继续命名，统称为“微数”。[①]正如他在《九章算术》标注：“微数无名者以为分子，其一退以十为分母，再退以百为母，退之弥下，其分弥细。”即在开方开不尽时，用十进分数（小数）表示，“忽”以下的第一

①李迪：《十进小数发展简史》，载《数学通报》1964年第10期。

位，作为以10为分母的分数，第二位数作为以100为分母的分数……①这是我国历史上目前所知最早应用小数的数学家。小数可以说是人类按照自然数的十进制计数原则创造出来的数，它具有十进制自然数的所有特征，也满足十进制自然数的运算法则，加之小数不仅能表示所有的分数，还能表示无理数，将所有的实数联系起来，因此小数获得了广泛的应用。

（二）小数的演变

小数的概念发展起来以后，一些天文学家和数学家从不同的角度也采用了这种科学的小数计数法。南朝刘宋著名科学家何承天编著的《宋书》律历志部分，大量地记述了用附在整数位后面的小字来表示小数。②如图1-1：

十一万八千二百九十六二十五　（118296.25）
九万四千三百五十一一七　（94351.17）

图1-1　《宋书》中的小数

到了宋、元时代，小数概念得到了进一步的普及和丰富。在宋代的数学家秦九韶的《数书九章》中，不仅有大量关于小数的运算，而且他对小数的记法也十分先进：用有关文字标明一个筹算数码的个位数，清楚地把整数部分和小数部分区分开来。如图1-2“三十二万四千五百六步二分五厘”（324506.25），他在演算中用筹算记为：

余

图1-2　《数书九章》中的小数

“余”字明确表示该位以后皆是小数，“余”字无疑起着与现代小数点同样的作用。③最早提出小数的名称是我国元代数学家朱世杰（约生于

①陈黎春：《数系家族中的晚辈:小数》，载《小学教学:数学版》2021年版。

②房元霞：《小数的起源与发展》，载《中学数学杂志：初中版》2008年第3期。

③汤慧龙：《试论秦九韶〈数书九章〉的数学教育价值》，载《绍兴文理学院学报》2004年版。

公元13–14世纪）。他编的教材《算学启蒙》中有“以斤求两”的歌诀（1斤=16两）：“一退六二五，二留一二五，三留一八七五，四留二五……十五留九三七五。”[①]意思就是$\frac{1}{16}$=0.0625，$\frac{2}{16}$=0.125，$\frac{3}{16}$=0.1875……将分数计算的结果化成小数，使得数的大小看得更清楚（如图1–3）。

一退六二五　（1÷16=0.0625）
二一二五　（2÷16=0.125）
三一八七五　（3÷16=0.1875）
四二五　（4÷16=0.25）
五三一二五　（5÷16=0.3125）
六三七五　（6÷16=0.375）
七四三七五　（7÷16=0.4375）
八五　（8÷16=0.5）
九五六二五　（9÷16=0.5625）
十六二五　（10÷16=0.625）
十一六八七五　（11÷16=0.6875）
十二七五　（12÷16=0.75）
十三八一二五　（13÷16=0.8125）
十四八七五　（14÷16=0.875）

图1–3　斤求两口诀

同在元代的刘瑾（约1300年）在《律吕成书》中，用降低一行的方法来表示小数部分。[②]如图1–4中表示的6368.6312，这是世界上最早的小数表示方法，这种记法后来传到了中亚和欧洲。

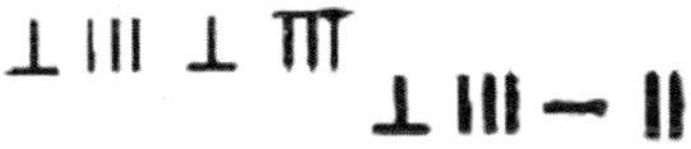

图1–4《律吕成书》中的小数

15世纪中亚地区的伊朗数学家阿尔卡西是中国以外第一个应用小数的人。[③]他在写小数时，把小数部分写得略小于整数部分，如把2008.16写成2008_{16}。1530年，德国数学家鲁道夫（Christoff Rudolf）表示小数是用一竖线间隔开，比如把28.5写成28|5。[④]欧洲数学家直到16世纪才开始研

①索宇：《明清算学歌诀化及其在江南产业技术中的运用》，载《苏州大学》2010年版。
②华兴恒：《你知道小数点的历史吗》，载《数学大世界：中旬》2012年第4期。
③谭青兰，袁箭卫：《分数与小数的发展简史》，载《湖南教育（数学教师）》2008年第3期。
④崔婉婷：《巧用数学史厘清数学概念——以“小数的初步认识”为例》，载《天津教育》2021年第3期。

究小数，其中有突出贡献的是荷兰人斯蒂文，他在《论十进制》（1583年）一书中明确了小数的表示法，提出在整数的最末一位数字后边加上一个圆圈，如135.654，写作135⊙6①5②4③，每个数后面圈中的数是用来指明它前面数字位置的。[①]1592年，瑞士的数学家比尔吉对小数的记数法进行了改进，把整数部分和小数部分用小圆圈隔开。例如，把18.65写作18o65。[②]这与现代的表示法已极为接近，约一年后，德国数学家克拉维斯在他的著作《星盘》中首先提出了小数点，明确地以小数点作为整数部分与小数部分的分界符，并逐渐在欧洲开始采用。[③]这标志着小数现代记法，也就是十进小数的真正确立。17世纪，英国数学家耐普尔采用一个逗号“，”来作为整数部分和小数部分的分界点，比如3.6记作3，6。17世纪后期，印度数学家研究小数时，首先使用实心小圆点“·”来隔开整数部分和小数部分，此时小数点才算真正诞生了。[④]

（三）小数的发展

分析小数产生与演变的历史可以看出，人类很早就掌握了小数的表示方法，但寻找简单而又贴切的小数的表示形式，却费尽了周折，尤其是小数点作为整数部分和小数部分的分界符号经历了漫长的历史发展过程。[⑤]这一方面说明符号对于数学表达的重要性，另一方面也体现了简洁性是数学的重要特征。时至今日，世界各国对小数点的写法和位置还是有所不同的。比如在写法上，一是以俄罗斯、德国、法国为代表的用逗号“，”表示小数点；二是以英国、北欧及中国为代表的以实心小圆点“·”表示小数点。而以实心小圆点作为小数点的国家，小圆点的位置也略有不同，我国常用的是将实心小圆点写在个位的右下方，如12.3。

---

①佚名：《小数点的来历》，载《小学教学（数学版）》，2012(1):12-12.

②井兰娟，潘丽云：《数学史融入小学数学课堂教学的研究与实践——以小数的初步认识为例》，载《中小学数学：小学版》2019年第9期。

③顾东春：《小数是怎样产生发展的》，载《小学生之友：智力探索版（中旬）》2006年第10期。

④冯凤春：《小数的历史》，载《数学小灵通：小学3-4年级版》2014年第5期。

⑤华兴恒：《你知道小数点的历史吗》，载《数学大世界：中旬》2012年第4期。

而英国的实心小圆点则写在整数和小数两部分的正中间，如12.3写成12·3。

从小数的整个发展历程可以看出，无论是小数的产生与表达，还是应用，都是人们生活与生产实践的历史产物，是历代数学家勇于探索、勇于创造的历史结果，也是人们不断追求简洁、追求完美的历史过程。

二、小数的数学本质

（一）小数的十进制

数系的发展历经几千年，其间尽管出现过许多其他的进制计数法，如以古希腊人为代表的二十进制、古巴比伦的六十进制，但最终十进制计数法的思想得到广泛运用，这可能与人有10根手指有关，简洁、方便、便于比较的优势使十进制计数法一直被沿用至今，那么十进制计数法是什么意思？我们又该如何理解十进制计数法在小数中的作用？关于十进制计数法的具体说明见表1-1。

表1-1 十进制计数法的说明

图示	说明
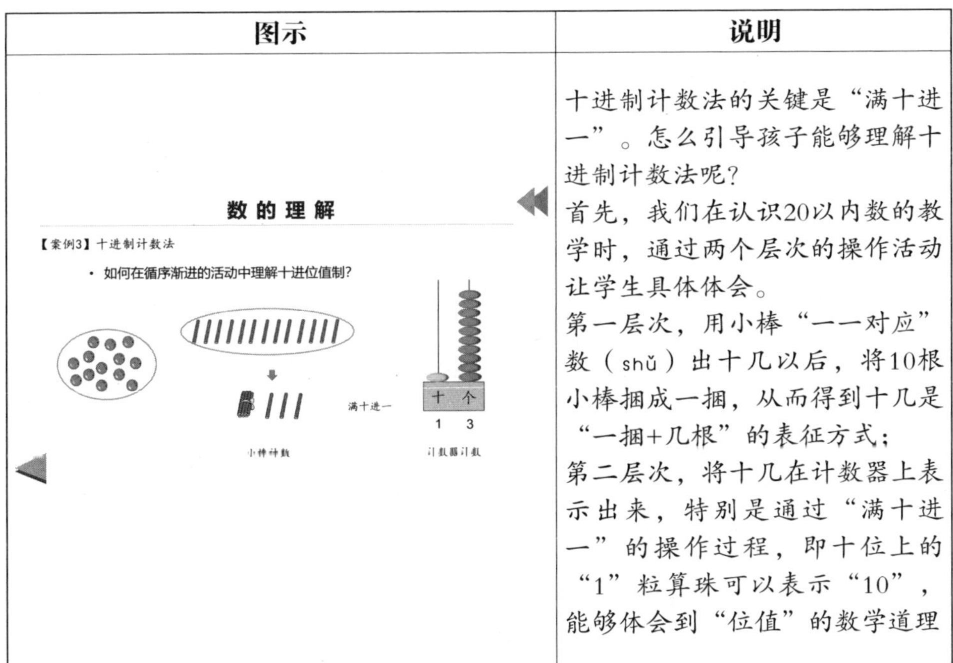 	十进制计数法的关键是“满十进一”。怎么引导孩子能够理解十进制计数法呢? 首先，我们在认识20以内数的教学时，通过两个层次的操作活动让学生具体体会。 第一层次，用小棒“一一对应”数（shǔ）出十几以后，将10根小棒捆成一捆，从而得到十几是“一捆+几根”的表征方式； 第二层次，将十几在计数器上表示出来，特别是通过“满十进一”的操作过程，即十位上的“1”粒算珠可以表示“10”，能够体会到“位值”的数学道理

图示	说明
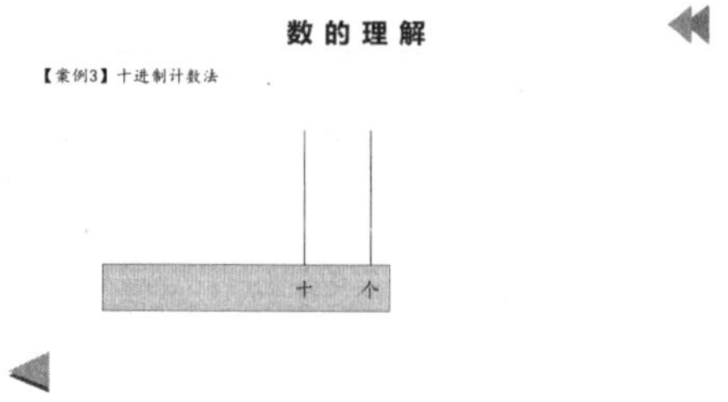 数的理解 【案例3】十进制计数法 十 个	这样，数字的位置与数的大小联系起来，就有了“个位、十位……”，产生“十进位值制”，计数就变得方便了
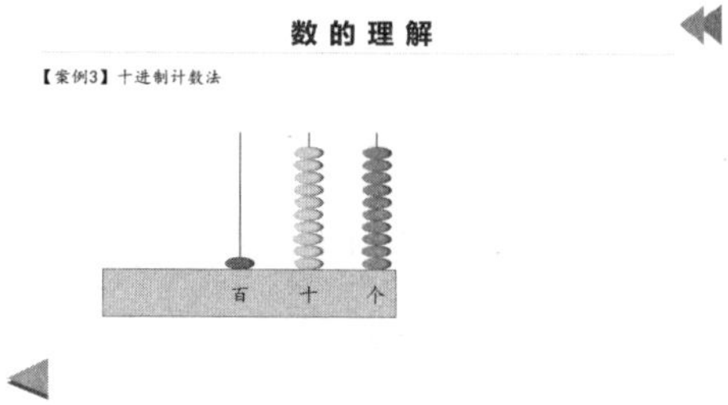 数的理解 【案例3】十进制计数法 百 十 个	其次，通过在多位数19、29、99、999添上1后形成的进位拨珠过程，可以更为系统地帮助学生理解十进位值制
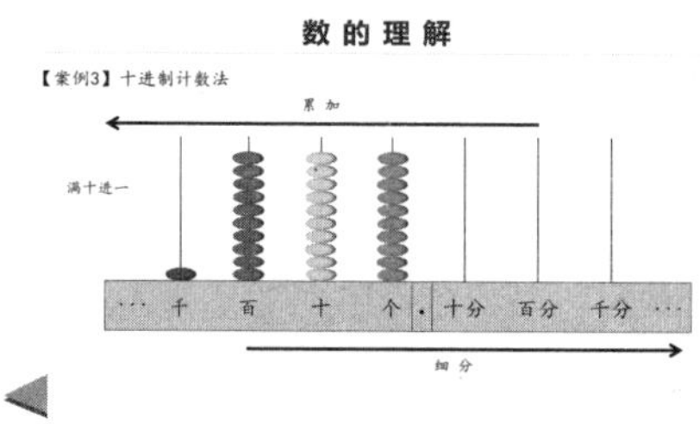 数的理解 【案例3】十进制计数法 累加 满十进一 ··· 千 百 十 个 . 十分 百分 千分 ··· 细分	第三，“十进位值制”适用“累加”的整数计数，同样适合反向“细分”的“十进分数—小数”的计数，这样，就能将整数与小数“连贯”成一个整体

十进制是以10为基础的数字系统，即所有的数字都可以用0–9这10个基本的数字来表示，按照“满十进一”的原则，表示所有数的一种简洁有效的计数方法。“十进制计数法”有位值制和十进位两条原则，所谓“十进位”，就是满十进一，即相邻两个计数单位之间的进率是10，10个一向十位进一，10个十向百位进一，10个百向千位进一，以此类推；所谓“位值制”，就是同一数字在不同数位上表示的数值不同，比如数字88中，前面一个8表示8个十，后面一个8表示8个一。这样看来同一个数字，它的位置非常重要。我们把数字所在的位置就叫做数位。每一个数位都有自己的名称，我们再给它一个自己的单位，这就是计数单位。

根据十进制的计数原则，就产生了数位顺序表，在小数中也有这样的小数数位顺序表，具体见表1–2。

表1-2　小数数位顺序表

		整数部分												小数点	小数部分				
数级	⋮	亿级				万级				个级									
数位	⋮	千亿位	百亿位	十亿位	亿位	千万位	百万位	十万位	万位	千位	百位	十位	个位	·	十分位	百分位	千分位	万分位	⋮
计数单位	⋮	千亿	百亿	十亿	亿	千万	百万	十万	万	千	百	十	个	·	十分之一	百分之一	千分之一	万分之一	⋮

在小数的数位顺序表中，小数点左边是整数部分，小数点右边是小数部分，小数点右边第一位是十分位，计数单位是十分之一，十分位上有几，就表示有几个十分之一；小数点右边第二位是百分位，计数单位是百分之一，百分位上有几，就表示有几个百分之一；小数点右边第三位是千分位，计数单位是千分之一，千分位上有几，就表示有几个千分之一；小数点右边第四位是万分位，计数单位是万分之一，万分位上有几，就表示有几个万分之一……

和整数部分数位间的进率一样，小数部分每相邻两个数位之间的进率也是10，即十分位上满十要向个位进一，百分位上满十要向十分位进一，千分位上满十要向百分位进一……

在十进制计数法的统领下，我们将自然数、十进分数、小数有机融合起来，理解自然数是按照十进制的不断累积，十进分数和小数则是按照十进制的不断均分。因此，小数既是十进分数的一种表达形式，也是按照十进制不断均分的结果。

（二）小数的计数单位

整数我们一般一个一个地数，比“1”还小的数，我们没法一个一个地数了，所以这时候就不能以“1”为单位，要先认识比“1”还小的计数单位，也就是小数的计数单位，并了解其价值和作用。

小数的产生过程就是人们在度量、刻画事物时，往往得不到整数的结果，需要产生比1更小的计数单位，这是数不断精细化的过程。我们需要认识到小数的本质：以0到9这10个自然数数字符号为起点，结合“左移乘十”的十进规则，伴随着数的扩张或离散，整数部分不断十进，也就是满十进一；反之，从整数单位“1”出发，遵循“右移缩十”的规则，通过整数计数单位之间“十进制思想”这一清晰的主线，创造出新的不满“1”的计数单位，即小数部分的计数单位。具体而言，不管是整数还是小数，都是以“1”为基本单位，可以向大或小两个方向延伸，就得到整数和小数：整数部分向大延伸，10个一构成一个十，10个十构成一个百……小数部分则是单位“1”向小延伸，对单位“1”进行“分解”，平均分10份，产生新的计数单位0.1；0.01是以“1”为基础，是对“1”的“分解”，平均分100份，产生新的计数单位0.01或以0.1为基础，对“0.1”的“分解”，平均分10份，产生新的计数单位0.01……这就是十等分，不断十等分是数不断精确和稠密的过程。

按照整数“满十进一”的规则，类比推理出小数的十进制关系，创造出小数部分的计数单位。充分感受到整数和小数是密切联系在一起的，它们构成了一个完美的、完整的系统，朝左边整数方向是不断地十进累加，可以越来越大；朝右边小数方向是不断地十等均分，越来越小，真正体会到整数与小数的相通之处，理解小数是与整数体系一致的计数方法。

小数的知识体系

一、小数在数系中的结构与说明

（一）小数在数系中的地位介绍

对于学生来说，小数是数系的一次扩展，是学生数概念中相对于整数来说的又一次扩展，更是对十进制计数系统的完善。从意义理解的角度看，认识小数属于概念教学。数学概念是构成数学知识的细胞，是进行判断和推理的依据，对数学概念的理解水平关系到学生知识与技能的掌握，以及数学基本思想的感悟以及数学思维经验和实践经验的积累。同时，概念教学也是培养和发展学生数学能力，提升其数学素养的重要渠道。

小数是小学阶段重要的数概念，它是“数与代数”领域的重要内容。“认识小数”是在自然数、分数认识的基础上的数系扩张，体现了数的稠密性。小数的出现是基于十进制表示数量的需要，使得十进制分数与整数在形式上获得了统一。在数的发展史中，小数扮演了一个重要的角色。

从知识形成的历史来看，教师应结合历史加强对小数概念的讲解，变抽象为具体，将数学知识生活化，应用于生活当中。苏教版教材中小数的发展史料给了我们教学的启示，即通过对小数由来的认识更好地理解小数的意义。教师不仅在教学中要突出小数本质，还要注重小数与分数的联系，注重数学知识的构建，帮助学生更好地学习。小数的发展历史说明：小数来源于生活实践，在教学中要注意创设情境，让学生自主探索、发现问题、了解知识演变的过程，让数学和生活连接，并充分感悟数学知识背后的思想和方法。

（二）小数在数系中的结构说明

小数是整数数系的延伸，即在原有数系的基础上通过引进新的符号，扩充为一个新型结构，保持运算规则一致，结果相同。培养学生感知数学的整体性，从不同维度进行理解。小数实质上是十进制分数的另一种表述形式，教师利用经验和方法帮助学生把认识整数数位表扩充到小数，用分数的迁移建立小数含义。例如“5分米是$\frac{5}{10}$米”，学生通过学习小数可写成“0.5米”。这就是同一数系里不同的表述形式，学生学习小数深入体验到十分之几、百分之几、千分之几的小数是一位小数、两位小数和三位小数的关系，对于认识小数是一个理性认识与科学理解上升的过程。小数、分数和整数都是一个数系范围内其中一类数，共同遵循数系的运算法则，学生学习数的认识从具体到抽象的过程，逐渐发展数的思维。

整数的计数方法是学生熟悉的知识，满十进一，随着计数单位的累积，数越来越大。小数的学习要沟通与整数十进制的联系。如果改变观察的方向，从高位向低位：把1000十等分得到10个百，得到10个较小的计数单位；把100十等分得到10个十；把10十等分得到10个一，再经历把“1”“十等分”得到10个“十分之一（0.1）”，把0.1十等分得到10个0.01……再从低位到高位，即从右往左看，由“均分”到“累积”，10个0.01是0.1，10个0.1是1……走向“十进”的统一。以核心概念为桥梁，沟通小数与整数和分数的联系，进而帮助学生构建良好的认知结构，体会“十分”和“十进”，感受小数和自然数一样，具有“满十进一”“退一当十”位值计数规则，从而形成完整的“十进制”数位顺序表，将小数融入整个数的认知结构体系中。

学生对于数系的认识按这样的方式逐渐完整起来（如图1-5）。

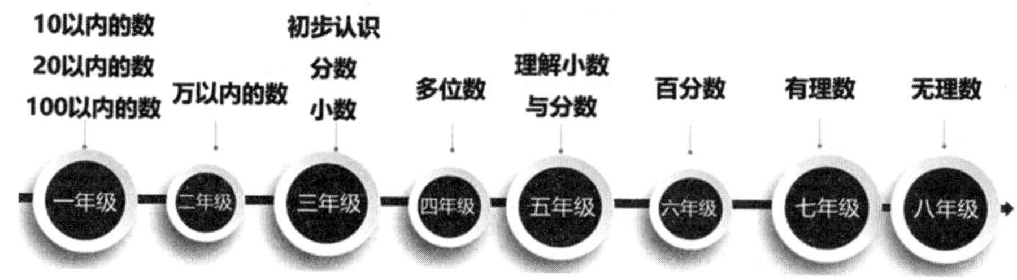

图1-5　数系的认识

教材中数的体系编排与数的发展史不是完全吻合的，如自然数的产生最早，但它的理论体系建立则是十九世纪的事了。在教材体系里数的学习安排中，小数在小学是分两段来学习的，第一次学习安排在三年级，安排在三年级是因为自然数是小数的基础，特别是十进制记数法。第二次，有的教材安排在四年级，大部分都安排在五年级。第二学段是系统学习小数的开始。

二、认识小数的图示与说明

（一）涉及义务教育阶段数的结构与说明

纵向年段知识分布与横向领域知识分布见表1-3：

表1-3　苏教版小数知识学习的纵向与横向分布

教材	单元名称	课时名称							
六年级上册第六单元	百分数	百分数的意义和读写	百分数与分数、小数的互化	求一个数是另一个数的百分之几的简单实际问题	求一个数比另一个数多（少）百分之几的实际问题	纳税问题	利息问题	折扣问题	列方程解稍复杂的百分数实际问题
五年级下册第四单元	分数的意义和性质	分数的意义	分数与除法的关系	真分数和假分数	假分数与整数、带分数的互化	分数与小数的互化	分数的基本性质	约分通分	分数大小比较
五年级上册第三单元	小数的意义和性质	小数的意义	小数的性质	小数的大小比较	小数的改写与省略				
四年级下册第二单元	认识多位数	认识整万数	认识含有万级和个级的数	认识整亿数	认识含有亿级和万级的数	多位数的改写和比较数的大小	近似数		
三年级下册第八单元	小数的初步认识	小数的含义和读写	小数的大小比较	简单的小数加、减法					
三年级下册第七单元	分数的初步认识（二）	认识一个整体的几分之一	认识一个整体的几分之几	求一个数的几分之几是多少					
三年级上册第七单元	分数的初步认识（一）	认识一个物体的几分之一	认识一个物体的几分之几	简单的分数加、减法					
二年级下册第四单元	认识万以内的数	认识千以内的数	千以内数的组成	用算盘记数、数数	用算盘表示万以内的数	万以内数的读写	比较万以内数的大小	求近似数	

教材	单元名称	课时名称					
一年级下册第三单元	认识100以内的数	100以内数的数数、读法	100以内数的组成	整十数加一位数及相应的减法	百数表	比较100以内数的大小	多一些、少一些、多得多、少得多
一年级上册第九单元	认识11−20各数	11−20的读数和数数		11−20的组成		10加几及相应的减法	
一年级上册第五单元	认识10以内的数	认识1−5	几和第几	认识0	认识>、<和=	认识6−9	认识10
一年级上册第一单元	数一数	10以内的数数					

整数、小数和分数的认识是小学数学的重点内容，也是广大教师十分熟悉的内容。数与代数是义务教育阶段学生数学学习的重要领域，在小学三个学段，学生将学习“数与运算”和“数量关系”两个主题。三个学段的内容相互关联，由浅入深、层层递进、螺旋上升，构成相对系统的知识结构。其中，对小数的认识在“数的认识”这个内容序列中又占据着十分重要的位置。一方面是因为小数与整数、分数有着十分密切的联系，通过认识小数不仅可以丰富和加深对整数以及十进制计数法的理解，而且能为进一步认识分数积累经验、打好基础；另一方面是因为现实生活中存在大量与小数有关的现象和问题，通过认识小数有助于学生拓宽知识视野，感受数学知识和方法的广泛应用，促使他们在现实生活中发现和提出更多有意义的问题。根据小学生已有的知识经验、认知水平以及后续学习的需要，小学数学教材通常会将认识小数的内容分两个部分安排：第一部分安排在第二学段，侧重于结合简单生活情境教学一位小数的认识，引导学生结合具体情境比较一位小数的大小，并进行一位小数的加减运算；让学生体验与小数有关的数学文化，能直观理解小数各数位上数的意义，进一步发展符号意识和数感。第二部分安排在第三学段，是在初步认识小数和分数的基础上，引导学生在具体的情境中，理解小数和分数的意义，感悟计数单位，进一步提升学生的数感。这部分侧重引导学生探索并理解小数的意义和性质，在相对抽象的层面初步形成对小数知识的结构性认识，从而为进一步学习小数的四则运算打下基础。尽管不同时期、不同版本的教材大都遵循上述编排思路，但在一些具体内容和相应教学活动的安排上，还是存在一些不同的做法。

（二）认识小数的阶段分布图示与说明

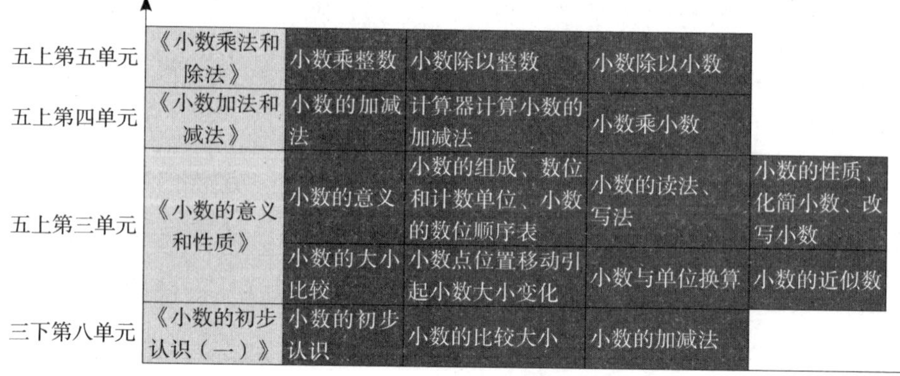

图1-6　义务教育阶段“认识小数”分布

从教材的宏观结构可以看出，苏教版教材安排为：整体上先认识和感知，即“感觉”阶段，初步地感知概念。三年级下册学习小数的初步认识，理解分数与小数之间的联系，比较两个一位小数的大小，再到一位小数的加减法；接着又回到系统概念学习，五年级上册学习小数概念，即小数的意义和组成；再联系到实际应用，学习小数相关的实际运算。

苏教版教材（以2013版为例）把“小数的初步认识”安排在三年级下册第八单元进行教学。从对数的已有认识来看，此时学生已经认识了万以内的整数，知道不同数位上的数字表示的数值是不同的，相邻数位的计数单位都遵循“满十进一”的基本规则；也已经分两次认识了一些简单的分数，知道将一个常见的计量单位（如1元、1米）平均分成10份，每份就是这个单位的十分之一，几份就是这个单位的十分之几。

考虑到学生已有的知识基础和生活经验，在本节课的教学设计中要注意以下两点：

第一，注意让学生较为全面地感知小数的实际应用背景。测量长度的结果不是整米数，物品的价格不是整元数，这是日常生活中最为常见的用到小数的两种情境。为此，教材中的几道例题不仅涉及购买物品的情境，而且涉及测量长度的情境。同时，教材中的习题也安排了很多测量长度和购买物品的简单实际问题，让学生联系具体的问题背景，读、写小数，解释小数的含义，比较小数的大小，进行简单的加、减计算，从而丰富对小数含义的认识，加深对小数实际应用价值的体验。

第二，借助直观的方式不断提升学生的认识水平。尽管这部分内容只要求学生结合简单的生活情境初步认识一位小数，但考虑到小数的本质是抽象的，所以教材注意借助直观手段进行适当的渗透，以启发学生在活动中形成一些有益的感悟，不断提升对小数认识的水平。除了要求学生在直条图和正方形中涂色表示一位小数之外，教材还十分重视在直线上描点表示小数，并引导学生结合操作过程开展适当的思考。例如，练习十一中的第3题（如图1-7），通过在直线上填数以及回答“填出的数中，哪个最接近0.5？哪个最接近2？”这个问题，既有助于学生再次体会一位小数的含义，又有助于他们进一步明确相关小数的大小和顺序，感受整数与小数的内在关联，促进良好认知结构的形成。

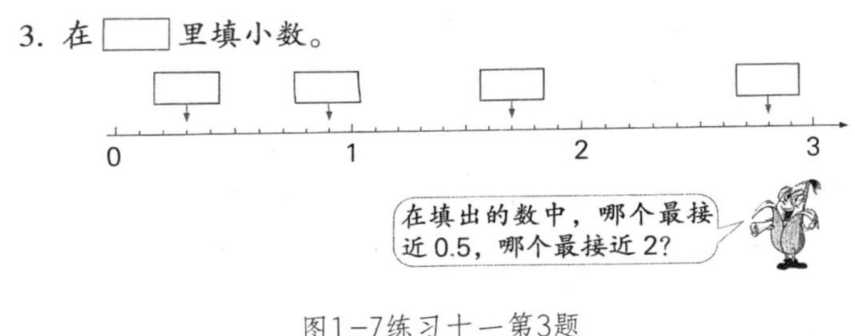

图1-7练习十一第3题

认识小数的课程标准要求

一、认识小数的课程标准变化与理解

（一）2011年版数学课程标准要求

《义务教育数学课程标准（2011年版）》在“学段目标”和“课程内容”两个方面，对小数的学习内容做出了说明。

课标（2011版）在第一学段（1–3年级）目标中提出小数的学习要“经历从日常生活中抽象出数的过程，初步认识小数”“能在教师的指导下，从日常生活中发现和提出简单的数学问题，并尝试解决”“了解分析问题和解决问题的一些基本方法，知道同一个问题可以有不同的解决方法”“了解数学可以描述生活中的一些小数现象，感受数学与生活有密切联系”。

课标（2011版）在第一学段（1–3年级）“课程内容”中提出“能结合具体情境初步认识小数，能读、写小数”“能结合具体情境比较两个一位小数的大小”“会进行一位小数的加减运算”“能运用数及数的运算解决生活中的简单问题，并能对结果的实际意义作出解释”。具体阐述如下：

1. 认识小数

第一学段：“能结合具体情境初步认识小数，能读、写小数；能结合具体情境比较两个一位小数的大小；能运用数表示日常生活中的一些事物，并能进行交流”。第二学段：“结合具体情境，理解小数的意义；会进行小数、分数和百分数的转化（不包括将循环小数化为分数）；能比较小数的大小”。认识小数分为两次来学习，在第一学段是初步认识，只认识一位小数，是基于生活；第二学段是小数的再认识，重点理解小数的意义以及与分数、百分数之间的转化关系等。

2. 小数的运算

第一学段：“会进行一位小数的加减运算；能结合具体情境进行估算，并会解释估算的过程；经历与他人交流各自算法的过程；能运用数及数的运算解决生活中的简单问题，并能对结果的实际意义作出解释”。第二学段：“能分别进行简单的小数加、减、乘、除运算及混合运算（以两步为主，不超过三步）；能解决小数的简单实际问题；经历与他人交流各自算法的过程，并能表达自己的想法”。第一学段是在初步认识的基础上进行简单的一位小数的加减法，第二学段则是在理解小数意义的基础上全面系统地学习小数的四则运算及混合运算，解决实际问题。

（二）2022年版数学课程标准要求

《义务教育数学课程标准（2022年版）》同样也在“学段目标”和

“课程内容”两个方面，对小数的学习内容做出了说明。

课标（2022版）在第二学段（3–4年级）“学段目标”中提出小数的学习要“认识自然数，经历小数和分数的形成过程，初步认识小数和分数；能进行较复杂的整数四则运算和简单的小数、分数的加减运算，理解运算律”。在第三学段（5–6年级）中提出“认识自然数的一些特征，理解小数和分数的意义；能进行小数和分数的四则运算，探索数运算的一致性”。

课标（2022版）在“课程内容”上，又从“数与运算”和“数量关系”两个方面对小数的学习层次做出了更加细致的划分，并配上例题进行了具体说明。

1. 数与运算

第二学段（3–4年级）提出“结合具体情境，初步认识小数和分数，感悟分数单位（例9）”“会同分母分数的加减法和一位小数的加减法”“会运用数描述生活情境中事物的特征（例10），逐步形成数感、运算能力和初步的推理意识”。

第三学段（5–6年级）提出“结合具体情境探索并理解小数和分数的意义，感悟计数单位；会进行小数、分数的转化，进一步发展数感和符号意识”“能进行简单的小数、分数四则运算和混合运算，感悟运算的一致性，发展运算能力和推理意识”。

2. 数量关系

第二学段（3–4年级）提出“在实际情境中，运用数和数的运算解决问题；在解决实际问题的过程中，能结合具体情境，选择合适的单位进行简单估算，体会估算在生活中的作用（例11）”。

第三学段（5–6年级）提出“在解决实际问题的过程中，会选择合适的方法进行估算（例18）”。

（三）新旧版课标中关于认识小数要求的变化

在小数的基本学习内容方面，新旧课标的要求趋于一致，比如都要求学生初步感受小数，理解小数的含义及掌握小数的加减法，但在以下几个方面存在差异。

1. 学段的划分更加精细

课标（2011版）将九年的学习实践分为了三个学段：第一学段（1–3年级）、第二学段（4–6年级）、第三学段（7–9年级）。而课标（2022版）将九年的学习时间划分为四个学段，其中，“六三”学制1–2年级为第一学段，3–4年级为第二学段，5–6年级为第三学段，7–9年级为第四学段。

从教材的编排上来看，小学阶段第一次接触小数是在三年级，在十进制数值系统理解和初步理解的基础上进行学习，感受小数和分数的关系，初步认识小数；第二次学习小数是在五年级，在对小数基本认识的基础上，将“量”扩展为“数”，完善学生对小数的理解，进一步认识小数的意义，从而掌握小数的概念。可见，三年级是学生学习小数的起点，五年级是学生学习小数的关键转折点。新课标将这两个关键年级节点分别作为第二学段和第三学段的首位，更贴近教材的编排设计，也符合新时代学生的生理和心理特征变化。

2. 课程内容的安排更加结构化

旧课标的表达还停留在要学习的数学知识本身，也就是停留在知识的“现在”，而新课标关于认识小数学习方面的表达，更加强调知识的“前世与未来”，即知识从何而来和知识指向何处，更加注重知识之间的衔接与联系，更加注重学生核心素养的培养。

知识的“前世”指向的是学生原有的认知基础，知识的“未来”指向的是学生的迁移运用能力。这样的学习，学生从原有认知基础出发，在学习的过程中利用数学方法，不断积累现有的认知经验，通过练习强化认知，形成理性数学思维。在这个过程中，学生习得的知识结构更加完整，能在头脑中形成属于自己的认知地图，先建立知识本身的单个结构“细胞体”，在学习更多知识的过程中，再建立知识与知识之间的联结“突触”，从而建构好完备的数学思维网。学生在不断地强化练习中，通过优化自己的思维网，并多次实践运用，解决实际问题。

具体的表达与分析如下：

"认识自然数，经历小数和分数的形成过程，初步认识小数和分数。"这里新课标强调了小数是从分数得来的，新课标更加关注两者之间的关系，明确了分数和小数属于相同数的不同表达，而表达形式的不同是源于生活的需要，从而创造出来新的数的形式。但这个创造的基础仍然是建立在十进制的基础之上，这又遵循了整数创造规则的一致性。

"能进行较复杂的整数四则运算和简单的小数、分数的加减运算，理解运算律；认识自然数的一些特征，理解小数和分数的意义；能进行小数和分数的四则运算，探索数运算的一致性。"这里新课标注重整数、小数、分数的联系，特意将他们放在一起阐述，并且提到了他们各自依托的运算律。小数和整数的加减法，其实都需要将相同数位对齐，在小数中只要将小数点对齐，那么其他数位也就对齐了，因此小数加减法的方法可以从整数加减法中得来，而运算律之间是有相通性的。

"结合具体情境探索并理解小数和分数的意义，感悟计数单位；会进行小数、分数的转化，进一步发展数感和符号意识。"新课标强调了计数单位的概念，注重学习数的起点，让学生每次学习新的数的时候都先从最小的单位开始学习，符合学生的认知发展规律。又进一步强调了小数与分数之间的转化，但新课标没有仅仅停留在知识层面，而最终指向的是学生核心素养的培养，更加注重学生能力的发展。

二、课程标准要求的变化对教学的启示

从新课标的这些变化来看，我们的日常教学也要随之做出相应的调整。在新课标的前言部分指出了本次修订的五条原则：强化了课程育人导向、优化了课程内容结构、研制了学业质量标准、增强了指导性、加强了学段衔接，这在新修订的"课程理念"中得到了充分体现。新课标课程理念的变化，对未来一个时期的数学教育必然带来影响。

（一）关注数学课程的育人价值

本次课标修订将党的教育方针具体地细化为课程应着力培养的核心

素养，体现了正确价值观、必备品格和关键能力的培养要求。课程目标进一步指向学生，关注课程最终留给学生的是什么，从而真正贯彻落实立德树人的根本育人任务。实现我国传统的“学科本位”课程向“学生本位”课程的真正跨越。

新课标要求教师必须能够清晰把握本学科对于学生发展的独特价值和贡献。在课程目标的制定中，要立足核心素养，把数学学习和现实世界紧密联系起来，将育人要求和“四基”“四能”“情感、态度和价值观”的培养紧密结合起来。如借助最常见的数的运算教学，使学生经历计算法则的抽象以及算法优化的选择，可以帮助学生建立判断与选择的自觉意识，养成根据实际需要做出正确选择的习惯。

在教学评价和课程实施的过程中，要始终坚持育人导向，继承和弘扬中华优秀传统文化，充分挖掘数学知识的育人价值，培养爱国主义情怀。例如通过让学生阅读数学故事或数学文化史等内容，使学生能够了解数学概念的发展，拓宽学生眼界，并积极鼓励引导学生温故知新且不断创新创造，体现出数学学科育人价值的同时，发展学生的关键能力。还可以在教学活动中渗透思想品德教育，让学生养成良好的行为习惯，发展必备品格。

（二）关注核心素养的真正落地

新课标指出小学阶段的核心素养侧重对经验的感悟，主要有11个具体表现：数感、量感、符号意识、运算能力、几何直观、空间观念、推理意识、数据意识、模型意识、应用意识、创新意识。值得注意的是，强调“感悟”是小学生发展和形成素养的重要途径之一。

在实践过程中我们首先应该从核心素养视角来设计具体的教学过程，将原来知识获得导向转变为素养形成导向，关注人的全面发展。例如“小数的意义”，其数学价值在于揭示了“多元表示”和“等价类”（把同一个小数的所有不同表现形式，看成彼此相等的一个整体，就形成了一个“等价类”）的数学思想方法，本质上更应突出其“相等”属性。将此落实到课堂上，那教学设计就有了新视角，不断改善教师的教学思维。

还要让学生在学的过程中逐渐生成数学素养，应注意让学生在丰富的教学活动中主动学，在真实的问题情境中乐意学，在解决问题的过程中积极学。新课程尤其强调“要引导学生在真实情境中发现问题和提出问题”。所谓“真实情境”，应是“符合学生认知发展规律，贴近学生生活或认知范畴，真实性更高，且能够在真实情境里面对问题、发现问题、分析问题、解决问题的情境”。唯有“真实”，课堂上才有可能实现“变教为学”的转变，达到“教”与“学”的和谐统一。

（三）关注课程内容的整体把握

新课标对学段划分、课程安排、知识点分布等都有新的变化和调整，尤其在课程理念中提出了“结构化内容”“跨学科主题学习”等要求，对一线教师来说是一个全新的挑战，需要教师有较强的把握课程内容的能力。例如整数、小数、分数加减法的计算法则学习，这三种运算表面看有比较大的差异：整数加减法要求相同数位对齐，小数加减法则要求小数点对齐，而分数加减法则强调分数单位要统一。实质上这三个计算法则的核心都是只有相同计数单位方可直接相加减。

这样看来，“数的加减运算，就是‘基本单位’相同情况下，‘基本单位’的个数进行加减运算”。在此基础上顺势拓展，如：$4a+5a$，“基本单位”是a，就是4个a加5个a等于9个a，即$9a$；$6ab-2ab$，“基本单位”是ab，就是6个ab减2个ab等于4个ab，即$4ab$；$\frac{3}{m}+\frac{2}{m}$，“基本单位”是$\frac{1}{m}$，就是3个$\frac{1}{m}$加2个$\frac{1}{m}$等于5个$\frac{1}{m}$，即$\frac{5}{m}$。如此尝试用“基本单位”的方法延伸到含有字母的式子的加减运算，既为五年级学习“用字母表示数”“合并含有字母的式子”知识打下基础，形成联系，又让学生在进入初中后，能够通过类比更快地掌握和理解式的运算。

正如新课标指出：“数的运算教学应让学生感知数的加减运算要在相同数位上进行，体会简单的推理过程。”因此需要教师从全新的角度来学习新课标，通读新教材，贯彻新理念，对学科本质和概念本质要再认识再

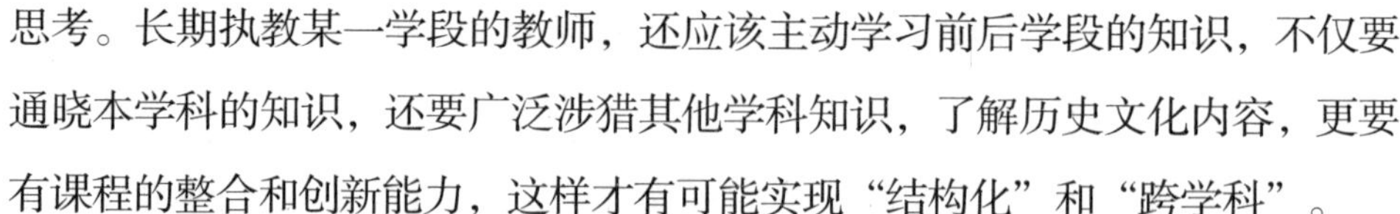

思考。长期执教某一学段的教师，还应该主动学习前后学段的知识，不仅要通晓本学科的知识，还要广泛涉猎其他学科知识，了解历史文化内容，更要有课程的整合和创新能力，这样才有可能实现“结构化”和“跨学科”。

（四）关注发展学生的思维能力

形成和发展核心素养离不开具体的教学活动。苏联数学教育家斯托利亚尔说过：“数学教学是数学活动（思维活动）的教学而不仅是数学活动的结果——数学知识的教学。”数学的重要研究对象是数量关系，数量关系讲究的是用符号或含有符号的式子表达数量之间的关系或规律。比如解决问题教学，首先要培养学生在真实情境中发现和分析数量关系的能力，其次要培养学生深度思维的习惯。教学中要引导学生“举一反三”：从解决一个问题联想到解决多个问题，达到“触类旁通”；从解决一类问题联想到解决他类问题，达到“融会贯通”。同时还要培养学生的问题意识，能提出有意义的问题是高阶思维的表现。

（五）关注培养学生的表达能力

语言是思维的工具，要加强数学课堂的语言训练，特别是口头说理训练。让学生通过数学语言的表达，加深对所学知识的理解，使概念更清晰，算理更清楚，知识内在联系更明确，从而使学生分析问题和解决问题的能力逐步得到提高。此外，还要培养学生的“接力思维”，在相互交流讨论的过程中，不断汲取别人的经验，获得启发、习得方法，最终得到结论。

认识小数的教材编排比较与分析

一、认识小数单元知识横向融合结构

（一）四个版本小数的初步认识教材

为清晰课程形态，选取了苏教版（2014年版）、人教版（2013年版）、北师大版（2013年版）和沪教版（2008年版）进行了横向和纵向的对比分析。

表1-4“小数的初步认识”四个版本教材对比分析

版本	苏教版	人教版
教材内容	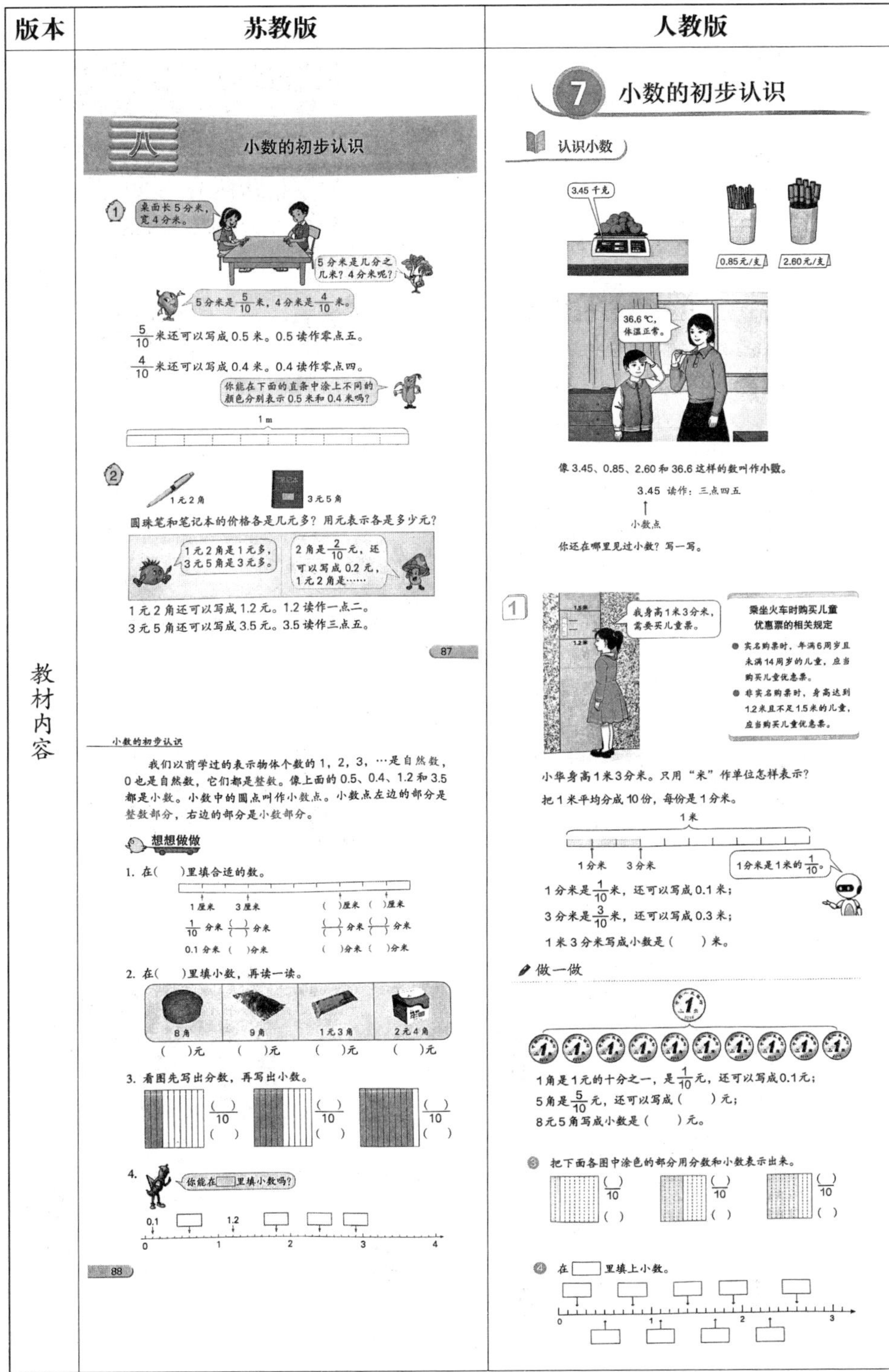	

苏教版

八 小数的初步认识

1 桌面长5分米，宽4分米。

5分米是几分之几米？4分米呢？

5分米是$\frac{5}{10}$米，4分米是$\frac{4}{10}$米。

$\frac{5}{10}$米还可以写成0.5米。0.5读作零点五。

$\frac{4}{10}$米还可以写成0.4米。0.4读作零点四。

你能在下面的直条中涂上不同的颜色分别表示0.5米和0.4米吗？

1 m

2 1元2角　3元5角

圆珠笔和笔记本的价格各是几元多？用元表示各是多少元？

1元2角是1元多，3元5角是3元多。

2角是$\frac{2}{10}$元，还可以写成0.2元，1元2角是……

1元2角还可以写成1.2元。1.2读作一点二。

3元5角还可以写成3.5元。3.5读作三点五。

87

小数的初步认识

我们以前学过的表示物体个数的1，2，3，…是自然数，0也是自然数，它们都是整数。像上面的0.5、0.4、1.2和3.5都是小数。小数中的圆点叫作小数点。小数点左边的部分是整数部分，右边的部分是小数部分。

想想做做

1. 在(　)里填合适的数。

1厘米　3厘米　(　)厘米　(　)厘米

$\frac{1}{10}$分米　$\frac{(\ )}{(\ )}$分米　$\frac{(\ )}{(\ )}$分米　$\frac{(\ )}{(\ )}$分米

0.1分米　(　)分米　(　)分米　(　)分米

2. 在(　)里填小数，再读一读。

8角　9角　1元3角　2元4角

(　)元　(　)元　(　)元　(　)元

3. 看图先写出分数，再写出小数。

$\frac{(\ )}{10}$ (　)　$\frac{(\ )}{10}$ (　)　$\frac{(\ )}{10}$ (　)

4. 你能在□里填小数吗？

0.1　1.2　0　1　2　3　4

88

人教版

7 小数的初步认识

认识小数

3.45千克　0.85元/支　2.60元/支

36.6℃，体温正常。

像3.45、0.85、2.60和36.6这样的数叫作小数。

3.45 读作：三点四五

小数点

你还在哪里见过小数？写一写。

1 我身高1米3分米，需要买儿童票。

乘坐火车时购买儿童优惠票的相关规定

● 实名制购票时，年满6周岁且未满14周岁的儿童，应当购买儿童优惠票。

● 非实名制购票时，身高达到1.2米且不足1.5米的儿童，应当购买儿童优惠票。

小华身高1米3分米。只用“米”作单位怎样表示？

把1米平均分成10份，每份是1分米。

1米　1分米　3分米

1分米是1米的$\frac{1}{10}$。

1分米是$\frac{1}{10}$米，还可以写成0.1米；

3分米是$\frac{3}{10}$米，还可以写成0.3米；

1米3分米写成小数是(　)米。

做一做

1角是1元的十分之一，是$\frac{1}{10}$元，还可以写成0.1元；

5角是$\frac{5}{10}$元，还可以写成(　)元；

8元5角写成小数是(　)元。

3 把下面各图中涂色的部分用分数和小数表示出来。

$\frac{(\ )}{10}$ (　)　$\frac{(\ )}{10}$ (　)　$\frac{(\ )}{10}$ (　)

4 在□里填上小数。

0　1　2　3

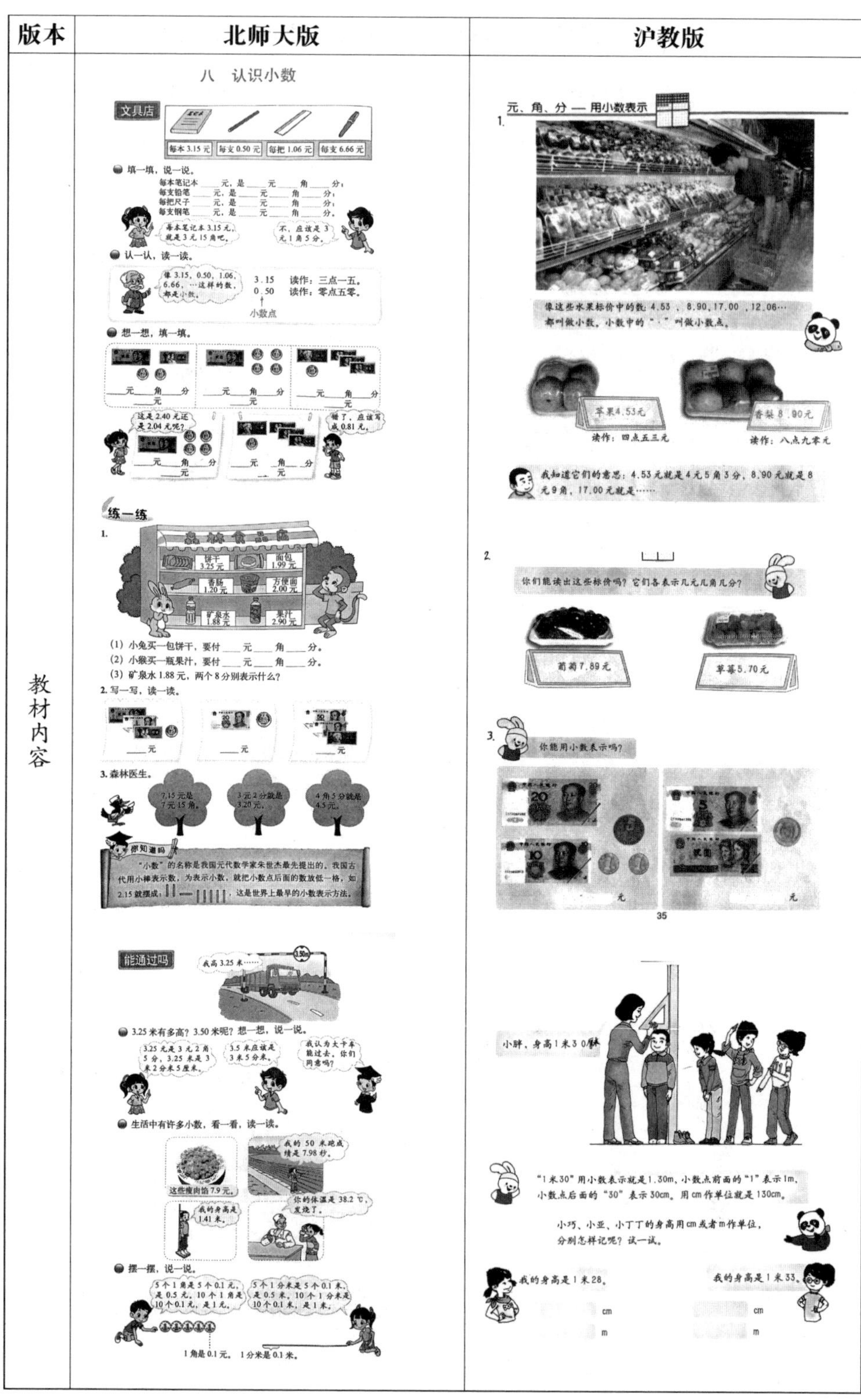

版本	北师大版	沪教版
教材内容	见下方北师大版教材内容	见下方沪教版教材内容

北师大版

八　认识小数

文具店

每本 3.15 元　每支 0.50 元　每把 1.06 元　每支 6.66 元

● 填一填，说一说。

每本笔记本____元，是____元____角____分；
每支铅笔____元，是____元____角____分；
每把尺子____元，是____元____角____分；
每支钢笔____元，是____元____角____分。

每本笔记本 3.15 元，就是 3 元 15 角吧。
不，应该是 3 元 1 角 5 分。

● 认一认，读一读。

像 3.15，0.50，1.06，6.66，…这样的数，都是小数。

3.15　读作：三点一五。
0.50　读作：零点五零。
小数点

● 想一想，填一填。

____元____角____分　____元
____元____角____分　____元
____元____角____分　____元

这是 2.40 元还是 2.04 元呢？
____元____角____分　____元
____元____角____分　____元
错了，应该写成 0.81 元。

练一练

1.

(1) 小兔买一包饼干，要付____元____角____分。
(2) 小猴买一瓶果汁，要付____元____角____分。
(3) 矿泉水 1.88 元，两个 8 分别表示什么？

2. 写一写，读一读。

____元　____元　____元

3. 森林医生。

你知道吗

"小数"的名称是我国元代数学家朱世杰最先提出的。我国古代用小棒表示数，为表示小数，就把小数点后面的数放低一格，如 2.15 就摆成：‖ — |||||，这是世界上最早的小数表示方法。

能通过吗

● 3.25 米有多高？3.50 米呢？想一想，说一说。

3.25 元是 3 元 2 角 5 分，3.25 米是 3 米 2 分米 5 厘米。
3.5 米应该是 3 米 5 分米。
我认为大卡车能过去。你们同意吗？

● 生活中有许多小数，看一看，读一读。

这些瘦肉馅 7.9 元。
我的 50 米跑成绩是 7.98 秒。
我的身高是 1.41 米。
你的体温是 38.2 ℃，发烧了。

● 摆一摆，说一说。

5 个 1 角是 5 个 0.1 元，是 0.5 元。10 个 1 角是 10 个 0.1 元，是 1 元。
5 个 1 分米是 5 个 0.1 米，是 0.5 米。10 个 1 分米是 10 个 0.1 米，是 1 米。

1 角是 0.1 元。　1 分米是 0.1 米。

沪教版

元、角、分 — 用小数表示

1.

像这些水果标价中的数：4.53，8.90，17.00，12.06…都叫做小数。小数中的"．"叫做小数点。

苹果4.53元　读作：四点五三元
香梨8.90元　读作：八点九零元

我知道它们的意思：4.53 元就是 4 元 5 角 3 分，8.90 元就是 8 元 9 角，17.00 元就是……

2.

你们能读出这些标价吗？它们各表示几元几角几分？

葡萄7.89元　草莓5.70元

3. 你能用小数表示吗？

____元　____元

35

小胖，身高 1 米 30 厘米

"1 米 30"用小数表示就是 1.30m，小数点前面的"1"表示 1m，小数点后面的"30"表示 30cm。用 cm 作单位就是 130cm。

小巧、小亚、小丁丁的身高用 cm 或者 m 作单位，分别怎样记呢？试一试。

我的身高是 1 米 28。
____cm
____m

我的身高是 1 米 33。
____cm
____m

横向对比四个版本教材中“小数的初步认识”的内容，有如下相同点：

一是在学习本课之前，学生都有较丰富的生活经验，如人民币使用及测量过程单位间的十进制关系，分数认识中对十进分数含义的理解等。教材都关注到学生相关的已有学习经验，充分调用已有经验开展新知的学习活动。

二是都采用描述性的语言，如“像0.5、0.4和1.2都是小数”，从小数的外在形式描述了什么样的数就是小数。

三是都注重多元表征，语言表征、情境表征、符号表征等表征方式在每个版本中都有所体现。

除相同点以外，四个版本教材还有如下不同点：

学习路径不同

借助知识经验还是生活经验开展新知的学习，是否借助十分之几的分数来理解零点几的小数，着重研究的是几位小数。其中是否以十分之几的分数作为认知桥梁是两种学习路径的本质区别。

表1-5 四个版本“小数的初步认识”学习路径

教材版本	学习路径	教材设计
苏教版	借助知识经验展开学习	① 桌面长5分米，宽4分米。 5分米是几分之几米？4分米呢？ 5分米是$\frac{5}{10}$米，4分米是$\frac{4}{10}$米。 $\frac{5}{10}$米还可以写成0.5米。0.5读作零点五。 $\frac{4}{10}$米还可以写成0.4米。0.4读作零点四。 你能在下面的直条中涂上不同的颜色分别表示0.5米和0.4米吗？ 1 m ② 1元2角 3元5角 圆珠笔和笔记本的价格各是几元多？用元表示各是多少元？ 1元2角是1元多，3元5角是3元多。 2角是$\frac{2}{10}$元，还可以写成0.2元，1元2角是…… 1元2角还可以写成1.2元。1.2读作一点二。 3元5角还可以写成3.5元。3.5读作三点五。
人教版		1 我身高1米3分米，需要买儿童票。 乘坐火车时购买儿童优惠票的相关规定 ● 实名购票时，年满6周岁且未满14周岁的儿童，应当购买儿童优惠票。 ● 非实名购票时，身高达到1.2米且不足1.5米的儿童，应当购买儿童优惠票。 小华身高1米3分米。只用“米”作单位怎样表示？ 把1米平均分成10份，每份是1分米。 1米 1分米 3分米 1分米是1米的$\frac{1}{10}$。 1分米是$\frac{1}{10}$米，还可以写成0.1米； 3分米是$\frac{3}{10}$米，还可以写成0.3米； 1米3分米写成小数是（ ）米。 做一做 1角是1元的十分之一，是$\frac{1}{10}$元，还可以写成0.1元； 5角是$\frac{5}{10}$元，还可以写成（ ）元； 8元5角写成小数是（ ）元。

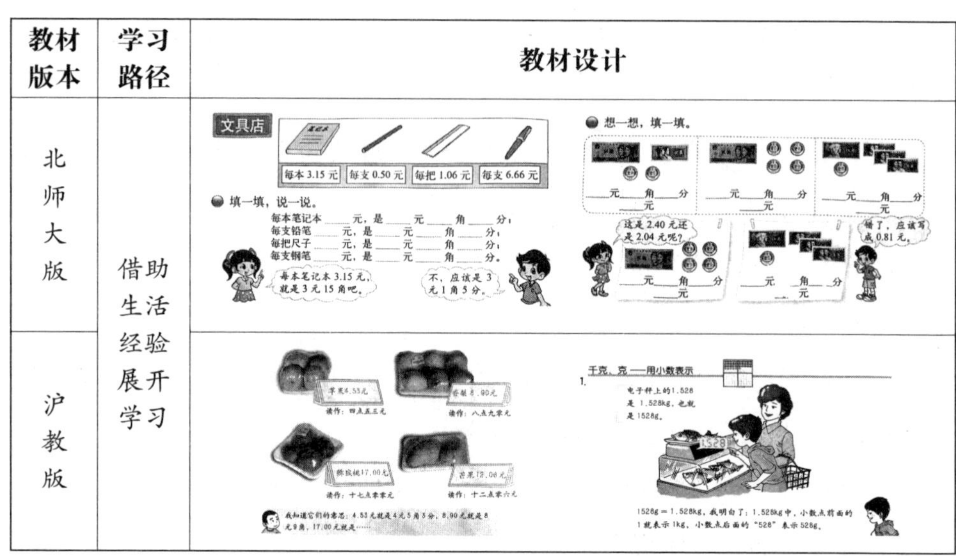

教材版本	学习路径	教材设计
北师大版	借助生活经验展开学习	
沪教版		

苏教版、人教版：借助知识经验开展新知学习，在“人民币单位”及“长度单位”情境中，得出十分之几就是零点几，着重研究一位小数。

北师大版、沪教版：借助生活经验开展新知学习，通过理解“4.53元就是4元5角3分”来认识小数，沪教版除了“人民币单位”情境，还在“千克、克”“千米、米”“米、厘米”等多个场景中用小数表示来认识小数，着重理解的是两位和三位小数。

表征顺序不同

四个版本的教材都通过语言表征的方式，从小数的外部形式描述了什么样的数就是小数，但表征顺序有所不同。

表1-6　四个版本“小数的初步认识”表征顺序

表征顺序	版本	
具体意义 ↓ 一般意义	苏教版	北师大版
	1 桌面长5分米，宽4分米。 5分米是几分之几米？4分米呢？ 5分米是$\frac{5}{10}$米，4分米是$\frac{4}{10}$米。 $\frac{5}{10}$米还可以写成0.5米。0.5读作零点五。 $\frac{4}{10}$米还可以写成0.4米。0.4读作零点四。 你能在下面的直条中涂上不同的颜色分别表示0.5米和0.4米吗？ 小数的初步认识 我们以前学过的表示物体个数的1，2，3，…是自然数，0也是自然数，它们都是整数。像上面的0.5、0.4、1.2和3.5都是小数。小数中的圆点叫作小数点。小数点左边的部分是整数部分，右边的部分是小数部分。	文具店 每本3.15元　每支0.50元　每把1.06元　每支6.66元 填一填，说一说。 每本笔记本____元，是____元____角____分； 每支铅笔____元，是____元____角____分； 每把尺子____元，是____元____角____分； 每支钢笔____元，是____元____角____分。 每本笔记本3.15元，就是3元15角吧。 不，应该是3元1角5分。 认一认，读一读。 像3.15，0.50，1.06，6.66，…这样的数，都是小数。 3.15　读作：三点一五。 0.50　读作：零点五零。 小数点
一般意义 ↓ 具体意义	人教版	沪教版
	认识小数 3.45千克　0.85元/支　2.60元/支 36.6℃，体温正常。 像3.45、0.85、2.60和36.6这样的数叫作小数。 把1米平均分成10份，每份是1分米。 1米　1分米　3分米 1分米是1米的$\frac{1}{10}$。 1分米是$\frac{1}{10}$米，还可以写成0.1米； 3分米是$\frac{3}{10}$米，还可以写成0.3米； 1米3分米写成小数是（　）米。	元、角、分——用小数表示 1. 像这些水果标价中的数：4.53，8.90，17.00，12.06…都叫做小数，小数中的“.”叫做小数点。 2. 你们能读出这些标价吗？它们各表示几元几角几分？ 葡萄7.89元　草莓5.70元

表征方式不同

因学习路径的区别，苏教版和人教版更注重图形表征，通过图形表征启发学生理解十进分数与一位小数之间的对应关系。也就是通过图形表征数形结合地表达相邻计数单位间的十进关系，从教材中多处看到被平均分成10份的分米尺、米尺和正方形、1元对应的10角硬币及数轴等，直观地让学生通过表达、理解、内化十分之几来认识一位小数。而北师大版和沪教版中则几乎没有涉及图形表征。

表1-7 苏教版与人教版“小数的初步认识”不同表征方式

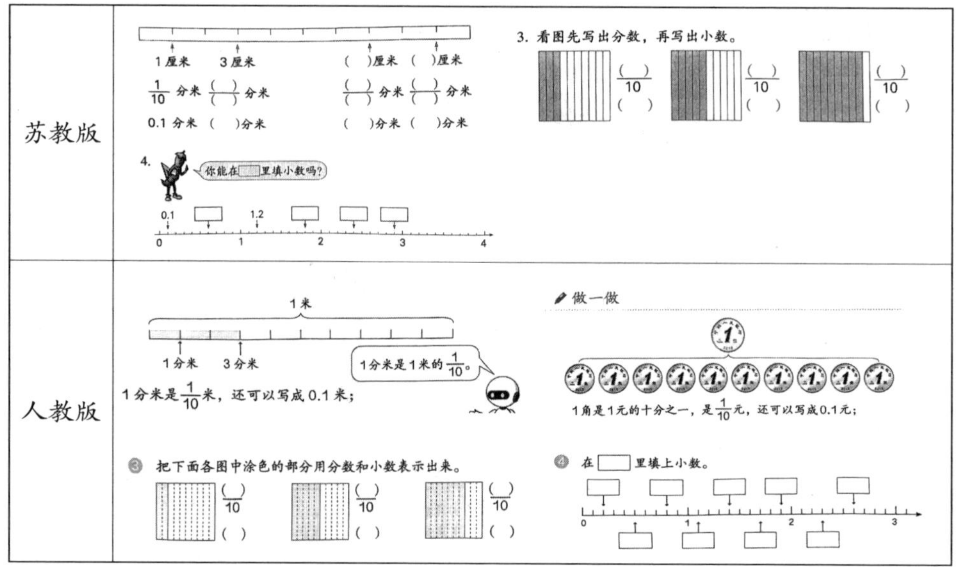

类比推理过程不同

表1-8 四个版本“小数的认识”类比推理过程比较

教材版本	苏教版	人教版	沪教版	北师大版
类比过程	生活情境： 长度单位→人民币单位 ↓ 脱离具体情境： 正方形模型→数轴		生活情境： 人民币单位 ↓ 质量单位 ↓ 长度单位	生活情境： 人民币单位
对比小结	纵向类比 从具体逐渐走向抽象		多情境横向类比	单一情境横向类比

横向对比四个版本教材“小数的意义”的内容，有如下相同点：

一是都建立起十进分数与小数之间的联系与对应关系，通过分数来理解和解释小数，揭示出了小数的本质属性。

二是都是先从具体实例中小数的具体意义研究起，逐步抽象出小数或小数单位的一般意义。虽然仍采用描述性定义的方式，但是较以往更加数学化，符合学生认知水平的发展情况。

三是都采用类比推理的方式，启发学生自主思考整数中是“满十进一”，在小数中是否也存在着“每相邻两个计数单位间的进率都是10”现象，从而把小数的计数规则与整数进行统一。四个版本从一位小数到两位小数再到三位小数的学习过程也都充分体现了对学生推理意识的培养。

除了这些相同点外，还有如下不同点：

学习路径不同

在学习路径上，苏教版、人教版和北师大版总体一致，沪教版差别较大。详细对比见表1–9。

表1–9 四个版本“小数的认识”学习路径比较

版本	学习情境	数学模型
苏教版	生活情境→去情境化的数学模型	长度单位→人民币单位→正方形→正方体→数轴
人教版		长度单位→正方形→数轴
北师大版		长度单位→质量单位→人民币单位→正方形→计数器→数轴
沪教版	直接进入去情境化的数学模型	数轴→圆→正方形

长度情境、人民币情境是各个版本选用较多的实际情境，这与情境中单位间的十进换算关系有关。北师大版选用的实际情境是最多的，达到了3个，沪教版则没有选用实际情境，全部采用数学模型来开展学习。

在数学模型的选择上，正方形和数轴是各个版本都选用的数学模型，苏教版还选择了正方体模型，北师大版选用了计数器模型，沪教版选用了圆。

总体来看苏教版和北师大版的情境及模型选用较多，人教版和沪教

版选用较少，沪教版更倾向于抽象化程度更高的数学模型。

概念明晰程度不同

表1-10　四个版本“小数的认识”概念呈现比较

版本	概念呈现	具体说明
苏教版	给出小数意义和小数计数单位的定义	第一课时例题给出描述性的小数意义；第二课时给出了小数计数单位的含义
沪教版		在例2中通过数轴模型用描述性定义的方式明确了小数的意义和小数的计数单位
北师大版	只给出了小数计数单位的定义	在第三课时的计数器模型中明确了小数的计数单位，没有呈现小数的概念
人教版		在第一课时的例题中用描述性的语言明确了小数的计数单位，但没有给出小数的意义

计数单位是小数认识的核心概念，显然这一点在各版本教材中都有所体现，但是不同版本的教材帮助理解概念的方式各不相同。苏教版是借助正方形图“平均分涂色”引出定义的，人教版直接借助“米尺均分大小格”帮助理解，北师大版借助计数器帮助理解，而沪教版则是借助数轴帮助理解定义的。

苏教版和沪教版具体给出了小数概念的描述性含义。苏教版教材这一内容是分为两个课时逐步出示的，注重知识内容的阶梯性分布，概念的呈现更有层次，更为清晰。

类比过程不同

北师大版在进率一致的人民币单位及长度单位情境中理解两位小数，并类推到对三位小数的理解。

在长度情境中，苏教版和人教版通过介绍的方式，让学生明确0.1与十分之一、0.01与百分之一、0.001与千分之一之间的对应关系，从而类推到对其他一位、两位、三位小数与十进分数的对应关系理解上。

在数轴模型中，沪教版通过介绍的方式，让学生明确0.1、0.2、0.3、0.01、0.02、0.03、0.001、0.002、0.003与对应十进分数之间的关系，再类推到对其他一位、两位、三位小数与十进分数的对应关系理解上。

除了采用情境及模型外，可以看出苏教版、人教版和沪教版设计的类推方式是比较一致的，都是从小数部分数位少的类推到数位多的。北师大版的类推方式是从有情境的类推到无情境的、从生活中熟悉的类推到想象抽象的。

（三）横向融合结构对比分析给教学的启示

在2022版新课标里关于认识小数的新增要求有：在第二学段中有“能直观描述小数”“认识小数单位，进一步感悟十进制计数法”；第三学段中有：“用直观的方式表示小数”“感悟计数单位”以及“在教学过程中，可以让学生体验与小数有关的数学文化”。结合这些新增要求，给了我们如下的教学启示：

一是最好在初步认识小数的阶段就建立起十进分数与小数之间的对应关系，并认识小数计数单位，这对学生理解小数的本质内涵及正确表征有促进作用。北师大版及沪教版将“初步认识小数”先于“初步认识分数”之前学习，通过生活经验认识小数，促进学生对单位间进率的十进制关系的体悟，从而真正理解及正确表达小数，实现对小数认识的学习目标。

在学习“小数的意义”时，需要给出或通过学习任务的设计让学生自行表达出较为明确的小数意义和小数计数单位的定义，从而更加便于学生对小数及计数单位一般意义的抽象和理解。

二是学习内容的表征方式上，要关注学生的已有经验，并提供多元化的实际情境及数学模型，既可以从多角度激活学生的先有经验，也可以更好地促进学生在不同模型中对小数理解间的互补，从而让认知结构更加完整。进一步学习小数时要多聚焦于小数“十进分数”本质的模型，如正方体、数轴模型等，充分发挥这些学材自身所体现的数学关系及教学价值，让学生多观察、多动手、多思考、多表达，深化对小数意义的理解。设计学习情境及开发模型学材时，要关注学材间的迁移及递进关系，让学生既能够通过思考完成自主学习，也要体现出从具象到抽象的学习规律，在逐步抽象的过程中真正建构对小数意义的理解。

三是把数学史内容融入学生对小数的认知建构中来。在课堂上创设一些认知矛盾或是创设一些真实的问题情境，让学生感受用整数无法准确表达，用分数又很不方便，从而产生“再创造一个新的、更满足需要的数”的自主意识，并通过对问题的解决感受小数的重要作用。让“为什么要学”这一问题引领学生主动探寻小数的产生、发展及应用的过程。

二、认识小数单元知识纵向贯通结构

（一）各版本教材小数与分数内容安排时间及顺序

表1–11　四个版本教材小数与分数内容安排时间及顺序

年级 版本	三上	三下	四上	四下	五上	五下	六上
苏教版	分数的初步认识（一）	分数的初步认识（二） 小数的初步认识			小数的意义和性质 加减法 乘除法	分数的意义 分数和小数的互化	百分数与小数的互化
人教版	分数的初步认识	小数的初步认识		小数的意义和性质 小数的加法和减法	小数乘法 小数除法	分数的意义和性质 分数和小数的互化	百分数与小数的互化
北师大版	认识小数	认识分数		小数的意义和加减法 小数乘法	小数除法 分数的意义	分数加减法 分数与小数的互化	百分数与小数的互化
沪教版	应用——用小数表示	分数的初步认识（一）	分数的初步认识（二）	小数的认识与加减法	小数乘除法（含四则混合运算及近似数）		分数与小数的互化 百分数与小数的互化

从四个版本教材有关小数的内容安排纵向时间线来看，都是从三年级开始初步认识小数，其中北师大版和沪教版将这部分内容安排在三上，在初步认识分数之前开展学习；苏教版和人教版则安排在三下，初步认识小数前已完成了分数的初步认识的学习。分数与小数的内容前后顺序安排会使得初步认识小数的学习方式及学习情境等有较大的不同，这一点已在教材的横向对比中进行了较为详细的阐述。对于小数的进一步学习，各版本教材都放在了四下至五上这个时间段内完成，包括小数的意义、性质及四则运算等。“小数的意义和性质”这一单元的编排，苏教版安排最晚——在五上，其他三个版本都在四下。因此从单册教材包含小数内容组成来看，苏教版的五上这一学期里有关小数的内容是最多的，不仅涉及小数的意义和性质，还涉及有关小数的四则运算，课时量占据本册教材的一半左右。北师大版内容次之，四下教材包含小数的意义和性质、加减法及乘法；人教版和沪教版内容最少，包含小数的意义和性质及加减法，未学的计算内容，本教材都放在五上开展教学。对于小数的进一步学习，各版本教材都在五上这学期告一段落。在五下、六上分数的意义、计算及百分数的认识等内容中还有小数、分数及百分数的互化学习。

表1–12 “小数的初步认识”单元教材内容安排

版本 课时	苏教版	人教版	北师大版	沪教版
第一课时	认识小数 例1、例2	认识小数 例1	认识小数 文具店（元角分）	元、角、分——用小数表示
第二课时	比较大小 例3	比较大小 例2	比较大小 货比三家	千克、克——用小数表示
第三课时	简单加减法 例4	简单加减法 例3	简单加减法（不进位、不退位） 存零用钱	千米、米——用小数表示
第四课时	练习	综合应用 例4	简单加减法 寄书	米、厘米——用小数表示
第五课时		练习	生活应用	长度单位
第六课时			练习	

苏教版、人教版和北师大版对初步认识小数单元的内容安排基本一致，都包括：认识小数、比较大小及简单加减法，课时量依次为4、5、6课时，人教版多一课时综合应用，北师大版在人教版的基础上又把加减法根据进位退位与否分为了两课时。沪教版的内容安排与之前三个版本的区别较大，是在人民币、质量及长度单位的情境中用小数表示来认识小数，没有涉及小数比较大小（只在千米、米情境中比较了一下小数与整数的大小）及简单加减法。在小数的初步认识阶段，各教材编排的内容都较少，课时量之间的差别也小。

表1–13 “小数的意义和性质”单元教材内容安排

课时＼版本	苏教版	人教版	北师大版	沪教版
第一课时	小数的意义 读写法	小数的意义	小数的意义（一）	生活中的小数 小数的意义——分数与小数
第二课时	小数的组成及数位顺序表	小数的读法和写法、组成及数位顺序表	小数的意义（二） 单位换算	小数的意义——小数的组成
第三课时	练习	练习	小数的意义（三） 组成、数位顺序表及小数的性质	小数的意义——小数的数位顺序表
第四课时	小数的性质	小数的性质	比大小	小数的意义——读写法
第五课时	比较大小	小数的大小比较	买菜（不进位加、不退位减）	小数的大小比较
第六课时	练习	练习	比身高（进位加、退位减）	小数的性质
第七课时	用“万”或“亿”做单位改写大数	小数点移动引起小数大小的变化	歌手大赛（加减混合运算）	练习
第八课时	近似数	小数点移动应用及练习	练习	综合练习
第九课时	练习	小数与单位换算		小数点移动

<table>
<tr><th>版本
课时</th><th>苏教版</th><th>人教版</th><th>北师大版</th><th>沪教版</th></tr>
<tr><td>第十课时</td><td>整理与练习</td><td>练习</td><td></td><td>单位换算</td></tr>
<tr><td>第十一课时</td><td></td><td>小数的近似数及改写</td><td></td><td>小数加法</td></tr>
<tr><td>第十二课时</td><td></td><td>练习</td><td></td><td>小数减法</td></tr>
<tr><td>第十三课时</td><td></td><td>整理和复习</td><td></td><td>小数加减法混合运算及简便计算</td></tr>
<tr><td>第十四课时</td><td></td><td>练习</td><td></td><td></td></tr>
<tr><td>合计</td><td>10课时</td><td>14课时</td><td>8课时（含加减法）</td><td>13课时（含加减法）</td></tr>
<tr><td colspan="5">各版本教材小数四则运算内容课时量对比</td></tr>
<tr><td></td><td>苏教版</td><td>人教版</td><td>北师大版</td><td>沪教版</td></tr>
<tr><td>小数加减法</td><td>5课时</td><td>6课时</td><td>4课时</td><td>3课时</td></tr>
<tr><td>小数乘法</td><td rowspan="2">18课时（含小数点移动引起小数大小的变化及单位换算）</td><td>10课时</td><td>10课时</td><td rowspan="2">18课时</td></tr>
<tr><td>小数除法</td><td>13课时</td><td>10课时</td></tr>
<tr><td>合计</td><td>23课时</td><td>29课时</td><td>24课时</td><td>21课时</td></tr>
<tr><td>总计</td><td>33课时</td><td>43课时</td><td>28课时</td><td>31课时</td></tr>
</table>

备注：课时量是根据教材内容编排数出，和实际教学课时可能会有所误差。

对小数的进一步认识，包括小数的意义、性质及四则运算等。从内容的总课时量来看，各版本间差距较大，最多的人教版有43课时，最少的为北师大版28课时，苏教版和沪教版课时量差不多，分别为33课时和31课时。聚焦到“小数的意义和性质”内容上，除了北师大版及沪教版本单元中所含加减法内容的课时，人教版的课时量还是最多的，有14课时，苏教版和沪教版都是10课时，北师大版只有4课时。本单元的前半单元内容一致，顺序有所区别，苏教版、人教版和北师大版内容编排顺序依次为“意义→性质→大小比较”，沪教版是“意义→大小比较→性质”。后半单元四版教材区别较大，苏教版和人教版设计了“大数的改写和近似数”的内容，人教版和沪教版设计了“小数点移动引起小数大小变化”及“单位换算”的内容，苏教版及北师大版把这一内容放在了小数乘除法计算的单元中，北师大版在“比大小”之后直接进入加减法的教学。

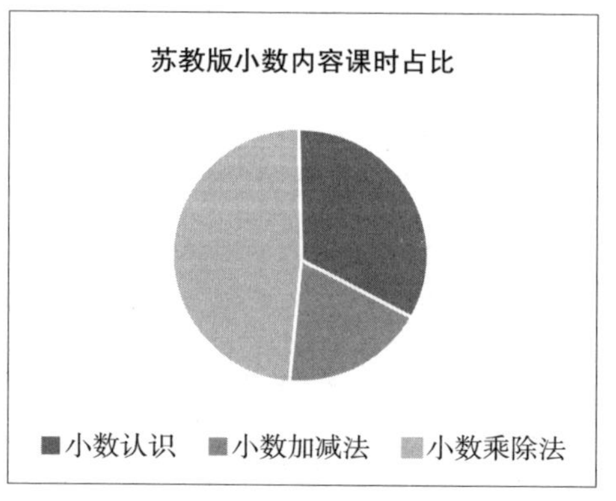

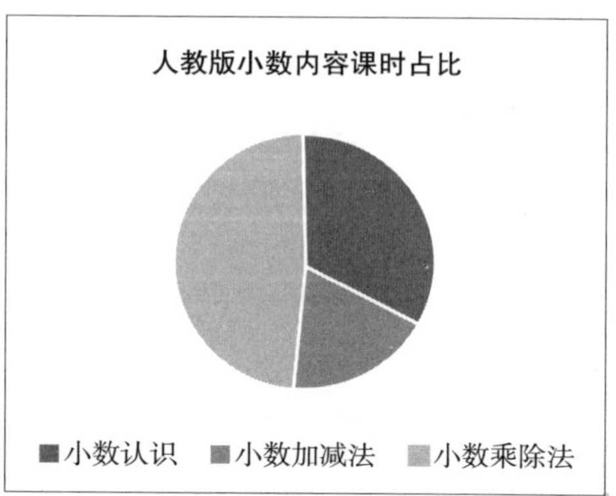

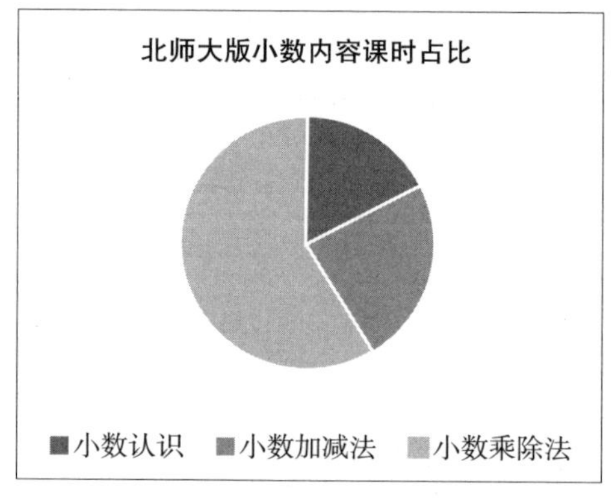

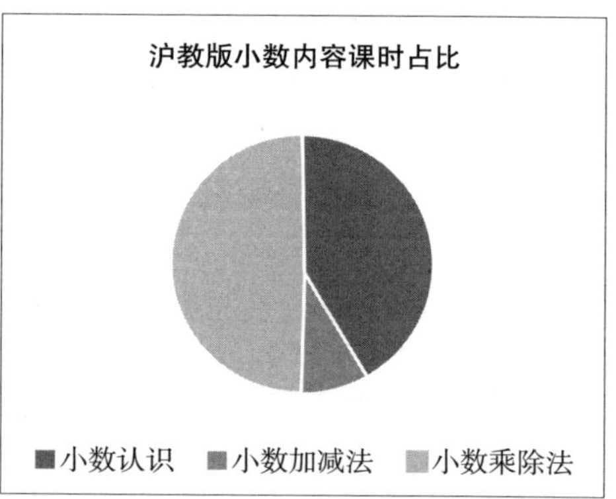

图1-8　四个版本小数内容课时占比

综合两个学段关于小数的教学总课时，按内容重组为认识小数、小数加减法及小数乘除法，分别制作出上述小数内容课时占比扇形图后，再结合上文的分析，可以清楚地发现苏教版与人教版无论从内容安排还是知识顺序、逻辑推进及各内容占比等编排设计最为接近，总课时较多是因为人教版的练习设置更多一些。北师大版关于小数的总体课时量最少，且认识小数占比更少、计算占比较多，偏重于小数乘除法计算。沪教版认识小数占比是四个版本中最多的，加减法占比最少。

（二）纵向贯通结构对比分析的教学启示

2011年版的课标在第一学段，2022年版的课标在第二学段，都提出“能结合具体情境初步认识小数”“能比较简单的小数的大小”“会进行一位小数的加减运算”。从四个版本教材对“初步认识小数”的内容设计及学段安排来看，沪教版没有设计“一位小数的加减运算”。

因此，根据课标的要求，我们在开展“小数的初步认识”的学习时，适合的时间为三年级，三上或三下都是可以的，安排在“分数的初步认识”之前或之后也可以根据教材内容要求来进行调整，但要注意与“分数的初步认识”之间的教学顺序会影响到“小数初步认识”时情境的创设和学材的选择，需要给学生搭好相应的认知阶梯。“小数的初步认识”教学内容，应包含在具体情境中对小数的初步认识、能比较简单的小数的大小、会进行一位小数的加减运算。这样设计既符合课标学习内容的要求，也为下一阶段进一步认识小数打好基础。

在小数的进一步学习中，2011版课标和2022版课标分别在第二学段和第三学段中包含“结合具体情境，理解小数的意义”“会进行小数、分数和百分数的转化”“能比较小数的大小”“能进行简单的小数、分数四则运算和混合运算”等主要内容，根据课标的要求，可以看出四个版本教材在小数的进一步学习中都把这些内容包括在内，且在此基础上都有所具体化及相应的拓展，比如苏教版和人教版设计了大数的改写及近似数的内容，四个版本教材都有对“小数点移动引起小数大小的变化及单位换算”内容学习的专门课时安排。因此，我们在开展小数的进一步学习研究时，可以结合学生在日常生活中的实际需要及后续知识的认知连续性需要，对课标的内容要求进行更加细化地学习安排。根据2022版课标的要求小数的进一步认识需要安排在第三学段，目前苏教版的学段安排是比较适合的，建议在五上开展相关研究学习。对于“小数点移动引起小数大小的变化及单位换算”这一学习内容，人教版和沪教版是放在“小数的意义和性质”这一单元中的。因为该内容相比较而言更贴近或者说隶属于小数乘除法的学习内容，而非小数的意义或性质内容，因此，更倾向于建议把这一内容放在小数乘除法版块中开展学习。

认识小数的知识结构图

一、认识小数的课时知识结构

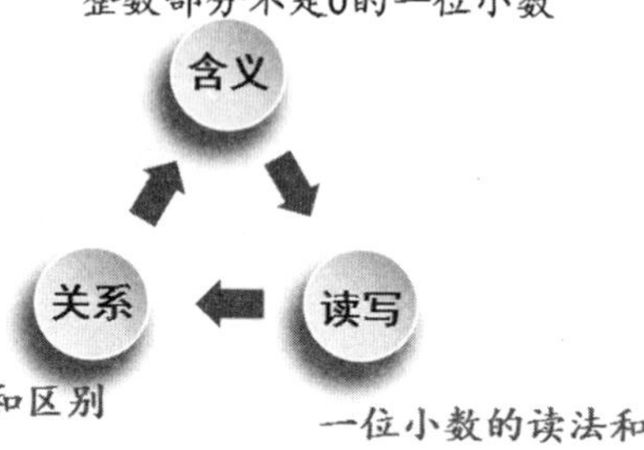

图1-9　认识小数课时结构图

（一）课时内容的宏观关联结构分析

1. 课时内容与单元内容的关联结构分析

如果把课时内容看作一个点，那么单元内容就是一条线。“点动成线，点线相连。”因此教师要理清课时内容在本单元中的前沿后续，充分认识课时内容在本单元的作用和价值，看到课时递进的层次和关联，形成单元整体结构。例如，苏教版《数学》三年级下册第八单元第一课时“认识一位小数及其含义和读写”与单元内容关联性分析见表1-14：

表1-14　“小数的初步认识”课时内容与单元内容的关联结构分析

例题	内容	关联分析
例1—例2	认识一位小数及其含义和读写	联系具体生活情境和已有知识经验理解小数的含义，知道以元为单位、以米为单位的小数的实际含义。能正确读写小数部分是一位的小数，知道小数各部分的名称

例题	内容	关联分析
例3	比较小数的大小	结合具体生活情境，用以元为单位的小数转化成角来比较小数大小，通过对表示整数“1”的正方形的涂色操作和在数轴上表示小数，在讨论交流后逐步明确小数的含义，利用对小数含义的理解来比较大小，体验比较小数大小策略的多样性。
例4	简单的分数加减法	结合现实情境，引导学生用多种方法演示小数加、减法的算理，如元和角的换算、小数的含义等，能用竖式进行一位小数的加、减运算。并能利用小数的加、减运算解决简单的实际问题，加深理解。

从表中我们不难发现，例1“小数的初步认识”是整个单元内容的基础，在整个单元学习中起着统摄作用。在这一课时中让学生在具体生活经验中理解小数的含义，知道以元或米为单位的一位小数的实际含义。后面几课时的学习内容都是通过以“元”单位的例题展开学习，是例1学习内容的自然递进，在“比较小数的大小”和“简单的分数加减法”中都在以“一位小数的含义”为基础进行深入研究，达到拓展延伸。

2. 课时内容与领域内容的关联结构分析

如果把课时内容和单元内容看作点线关系，那么课时内容与领域内容就可以看作点与面的关系。在这里，我们要用整体关联的眼光看待课时内容，不仅要分析课时内容与本领域的关联，还要分析课时内容和数学相关领域的关联。例如我们在学习三年级下册“认识小数”时，不仅是为五年级上册的“小数的意义”、五年级下册“小数和分数的互化”的学习奠定基础，还要以三年级上册的“分数的初步认识（一）”以及三年级下册的“分数的初步认识（二）”为理论依据。在初识小数时，就是从分米到米的十分制互化理解展开的，三年级的分数初步认识就是认识小数的基础。另外，三年级认识的一位小数含义的方法和五年级认识两位小数、三位小数的方法一致，所以五年级“小数的意义”就是三年级“小数的初步认识”的延续。在本课时里有不少十分之几和一位小数的互化的练习，也是为五年级小数和分数互化打下基础（如图1–10）。

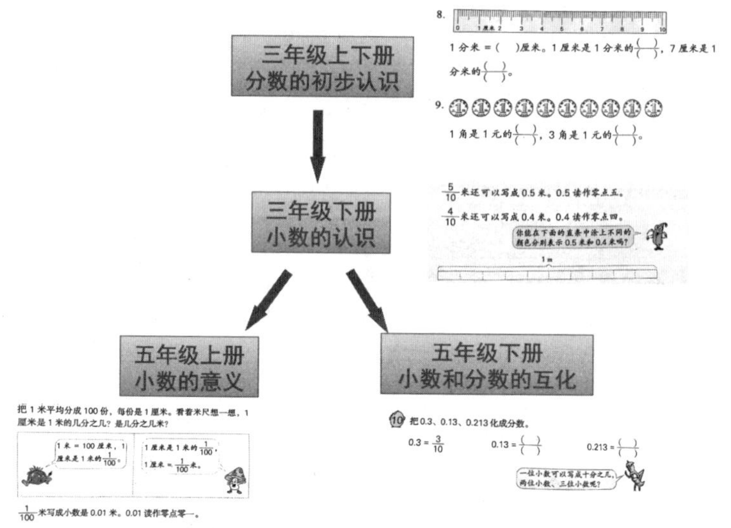

图1–10 认识小数课时内容与领域内容关联结构图

三年级下册“认识小数”更是与一至四年级的整数的意义、读写以及大小比较、十进制计数法等知识密切关联，本课时详细介绍了什么是自然数，什么是整数，什么是一位小数，这是五年级完整学习小数组成和数位的基础。本课时中还介绍了小数和整数的联系，即小数的组成，就是将小数看作十进制分数系或是整数系向细分方向的拓展，这样就把认识小数和分数、整数有机地联系起来，弄清小数知识的前延后续、纵横联系，在“数与代数”的领域框架下理解和建构小数的初步认识。

当然，我们也要看到“小数的初步认识”与“图形与几何”等相关数学领域的普遍联系。例如我们在学习“认识小数”时，需要涉及数轴的理解、分数的意义、正方形的分割、人民币单位换算、长度单位换算等很多“图形与几何”领域的知识技能。

3. 课时内容与学科外内容的关联结构分析

我们不仅要看到课时内容与单元内容、领域内容之间的关联，即学科内的知识结构关联；还要看到课时内容与学科外其他学科知识结构，乃至学生整个生活世界的结构关联，将课时内容置于学生广阔的生活世界里来进行结构化学习设计，让课时内容真正站立起来，不断丰盈起来。例如，我们在学习“小数的初步认识”时，不仅要看到它与小数的性质、小数大小比较、小数四则运算等小数领域知识的结构性关联，还要看到它与分数、整数、比等“数与代数”领域相关知识的结构性关联，以及与“图形与几何”“概率与统计”等数学领域的结构性关联，尤其是学生日常生活世界的结构性关联，如比赛的成绩、货币和长度的换算、购物钱币计算等，这是需要我们进一步深入研究与实践的重要内容。

（二）课时内容的微观元素结构分析

1.课时知识点结构

数学核心问题体现了知识的本质，包含了数学教学中的重点难点。研究教材、发掘知识的本质以及明确教学中的重点难点，是提炼核心问题之前最重要的准备工作。从教材入手，研究和分析教材文本中的各类信息，才能准确捕捉教材中的知识本质。只有掌握了知识的本质才能够明确教学的重点难点，从而使提炼的核心问题更加精准。“小数的初步认识”第一课时要求结合具体情境初步理解小数部分是一位小数的含义，不仅需要学生正确理解十分之几的含义，而且需要他们联系生活经验，在充分感知的基础上逐步加以体会。

“小数的初步认识”是学生第一次正式学习小数，但是在日常生活中经常会用到小数，所以大部分学生对于小数是比较熟悉的，并且学生已经有相关分数的知识经验。“小数的初步认识”第一课时有两个例题，例题1中两个学生测量桌面长度的活动，让学生感受小数在生活中的应用，并引导学生思考“5分米是几分之几米，4分米呢？”从已知的分数入手，进而清晰地呈现小数的产生过程。用常见的“直条图”平均分成10份，先让学生在1米长的直条图中表示出0.5米，从而让学生体验到如何将5分米转化成$\frac{5}{10}$米，然后再把$\frac{5}{10}$米转换成小数0.5，促使学生明白小数与分母为10的分数之间的关系以及与十等分之间的关系，进而明白小数的本质。这个例题主要是帮助学生理解当数据不足“1”的时候平均分成10份来理解一位小数的含义，认识整数部分都是0的一位小数。

例题2展示了文具单价，引导学生思考如何用“元”来表示图中文具的价格。学生在日常购物中有一定的生活经验，思考“1元2角”“3元5角”已经满1元了，只需要将“2角”“5角”转化成元单位的数，运用例1的学习经验，将不满1的数平均分成10份，先用分数表示，再转化成小数。认识整数部分不是0的一位小数大于1。两个例题的知识结构（如图1–11）：

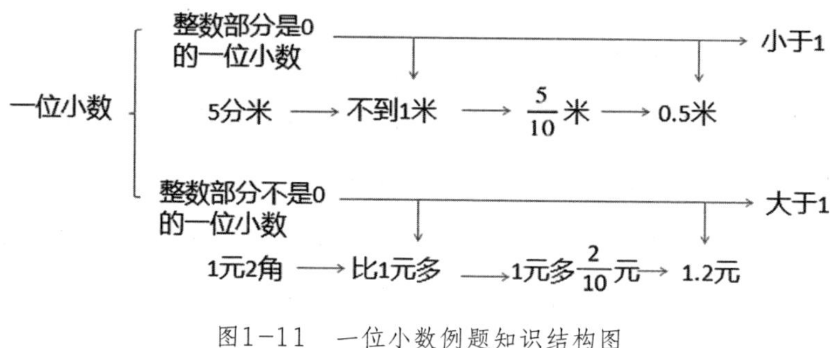

图1-11　一位小数例题知识结构图

最终在了解小数转化本质和过程后，就能够对小数意义有一定的认识，进一步认识小数的读法和写法、小数的组成以及各部分名称，更是将小学阶段的数进行了整理和分类：整数、分数、小数等。

2. 课时内容与学生认知过程

德恩特蒙特（D’Entremont）认为小数学习的认知过程包括以下五种不同的层次：具体物的层次（the concrete objective layer），操作说明的层次（the operativeinterpretive layer），程序的层次（the procedural layer），心智模式的层次（the mental model layer），抽象的层次（the abstract layer）。结构化学习的连续关联环节是在这一理论基础上实践总结应用的。

具体物的层次是小数学习的第一个步骤，必须通过真实世界可见的物体来引导学生进入小数的世界。本课时通过桌子的具体长度（5分米）和宽度（4分米），用已学的分数知识来思考“5分米是几分之几米，4分米呢”，操作说明的层次指的是教师从原先使用具体物进行教学的方式，转换成以小数的符号表征形式呈现的教学方式，其教学内容包括小数符号的介绍以及如何应用小数符号。本课时通过在“1米长的直条图”中平均分成10份涂色表示“0.5米和0.4米”，感受分数和小数之间的关系，体会一位小数的含义，并学会小数的写法和读法。然后运用相同情境（长度单位转化），在直条图中同时用分数和小数表示相应厘米和分米的转化，这是小数认知过程的第三层次——程序的层次。此时，大部分学生虽然在直条图上的理解表现不错，但可能换一种图、换一种情境就不是太理解了，可见对于小数的含义理解不深刻。那么在心智模式的层次下，学生不但不会盲目地固化在“直条图”中的理解，而且还能清楚地知道一位小数是将某个物体、长度、图形等1个整体平均分成10份，其中的几份就是零点几。本课时用“正方形”图来帮助小数含义的巩固。在最终层的抽象的层次中，学生对于“如何处理小数的问题”以及“为什么”都能给出合理的解释，学生只有达到这个阶段，才可获得小数知识的核心——小数概念的理解。本课时用数轴来表述，并且将之前学习的整数、分数和本课时学习的小数都融合进了数轴中（如图1–12）。

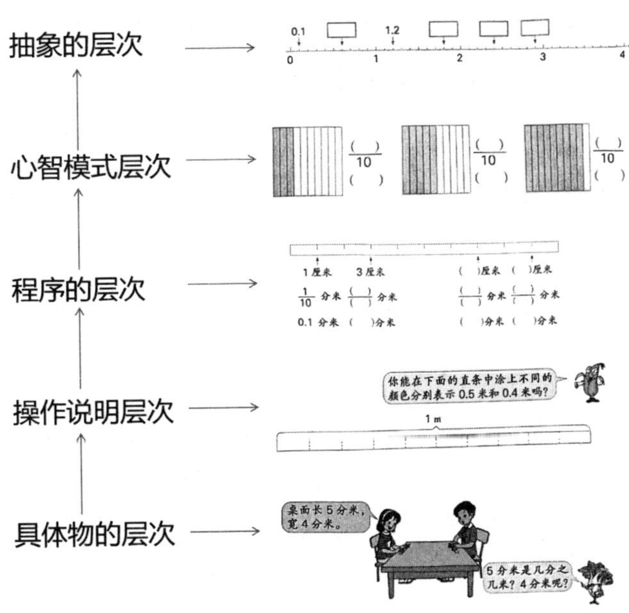

图1–12 小数学习的认知过程

上述层次是逐层包裹的，概念性知识是小数知识的核心，学生要获得小数的概念性知识，必须一层一层地把表皮剥掉，特别是要在具体物的层次打下良好的基础，在操作说明或程序的层次中突破难点，并在心智模式层次和抽象层次中完成对概念理解的深化。

二、认识小数的单元知识结构

（一）单元知识结构

这部分内容是苏教版教材第一次教学小数的知识，相对于整数来说，是学生数概念的又一次扩展。本单元只教学小数部分是一位的小数，教学内容及前后联系（如图1-13）。

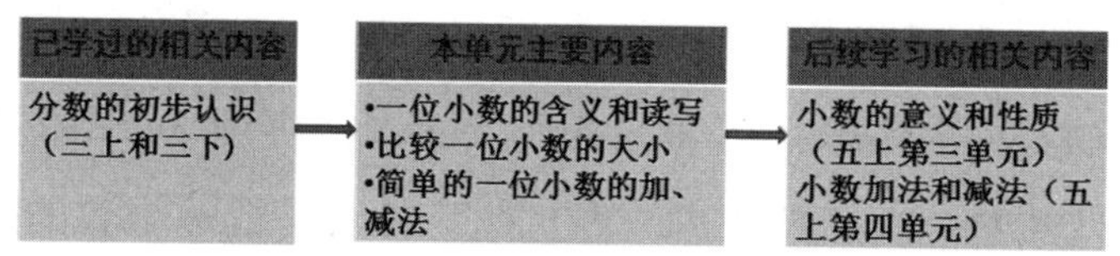

图1-13 认识小数前后关联知识

本单元一共安排四道例题，都围绕“初步理解小数的意义”来展开。例1、例2教学一位小数的含义，让学生分别在量长度、买东西的情境中把十分之几的分数改写成一位小数，逐步建立十分之几的分数与一位小数之间的联系。例3、例4安排一位小数的大小比较和简单的一位小数加、减法计算，让学生应用对小数含义的初步理解开展探索性活动。通过这两部分内容的学习，能够促使学生更好地理解一位小数的含义。本单元内容基本结构（如图1-14）：

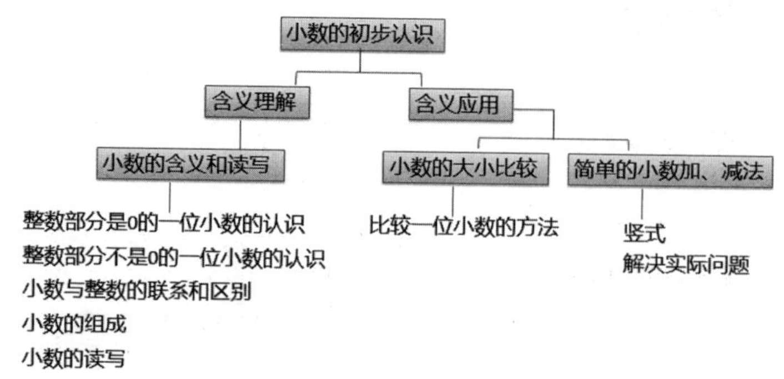

图1-14 认识小数单元知识结构图

本单元教学的重点是初步理解小数部分是一位的小数的含义。这是因为比较小数的大小和进行小数加、减法计算都是在初步理解小数含义的基础上进行的。而且初步理解小数部分是一位的小数也是今后进一步学习小数意义和性质的重要基础。

本单元教学的难点也是理解小数部分是一位的小数的含义。这是因为小数的含义相对来说比较抽象，因此不仅需要学生正确理解十分之几的含义，而且需要他们联系生活经验，在充分感知的基础上逐步加以体会，结合具体情境初步理解小数部分是一位小数的含义。

（二）单元知识结构与本册教材的序列关联

本单元内容位于本册教材的第八单元，纵观本册教材一共九个单元的知识内容，在跨领域单元融合中整理相关序列关联（如图1–15）。

						求一个数的几分之几是多少		
						认识一个整体的几分之几	简单的小数加减法	
						求一个数的几分之一是多少	小数的大小比较	
						认识一个整体的几分之一	一位小数的含义和读写	
两位数乘两位数	千米和吨	解决问题的策略	混合运算	年、月、日	长方形和正方形的面积	分数的初步认识（二）	小数的初步认识	数据的收集与整理二

图1–15　与认识小数关联的教材知识序列

《义务教育课程标准（2022年版）》中也提到："小数的教学，可以通过学生熟悉的具体情境，初步认识小数，感悟小数的数位与整数的数位的关系。在教学过程中，可以让学生体验与小数有关的数学文化，理解小数各数位上数的意义，进一步发展数感。"三年级学生对小数已有一定的生活经验，但大多是依附于商品价格、长度、气温等进行认识，离开这些现实情境，小数便成了抽象的存在，让学生难以理解。史宁中教授指出："小数产生有两个前提，一是十进制记数法的使用，二是分数概念的完善。"小数亦称十进小数，是实数的一种特殊表现形式。三年级下册教材在学习"分数的初步认识"的基础上，安排了"小数的初步认识”，并以长度作为主要的学习素材，通过对分数意义的理解来实现学生对小数意义的理解，强调“小数是十进分数的另一种表示方法”，沟通了整数、分数与小数之间的联系。

除了分数的初步认识是小数初步认识的学习基础，教材会用长度单位、人民币单位等这些十进制进率的单位作为媒介，帮助理解在不满“1”的情况下，用平均分成10份的办法来解释一位小数的含义。在本册教材中还可以看出，“千米和吨”单位之间的转换，“长方形和正方形的面积”中三个面积单位的转化，这些单位之间的进率是100、1000，也是未来学习小数意义、认识两位小数和三位小数的前提。“解决问题的策略”中主要涉及日常购物过程中的加减法问题，学会分析问题，提高推理能力，丰富解决问题的策略，这也为“小数的初步认识”单元中解决小数加减法的实际问题提供帮助。

三、认识小数的小学阶段知识结构

小数是数与代数领域的重要内容，从认识整数到认识小数是认数范围的一次扩展，小数的出现标志着十进制计数法从整数扩展到了分数，使得十进制分数与整数获得了形式上的统一。《数学课程标准》中针对小数的学习内容提出了明确要求：“第一学段，在数的认识方面，结合具体情境初步认识小数、能够读写小数，能够结合具体情境比较两个一位小数的大小。在第二学段，在数的认识方面，结合具体情境，理解小数的意义，会进行小数、分数、百分数的转化，能比较小数的大小；在数的运算方面，能分别进行简单小数加、减、乘、除运算及混合运算，能解决小数的简单实际问题。”

小学阶段三年级第一次接触小数是在十进制位值制初步理解基础上进行，感受小数和分数的关系，借助生活经验中的人民币单位和长度单位之间的转化，用正方形和数轴等数形结合的策略，在平均分和分数初步认识的基础上，初步认识一位小数；五年级进一步认识小数，在已有的对小数基本理解的基础上，将“量”扩展为“数”；最后完善学生对小数的理解，掌握小数的概念。

教师整理教材的知识结构，同时也影响着知识展开的方式。从结构的视角去整理知识的整体状态，让学生在知识的有机联系中学习。小数是“数与代数”领域的一部分，也是“数”的一种形态，不仅要整理和小数相关的课时安排，还要梳理苏教版小学阶段教材中有关“小数”内容的前沿和后续（如图1–16）。

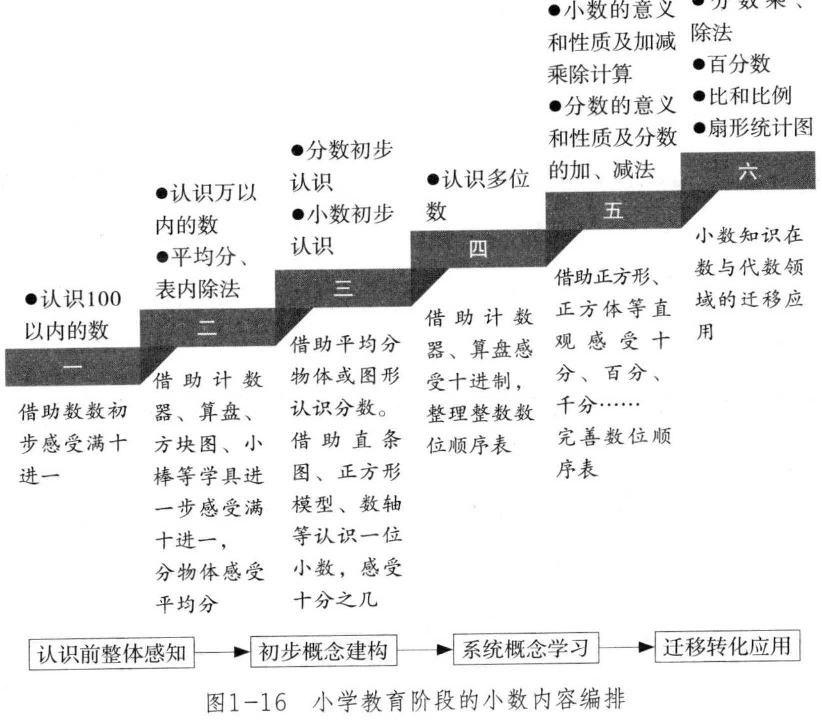

图1–16 小学教育阶段的小数内容编排

从小学阶段“小数”的知识序列中可以看出，对小数的认识，苏教版教材大体经历以下几个阶段：首先是认识前整体感知，即“感觉”阶段。一年级开始认识一百以内的数，学生借助数数小棒、计数器等学具初步感受十进制。二年级让学生在十进制的基础上，进一步学习万以内的数，深入认识十进制的同时，初步了解平均分的意义，有了平均分的思想后才能够了解分数的实际意义，这也是学习三年级下册“小数的初步认识”的理论基础。其次是初步概念建构，学生在生活经验和平均分思想的影响下，利用三年级下册小数的初步认识理解分数与小数之间的联系，初步认识小数，借助学具和不同学材感受十分，利用比较两个一位小数的大小，再到一位小数的加减法。在四年级学习多位数时，学生扩展认识十进制，建构数位思想，形成数位顺序表。再次是系统概念学习，五年级上册有三个单元的内容关于小数，是对小数概念元认知的提升，五年级上册第三单元是小数的意义和性质，第四单元和第五单元分别是小数加法和减法、小数乘法和除法。结合第一学段和第二学段对小数概念的初步感知，学习小数的意义、性质、组成等系统概念知识，再联系到实际应用，五年级上册小数相关的实际运算，解决相关实际问题，同时丰富知识，让学生体验与小数相关的数学文化，理解小数各数位数的意义，进一步发展数感。最后是迁移转化应用，六年级学习的比和比例、百分数、扇形统计图等，这些知识内容是在对小数知识理解的基础上的转化应用。

（一）四个版本教材小数与整数、分数知识关联设计及对比分析

1. 编排思路方面

四个版本的教材，都是让学生从自然数的认识开始，先认识较小的20以内的数，到100以内的数、万以内的数，再到分数的认识，认识小数之后认识自然数中的大数，再到认识负数。

有关“数概念”的学习内容主要包括三个方面：表示数量或顺序、比较大小、进行运算。四个版本教材对于“数的认识”相关内容的编排也遵循了上述三个方面，且编排顺序基本一致，以苏教版二年级下册“认识万以内的数”一课为例，学生通过多种实际情境及直观模型经历了认数，包括计数单位、数位顺序、组成、读写法，体验数量多少的过程；在比大小中建立对数与数之间关系的认识；这些认识是进行运算的前提，而运算也是对数概念的进一步理解和应用。梳理其他阶段的数的认识，也大都是这样的编排思路。同时在教材设计，初步认识分数和小数之前的整数学习都离不开数位与计数单位。但在三年级学习分数与小

数时却不再提计数单位了，而在接下来的大数学习及进一步学习分数与小数时，又回归了对数位与计数单位的学习，这是因为只有通过数位和计数单位才能打通整数、十进分数与小数之间的联系。

2. 表征方式、模型选择方面

在数的认识方面，各版本的教材往往都是从实际情境引入，再通过多种数学模型进行一定程度的抽象，体现了表征方式的多样化。较为通用的数学模型有米尺、正方形图、正方体图、计数器和数轴等，其中正方形图、正方体图和数轴是在整数、分数及小数的学习过程中都用到的数学模型。这些数学模型的使用从“形”的方面深化了学生对整数“1”含义的理解，所有的数都是整数“1”的累加和细分，在此基础上产生了不同的计数单位，产生了“十进制计数原则”。将一把米尺、一个正方形、一个正方体、数轴等平均分成10份、100份、1000份……可以得到比1小的分数和比1小的纯小数，反向累加又可以得到比1大的带小数。这时，多样的数学模型、多元的表征方式便成为帮助学生理解小数意义的“脚手架”，正方形图、正方体图的半抽象化模型和数轴的抽象化模型也可以让学生的数学思维实现深度发展。

特别是数轴的使用，虽说比较抽象，但各个版本的教材都很重视对数轴的应用，都在认识10以内的数时就引入了数轴这一数学模型，其中北师大版为具象化的数轴，类似于尺，之后逐渐抽象为数直线，数轴能够加深学生对数字顺序的认识，找到数字排列的规律；可以让学生更好地体会数系的拓展，帮助学生建立起数与点的“一一对应”关系；通过发现数与数之间的关系，建立对数的整体理解：数轴上同一个点可以表示不同形式的数，可以帮助学生体会整数、分数与小数之间的相互转化，从而加深对数的整体理解，逐步丰富学生对数的认识。

3. 数学思想方法方面

各版本教材的设计都非常注重对学生数感意识、模型思想、抽象能力等方面的培养，且在内容上都体现出螺旋上升的层次性。先是利用实际情境引出不同的数，唤醒学生的生活经验和知识经验，调动学生对“小数”的好奇心和求知欲；而后通过半抽象或抽象的数学模型，利用操作表征、迁移类比，帮助学生加深理解，尤其是对整数“1”和小数、十进分数之间的关系的理解，培养学生数形结合的数学思想方法；最后通过抽象概括，把小数的意义即与十进分数之间的联系概括表达出来，渗透模型思想。

（二）整体关联知识结构对教学的启示

1. 注重对计数单位的教学

学生在学习了自然数之后，进行了分数与小数的学习，分数与小数是对数概念的拓展与丰富。自然数是数出来的，分数和小数是“先分后数”的，也就是说，数都是可以数出来的。在数的时候，都需要借助于计数单位，从这个意义上来说，抓住计数单位，并采用十进制计数法计数，就把整数、十进分数、小数的本质串联成了一体。因此，在教学小数的初步认识时，就要创设学材、合理设计学习任务，引导学生重点体会小数在计数单位及十进制计数法方面与整数、十进分数之间的关联，打通小数与分数、整数的联系。在学习分数的初步认识时，对计数单位的了解学习也需要有所涉及。

2. 丰富表征，加深学习体验

抽象的数需要有直观的学材、多元化的表征方式支撑才能让学生真正理解并建立数感。除了利用教材提供的自带十进制关系的人民币单位、长度单位和质量单位等，以及线段、正方形、正方体、数轴等不同的数学模型之外，教师还要结合学情，根据学生的需要，在不同的学习阶段中开发、使用利于学生动手动脑的学材，把抽象的数具象化，丰富学生的表征，让不同的表征方式之间产生联系，有利于学生形成结构化的概念意象，促进学生深入地、整体性地理解数概念，这种做法也培养了学生的抽象思维，让学生体会数形结合、一一对应等数学思想，提高深层思考能力。

北师大版及沪教版“小数的初步认识”中都是采用实际情境问题解决的方式开展学习，因此都没有引入数轴模型，基于知识点呈现螺旋上升的特点，以及对“数的认识”需要系统把握的考虑，可以把数轴下放到三年级的“小数的初步认识”内容中来学习。

3. 关注数概念的有效抽象

数概念的形成既需要情境与学材的支持，也需要及时有效地进行数学抽象，在这一过程需要进行整体性推进。在初步认识数的时候，应尽可能地把学材以动态化的形式呈现，激活学生的数学思维。在理解、建立数感的阶段，让学生能够把直观化、半抽象的数学学材操作起来，在手脑并用的过程中，丰富感性经验，并由表及里地理解概念本质。当学生通过上述步骤在脑海中形成了对数的一定具象感知之后，就要及时帮助学生进行抽象化的概念理解，通过语言表征、图形表征等方式把对概念的理解表达出来，提升数学思维能力。

认识小数的认知结构图

一、理解认识小数的认知结构

（一）课时知识点结构

从苏教版数学五年级上册“小数的意义”这一课微观知识核心元素可以看出，小数概念的元素包括：十分、十进制、位值计数（如图1–17）。

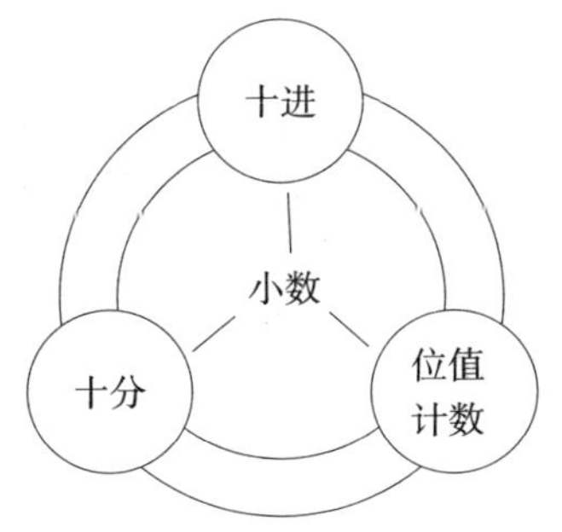

图1–17 “小数意义”核心元素

在小数的概念建构中，帮助学生理解小数相邻两个计数单位之间的进率是十，按照十等分和逢十进一的规则构造出来的小数，可以和自然数一起构成完整的位值计数系统，这正是小数的概念的核心所在（如图1–18）。

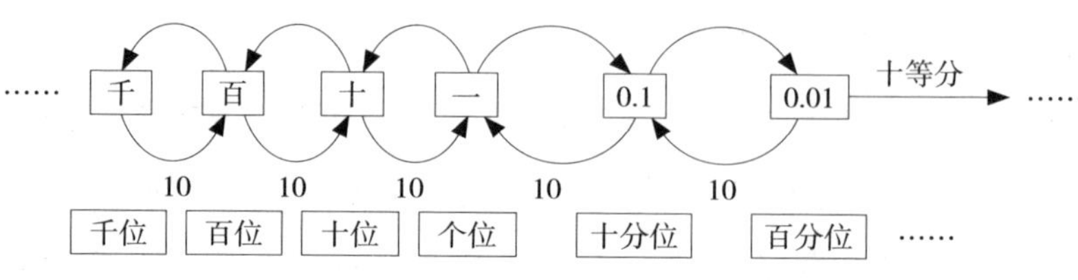

图1–18 “小数概念”的核心元素结构

整数的计数方法是学生熟悉的知识，满十进一，随着计数单位的累积，数越来越大。小数的学习要沟通与整数十进制的联系。如果改变观察的方向，从高位向低位：把一个千十等分得到10个百，得到10个较小的计数单位；把一个百十等分得到10个十；把一个十十等分得到10个一，再经历把“一”“十等分”得到10个“十分之一（0.1）”，把0.1十等分得到10个0.01……再从低位到高位，即从右往左看，由“均分”到“累积”，10个0.01是0.1，10个0.1是1……逐步走向“十进”的统一。以核心概念为桥梁，沟通小数与整数、分数的联系，进而帮助学生构建良好的认知结构，体会“十分”和“十进”，感受到小数和自然数一样，具有“满十进一”“退一当十”位值计数规则，从而形成完整的“十进制数位顺序表，将小数融入整数的结构化认知体系中（如图1–19）。

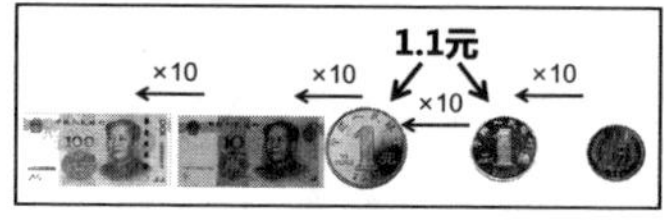

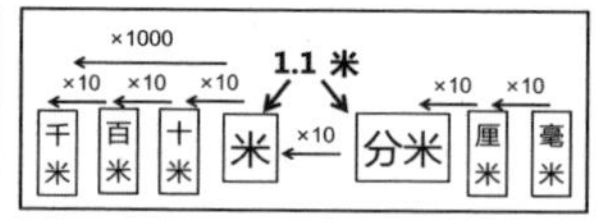

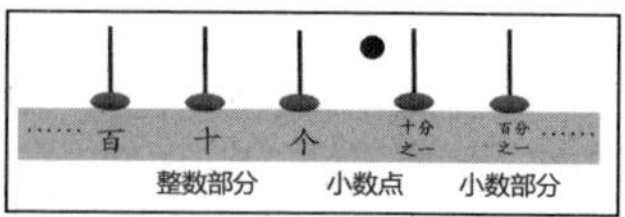

图1–19 小数与整数、分数的关联

（二）单元知识结构

从五年级“小数的概念”可以看出，小数需要从单元知识结构（如

图1–20）可见，小数的概念是单元知识的核心，是单元知识的根。

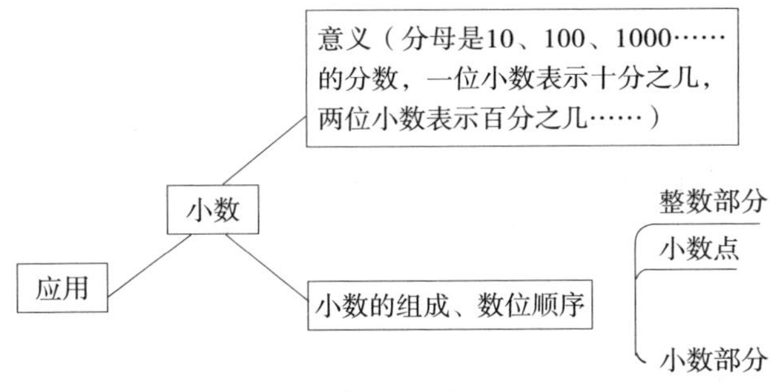

图1–20 “小数的概念”单元知识结构

苏教版数学五年级上册“小数的概念”这个单元是在学生掌握了整数的概念和计数方法，以及初步认识分数与一位小数的基础上编排的，主要内容是小数的概念。结合小数的概念，还要比较小数的大小、把非整万数和非整亿数改写成以“万”或“亿”为单位的小数、求小数的近似数等内容。认识小数首先是理解小数，只有建立小数的概念，才能逐渐掌握小数的其他知识，小数的概念是本单元知识的根。本单元内容的课时知识结构（如图1–21）：

小数的近似数
将整数改写成用“万”或“亿”为单位的小数　小数的大小比较
用小数的性质化简和改写
小数的性质
小数的计数方法、数位顺序
小数的计数单位
小数的意义和读写

图1–21 “小数的意义”单元课时知识结构

（三）大概念知识结构

如表1–15，苏教版数学三年级下册第八单元是“小数的初步认

识”，苏教版数学五年级上册第三单元是“小数的意义和性质”，第四单元和第五单元分别是“小数加法和减法”“小数乘法和除法”，后续单元的学习过程中都会应用到有关小数的知识。

表1–15　苏教版“小数”内容的整体分布

<table>
<tr><td>五上第五单元</td><td>“小数乘法和除法”</td><td>小数乘整数</td><td>小数除以整数</td><td>小数除以小数</td><td></td></tr>
<tr><td>五上第四单元</td><td>“小数加法和减法”</td><td>小数的加减法</td><td>计算器计算小数的加减法</td><td>小数乘小数</td><td></td></tr>
<tr><td rowspan="2">五上第三单元</td><td rowspan="2">“小数的意义和性质”</td><td>小数的意义</td><td>小数的组成、数位和计数单位、小数的数位顺序表</td><td>小数的读法、写法</td><td>小数的性质、化简小数、改写小数</td></tr>
<tr><td>小数的大小比较</td><td>小数点位值移动引起小数大小变化</td><td>小数与单位换算</td><td>小数的近似数</td></tr>
<tr><td>三下第八单元</td><td>“小数的初步认识”</td><td>小数的初步认识</td><td>小数的大小比较</td><td>小数的加减法</td><td></td></tr>
</table>

纵向单元跨年段大单元知识结构与横向单元跨领域结构形成的知识整体结构，即宏观大概念的意义理解。从教材的宏观结构可以看出，认识小数苏教版数学教材安排为：三年级下册学习小数的初步认识，理解分数与小数之间的联系，比较两个一位小数的大小，再到一位小数的加减法；接着又回到系统概念学习，五年级上册有小数概念的元认知，即小数的意义和组成；再联系到实际应用，五年级上册有小数相关的实际运算。

二、思维结构发展的学习机理

学生的认知发展结构与知识的发展结构，在同一知识体系中是相互融通的。“小数的概念”的思维发展结构即学生认知结构发展过程可以从直观思维、程序思维、抽象思维、形式思维四个方面来分析。即学生最初接触的“数”是通过数物体的数量“数”出来的，建立了十进制计数法的直观思维。在度量的过程中，出现没有办法用自然数来表示结果的情况，从而产生了用一种“新数”表达的需求。在这个过程中，学生初次经历将数系扩张到分数、小数，数形结合理解零点几的实质的程序思维。均分的过程与分数建立关联，形成了“量”与“数”关联的抽象思维。学生将数系扩展到小数后，能够从多角度理解小数的概念，能够通过迁移、类推，用小数解释日常生活中的一些现象，在多元表征中循环建构小数概念的形式思维。

从知识结构建构过程来看，首先是直观思维，从一个一个数到群数；其次是程序思维，之间的关联是十进制，程序思维中还包括从整数到小数；之后程序思维与抽象思维之间的关联是整数和小数的融通，抽象思维还包括从数到形，再从形到数，建立图形表征；小数概念的建立是抽象思维与形式思维之间的关联，最终其知识的建构以“整数、十进分数和小数统整”的形式呈现，小数的产生是基于整数的十进制原理并在生活中得以发展和应用。

认识小数的教学目标要求

一、认识小数的阶段教学目标

（一）阶段教学整体分析

“认识小数”这部分内容出现在苏教版三年级下册第八单元，是苏教版教材第一次教学小数的知识。在此之前，学生已有了整数的概念，在三年级上学期也已经初步认识了分数，小数与整数、分数虽有含义差异，但就其本质而言有着共同之处，都具有数的结构性特征。对认识小数，是学生数概念的又一次扩展。本阶段，教材只教学小数部分是一位的小数，而初步理解小数部分是一位的小数的含义也是本阶段的学习重难点，需要学生正确理解十分之几的含义，在充分感知的基础上，联系生活经验逐步加深体会。数学知识的教学是基于知识之间是有联系，而且不断循环上升的这一事实，比较小数的大小和进行小数加、减法计算都是在初步理解小数含义的基础上进行的。学生在完成这部分内容的学习后，后续将在五年级上学期继续学习小数的意义和性质、小数的加减法等关联知识，感知、体会和把握这种关联实质上是一种结构整体关联性理解，从而逐步完善对小学阶段小数的整体认识。

（二）从四个维度看单元教学目标

基于《义务教育教科书教师教学用书》（以下简称《教师教学用书》），从四个维度来看，我们将阶段教学目标分解如下：

（1）知识技能方面：使学生联系日常生活经验和对分数的已有认识，初步认识小数的含义，正确读、写一位小数，知道小数各部分的名称，初步掌握比较小数大小的方法和简单的一位小数的加、减法，能正确判断两个（或几个）一位小数间的大小关系，能进行简单的一位小数的加、减法计算。

（2）数学思考方面：使学生能在用小数描述日常生活现象、解决简单实际问题的过程中，初步具有整数、自然数、小数等概念，不断加深对数的意义、大小、相互关系的理解，进一步发展数感和初步的推理能力。

（3）问题解决方面：使学生能在用小数表示常见数量及其相互关系等活动中，初步学会与同学合作交流，学会在交流中不断完善自身的思考，逐步增强合作交流的意识，提高解决问题的水平。

（4）情感态度方面：使学生在初步认识小数、用小数表示常见数量及其相互关系和应用小数知识解决简单实际问题等活动中，进一步感受数学的价值、数学学习内容的多样性与趣味性，进一步体会数学与生活的密切联系，不断增强对数学的好奇心和求知欲，增强学数学、用数学的自觉性。

（三）阶段教学建议

基于《教师教学用书》并结合以上分析，对阶段教学提出如下建议：

（1）合理安排教学内容：教学应紧扣“初步理解小数的意义”展开，教学一位小数的含义时，先创设学生真实生活情境，在真实的背景下，解决真实性的问题。让学生分别在量长度、买东西的情境中把十分之几的分数改写成一位小数，引导学生用数学的眼光观察现实世界，逐步建立分数与小数间的联系。后续教学一位小数的大小比较和简单的一位小数加、减法计算等内容时，让学生在“初步理解小数的意义”的基础上，开展探索性活动。

（2）重点关注学生体验：教学重在让学生感受“学习小数的现实意义”，既要用数学的眼光观察现实世界，更要用数学的思维思考现实世界。创设生活中最常见的、用到小数的现实情境：测量长度的结果不是整米数，物品的价格不是整元数。教学以测量长度或买东西的现实情境进行展开，可以有效激活学生已有的知识和生活经验，在具体的情境里读、写小数，解释小数的含义，比较小数的大小，解决简单的实际问题，促进学生对小数的理解和应用。

（3）恰当组织教学形式：提供给学生探索和交流的机会，不断丰富学生的学习方式，引导学生用数学的语言表达现实世界，在一位小数的认、读、写中，考虑到学生是初次接触，可以侧重于直接叙述；而在比较一位小数的大小和简单的小数加、减法计算中，可以侧重于引导学生在熟悉的问题情境中自主探索、合作交流，选择富有个性的方法解决问题。这样的教学组织与安排，是建立在对学生现阶段生活经验、认知水平和知识建构方式了解的基础上的，符合学生的认知规律。

二、认识小数的课时教学目标

（一）课时教学整体分析

“小数的含义和读写”是“认识小数”这一部分教学的第一课时，也是本单元的重难点。这一课时旨在引导学生初步理解一位小数的含

义，而一位小数的含义是在认小数、识小数的活动中让学生逐渐体会的。教材先安排认识整数部分是0的小数，再认识整数部分不是0的小数，最后介绍小数各部分的名称。在初步理解、能够读写一位小数的基础上，学生才能继续探究一位小数的大小比较和简单的小数加、减法计算，完善对本阶段小数的整体认识。

（二）从四个维度看课时教学目标

基于《教师教学用书》，从四个维度来看，我们将课时教学目标分解如下：

（1）知识技能方面：使学生结合具体情境初步理解一位小数的含义，能正确读、写一位小数，知道小数各部分的名称。

（2）数学思考方面：使学生在认识小数的过程中，学会有条理地表达自己的思考，初步具有整数、自然数、小数等概念，进一步发展数感和简单的推理能力。

（3）问题解决方面：使学生在认识小数、应用小数的过程中，初步学会合作交流，提高解决问题的能力。

（4）情感态度方面：使学生在用小数表达和思考的过程中，体会小数的现实意义，提高学习数学的兴趣。

（三）课时教学建议

基于《教师教学用书》并结合以上分析，对课时教学提出如下建议：

（1）真实性原则。在进行本课时教学时，教师可以先从测量课桌长和宽的实际问题引入，教学整数部分是0的一位小数。在测量得到课桌长是5分米，宽是4分米后，以此为基础，紧接着启发学生思考："5分米是几分之几米？4分米呢？"引导学生联系刚刚学过的分数的含义认识到：5分米是十分之五米，4分米是十分之四米。进一步介绍，还可以写成小数0.5米、0.4米，再介绍读法。接着创设购物情境，再教学整数部分不是0的一位小数。呈现的圆球笔和笔记本的价格分别是1元2角和3元5角，通过改写2角和5角，认识小数1.2和3.5。通过两部分的教学，帮助学生了解小数与分数、整数的联系和区别，接着说明怎样的数是自然数，怎样的数是整数，例题中认识的这几个数都是小数，介绍小数点、整数部分和小数部分的含义。

在练习巩固环节，教学“想想做做”时，主要让学生在写小数以及用小数进行表达交流的真实性活动中进一步体会一位小数的含义。第1–2题应引导学生继续借助小数的现实模型（测量长度、商品价格）体会小数与十进分数的联系，使他们不断增强十分之几的分数能写成一位小数的体验。第3–4题应借助小数的数学模型，提升学生对一位小数含义的理解水平。第5题安排的是一个简单调查活动，意在让学生通过调查和交流，进一步丰富对小数的认识，体会小数在现实生活中的应用，感受数学与生活的联系，增强对数学学习的亲切感。

（2）实践性原则。教学整数部分是0的一位小数时，活动内容以及测量结果的表达方式都是学生非常熟悉的，能使他们感到亲切。学生进行实践活动，自己测量操作，也能为接下来的学习创造、提供很好的素材。为了帮助学生更加直观地感受小数0.5、0.4与分数、整数的关系，还可以进一步要求学生在“1米”的直条图中借助涂色，通过操作实践表示出0.5米和0.4米，在操作中巩固对上述关系的认识。教学整数部分不是0的一位小数时，由于学生在日常生活中大都见过用小数表示的价格，因此把它们改写成用“元”做单位的小数困难并不太大。教学时，教师应侧重帮助学生先用分数和小数表示上述价格中的2角和5角，再引导他们类推出1元2角和3元5角的小数表示方法。通过两部分教学，学生对一位小数的感知从整数部分是0的一位小数进一步过渡到整数部分不是0的一位小数，有利于学生逐步建立对一位小数的深刻认识，形成合理的认知结构。

（3）启发性原则。本课时是认识小数的第一课时，学生第一次接触小数，在教学整数部分是0的一位小数时，教师可以直接告知学生$0.5=\frac{5}{10}$、

$0.4=\frac{4}{10}$，明确地让学生知道分数与小数的关系。而在教学整数部分不是0的一位小数时，就可以放手让学生尝试用小数表示2角和5角了，根据之前的经验，学生可以自己表示出来，再进一步将1元和0.2元结合，将3元和0.5元结合，从而认识整数部分不是0的一位小数。在这样的教学组织与安排下，教师作为引导者、启发者，引导学生进行自主探究活动，从而更好地帮助学生认识小数、理解小数的含义。

第二章　学情调查：了解“双基”情况

学生知识基础的调查与分析

一、学情调查的问题设计

（1）知识经验层面：举例说说生活中的小数。

（2）表征方式层面：画一画、写一写表示它的意思。

二、学情调查的设计意图

第一题从知识经验层面进行考查，目的是了解学生是否在生活中见过小数，在什么样的情境中知道了小数。第二题是从表征方式层面进行考查，目的是了解学生对生活中小数的理解，发现学生对小数的生活化理解与数学化理解的差别，发现学生在小数学习的数学认知上的困难，找到促进认知发展需要的数学基本技能，以便教师准确把握学生学习小数的认知起点与最近发展区，结合学生实际，发展学生在小数这一内容学习过程中需要的涉及核心素养的关键能力与必备品格。

三、学情调查的理解与分析

2022年9月19日，笔者对N市某小学三年级88名学生进行了前测调查。此时的学生刚进入三年级，还没有认识分数，学生需要直接从整数的学习到认识小数。

（一）问题一的调查情况：举例说说生活中的小数

具体结果如表2-1：

表2-1　学生对认识小数水平分析

	百分比	学业表现
水平一	6.7%	不能举例或部分举例正确
水平二	86.6%	能正确举出生活中的小数
水平三	6.7%	能在不同情境中找到相同的小数

从表中可以看出，被调查的大部分学生在超市价格标签上见过小数，且有不同的感受与理解，还有一些学生能够直接写出小数。我们将学生分为以下三种水平。

（1）学生不能举例或部分举例正确，该水平层次的学生分为三种情况，具体分析如下：

情况一：学生没有写出具体的小数，而是用文字的形式表述出在哪里见过小数（如作品1）。我们对这类学生做了访谈：你能举个例子吗？学生的回答是“这支笔要三块五。”“现在是下午三点二十分。”类似于“三块五”这样的价格在生活中经常见到，学生会通过生活经验体会到这是小数。但是对于“三点二十分”这样的时间，在学生的潜意识当中，认为有“点”就是小数，可以看出在学生生活经验中存在着对于小数理解的误差，这是我们在课堂教学中需要关注的。客观上小数与整数有着密切的联系，学生的认知经验中也存在着运用整数连续的事实。

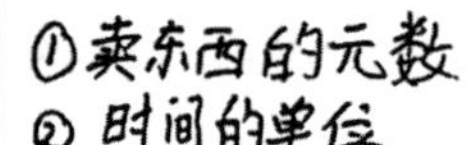

作品1

作品2

图2-1

情况二：写了“1角”（如作品2）。访谈时，学生认为1元是1，1角比1小，所以就是小数，但不知道怎么写。通过问卷和访谈了解到学生能够联系之前学习过的整数来认识小数，说明小数不仅可以在分数后学习，也可以在分数学习之前学习。

情况三：生活中见过小数，但是书写形式有错。访谈发现，学生认为有小数点的数就是小数，这个是他在超市看到的小数的样子（如作品3）。学生对小数有着自己的理解，渴望学习小数这一新的数。

作品3　　作品4

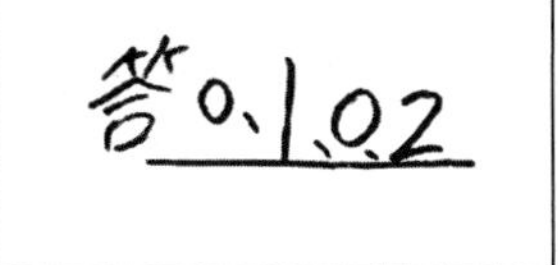

作品5

图2-2

（2）能正确举出生活中的小数，该水平学生也有两种情况。

情况一：学生能结合具体情境写出小数。学生可以根据已知的生活经验，识别出像2.5元、13.6元这样形式的数叫做小数（如作品4）。

情况二：学生能任意写出一些小数，并解释道："带有小数点的数就是小数。"（如作品5）

（3）学生能写出一个小数，并用不同的情境解释。学生写的小数是不带单位的小数，我们对这类学生进行了访谈。如作品6，让他说一说哪里见过0.9的，学生回答在超市见过0.9元，也就是9角；身高0.9米里面有0.9，意思是90厘米。如作品7，学生借助生活中的"一半"来理解0.5。

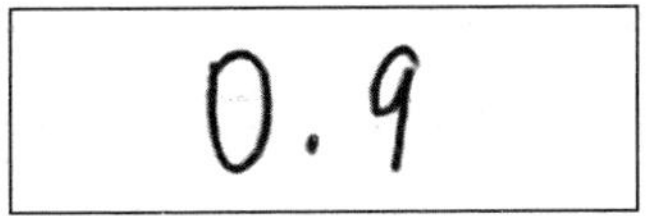

作品6

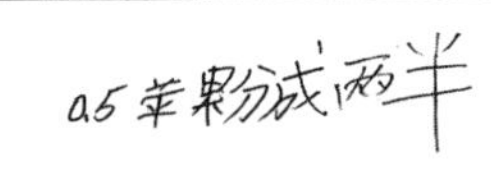

作品7

图2-3

（二）问题二调查情况：画一画、写一写表示它的意思

具体结果见表2-2：

表2-2　学生对小数的表征方式水平分析

	百分比	学业表现
水平一	6.7%	不能正确解释小数的意思
水平二	76.6%	能运用生活经验解释小数含义
水平三	16.7%	能画图解释小数的含义

我们也将学生的情况分为3个水平，具体分析如下。

（1）学生不能正确解释小数的意思。学生只能通过书写形式对小数进行辨别（如作品8）。

答：小数就带biǎo是有.就是小数比如0.1 0.2

作品8

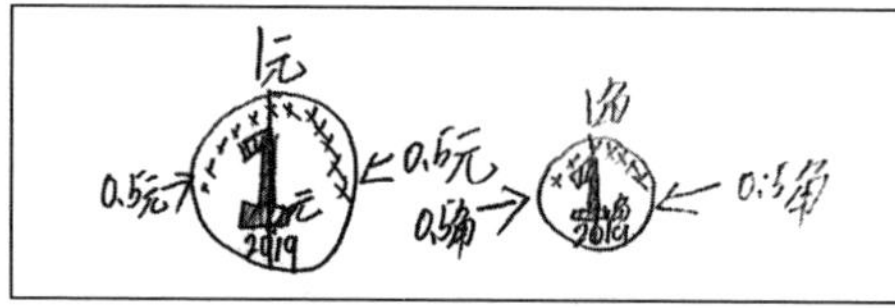

作品9

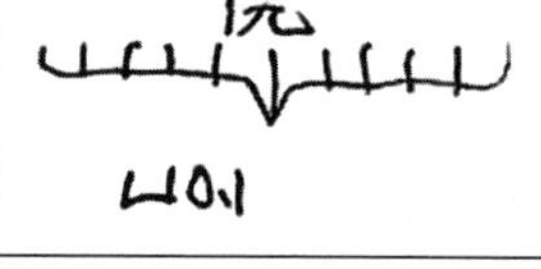

作品10

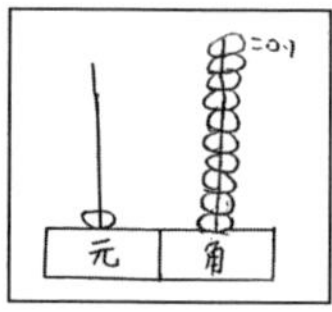

作品11

图2-4

（2）学生能运用生活经验解释小数含义。学生可以借助元角关系解释小数的含义，不过表征方式是有所不同的。作品9中学生先画出1元，1元的一半就是0.5元。作品10、11，学生能借助元角关系解释0.1的意思。

（3）能画图解释小数的含义。该水平的学生不仅能够借助不同的图形进行表征，更重要的是能够关注到，要把图形平均分成10份，还能在一幅图中找到相关的小数，甚至还尝试写出了整数与小数之间的关系（如作品12–15）。

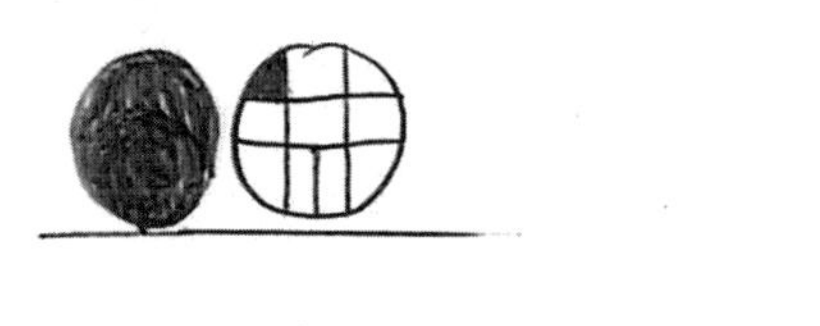

作品12

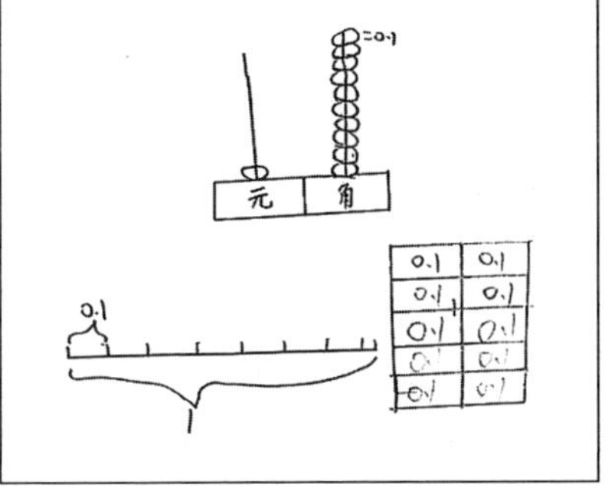

作品13

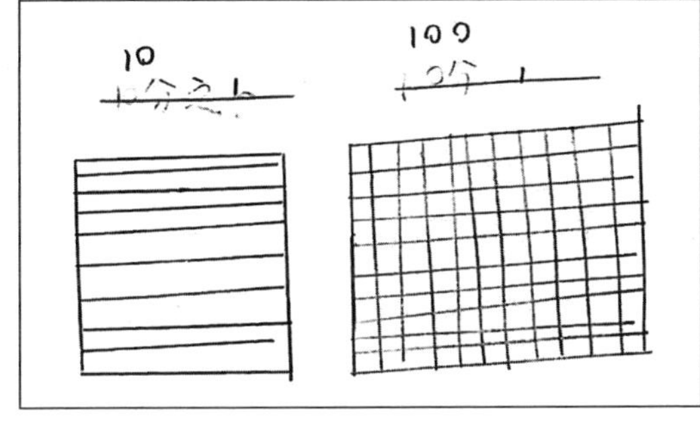

作品14

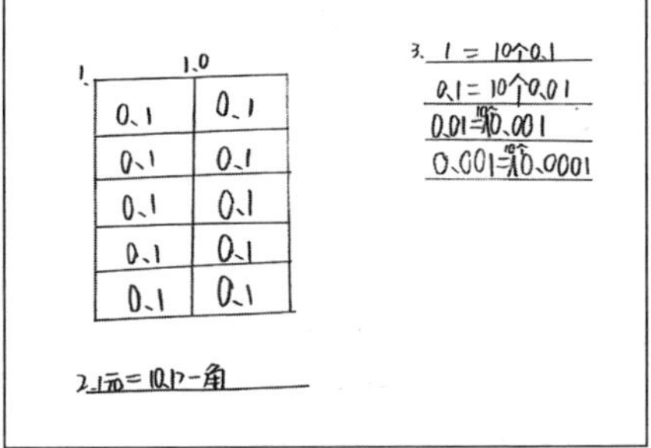

作品15

图2-5

通过前测我们发现，学生虽然没有学过分数，但是他们有充分的认识小数的生活经验和数学知识基础。学生不仅在生活中经常见到小数，还能用丰富的数学方式表达自己对小数的理解，其中包括图、式、文字以及数学推理。因此，跨越分数认识小数，学生有着足够的经验基础。

学生认知方式的了解与分析

一、认识小数的学生认知方式

认知方式是个体在信息加工过程中表现出的个体化和一贯性的偏好方式，是一个人在感知、记忆和思维过程中，经常采用的、受偏好影响和习惯化了的态度和风格。它是一种非常重要的个体差异变量，其影响既表现在对小数的认知过程中，也反映到个性心理特征上。影响学生认知方式的因素涉及父母教养方式、个性以及性别等方面，关于先前的经验对认知方式的影响也非常重要。因此，对学生在小数学习中的认知方式进行调查了解与分析尤为关键。

二、学生认知方式的调查设计

（一）学生认知方式调查的问题

研究中，我们调查了四五年级的学生，此次认知调查设计主要是了解学生是怎么自觉运用已有的认知结构对新知识进行关联，了解学生对小数意义理解的表征方式。为达到以上这些调查目标，设计以下问卷。

题目：小数是什么样子？请想一想、画一画、写一写。

（二）学生认知方式调查问卷的使用说明

本调查是纸笔测验，它要求被试者根据所给问题联系自己的学习经验，想一想在哪见过小数，与什么有联系，是什么样子。通过写一写，表达自己对小数的认识，并用自己喜欢的方式表达出来。教师在发放了调查问卷之后，并辅以下段引导语：同学们，今天老师想了解同学们对“小数”认识的情况，这是一个小调查，希望同学们能根据问卷上的问题，结合自己的理解进行回答。可以写一写，也可以画一画，把自己的想法表达出来，如果无法用写或者画的方式表达出来的，也可以举手，老师到你的身边，你可以说给老师听，老师帮你记录下来。

三、学生认知方式的调查结果分析

（一）学生认知方式的调查结果

学生对“小数，与什么数有联系？”这个问题的解答分为这样几类：小数是将整数“1”进行“十分”“百分”“千分”……后产生新的数，所以它与整数、分数都有密切的联系，它是分母为10、100、1000……分数的另一种表达数的形式，从某种意义上来说，小数是一种特殊的分数。调查数据反映，92%的学生都能找到小数与整数或分数有密切联系，具体情况如表2-3：

表2–3 学生对与小数相关联数的认知

与小数相关联的数	人数占比
整数	56%
分数	36%
非整数非分数	8%

（1）小数与整数是有关联的

大部分学生理解小数与整数有联系，当整数“不够用”或者“用不了”的时候就产生了小数，小数可以起到对整数的补充作用。可以将整数平均分成几份，实际上这种分法也与分数相联系。小数与整数相比，提高了对数的精确度的认识。

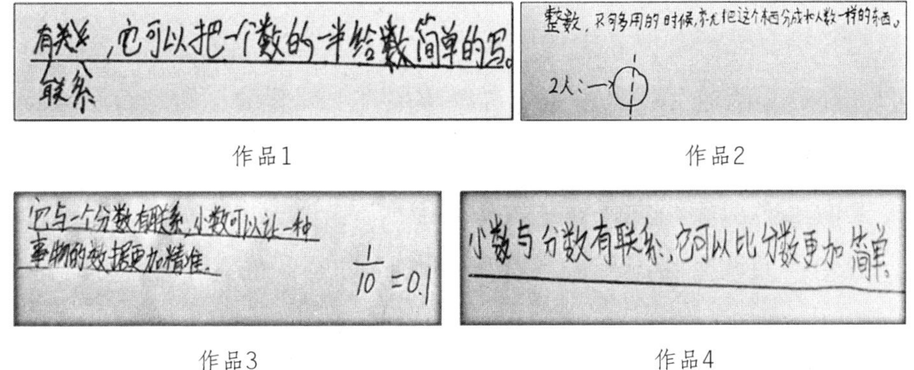

作品1 作品2

作品3 作品4

图2–6

（2）小数与分数是有联系的

部分学生能够准确找到小数和分数之间的关系，即$0.1=\frac{1}{10}$，这是小数与分数之间的木质联系，把握了这个关系，也标志着学生理解了小数的意义。

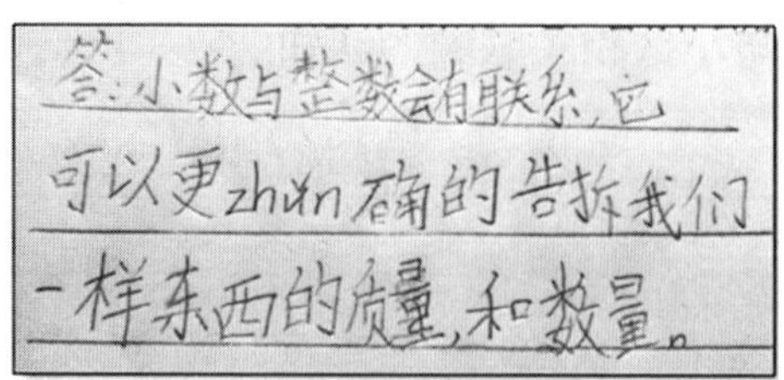

作品5

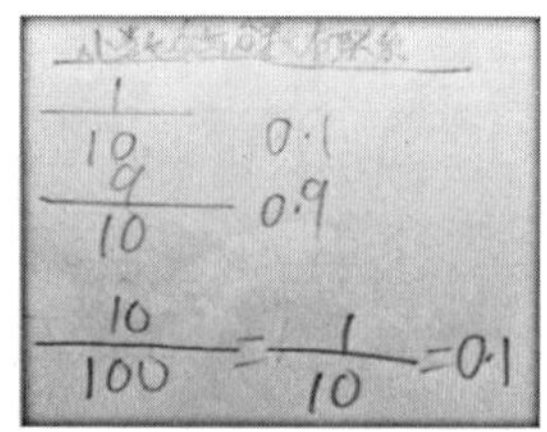

作品6

作品7

图2-7

还有少部分学生没有找到小数与整数之间的关系，这反映出学生对小数意义没有理解，但从中可以看出，学生更多的是从字面上来理解小数的，即“小的数”就是小数，也有从形式上理解的，即“有小数点的数”就是小数。

上面是对四年级学生认识小数的认知方式的调查结果。同样的调查，五年级的调查情况与四年级既有相同之处，也有一些区别。有关“小数，与什么数有联系？”这个问题的答案更多样，可能受到学习的内容、积累的经验更复杂的影响。认为小数与分数有联系的占比是16%，这个数据较四年级学生的36%降低了很多，为什么这么低？原因是距离上一次学习小数已间隔了一年零三个月，从心理学上看，是符合遗忘规律的，同时受近因影响，因为五年级上册第一单元是“认识负数”，有14%的学生认为与负数有关，这是学习的负迁移。

（二）学生认知方式的调查分析

通过调查发现三年级学生对认识小数停留在小数在生活中的样子，认知方式是“视觉型”；基于生活经验和知识基础，四年级的学生对小数的认知方式更多是“视觉型”加“听觉型”；五年级学生由于学习能力的提升，除上述两种认知方式外，也会出现“动觉型”的认知方式。

由于学生在认识小数或理解小数时的认知方式不尽相同。因此，教师在设计和实施教学时需做好两件事情：其一，平衡学生的认知方式，采用多种认知方式观察客观事物的空间形式、数量关系；其二，按照学生心理发展的阶段性特点，帮助学生建立或者提升有价值的认知方式，如从画图表示小数的含义逐步到用写出分数和小数的关系，如：$0.1=\frac{1}{10}$。分析学生的问卷发现，学生对认识小数主要分为：

（1）基于生活经验的理解，如学生写出了生活中的重量、价格、长度、视力、身高、体重等数据。因此，在写写画画时，不少学生写的是这些例子。这些理解只能是简单描述生活现象，简单地重复再现。

（2）概念性理解，如小数与分数相关联，把一个图形或一个整数平均分后得到不是整数的数，学生会用话题等表征方式展示他对小数的理解，这说明学生对小数的形式与本质的理解已经达到一定的水平，对小数已经有了一定的思维加工。

（3）形式化理解，包括通过单位间的进率换算，如沟通元与角、千米与米、千克和克等相关单位间的关系，有的为了统一计数单位1元和5角合并成1.5元，有的为了方便记录将低级单位转换到高级单位等。

通过分析三类学生所表现出的认知方式发现，四五年级的学生处于从“具体运演”阶段过渡到“形式运演”阶段，在进行教学设计以及课堂实施时，尽可能地选择第二类的认知方式。在“整体—分析”中发展学生的左脑思维，在“言语—表象”中发展学生的右脑思维。

认识小数的学习目标

一、认识小数的学习目标

基于对学生认识小数的调查了解，我们对认识小数的学习目标制定如表2-4：

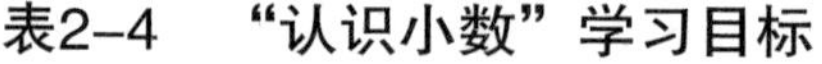

表2-4 “认识小数”学习目标

维度	学习目标
知识结构	在具体的情境中理解小数的含义，明白小数与十进制中数位、位值的相关联的结构，正确读写一位小数，知道小数各部分名称。
认知结构	在观察、对比、表达、应用的认识过程中，发展数感和简单的推理能力。
情意结构	在实际应用中体会小数的现实意义，提高学习数学的兴趣，学会合作交流，提高解决问题的综合能力。

学习目标与教学目标相匹配，从知识结构、认知结构与情意结构三个方面分别描述了学生的学习目标，包括学生应该学什么、怎么学、学到什么程度。

二、学习目标的关联分析

（一）学习目标的叙写依据

学习行为要基于一定的学习动机，而学习动机就表现在学习目标上。学习目标是通过课程内容结构、认知过程结构与情意态度结构来实现的。

1. 课程内容结构

首先要读懂读通课时教材以及与之关联的单元知识结构，理解单元间横向联系与纵向关系，明白数学的知识结构体系，整体理解大概念。接着，能够理解并勾画出概念的元素关联结构图以及概念之间的联系而组成的单元知识结构图。最后，结合课程标准的要求，并结合学生的个体差异，把课程内容与教学目标统一起来，让内容科学地服务目标，引导教师以学为主理解教材、结合学情、创造学材，不断完善课程的科学适用性。在此基础上，叙写出学生应该掌握的知识结构。

2. 认知过程结构

学生在数学学习的过程中非常重要的目标就是通过完善认知结构促进思维的发展，其中涉及数学学习的感知问题发现、体验问题解决以及实践模型应用。在这一过程中，教师引导学生认知活动的不断展开，经历思维发展的认知过程，其间发展数学学习的方式方法与策略思想，组织具有大问题、大任务、大活动的主题学习活动，促进学生独立思考与合作探究，培养学生数学实践的综合能力，即数学学习发展学生核心素养的关键能力。

3. 情意态度结构

学生是学习的主体，培养学生数学学习的好奇心与求知欲是小学数学学习的首要目标，发现并理解学生数学学习的情意态度目标是落实核心素养在数学学习必备品格培养中的关键实施路径。发展数学学习的积极认知情感，就是重视学习活动中的人与人的社会化关系，推动我们改进教学方式，让认知过程与学习契合起来，建构数学学习的情感动力系统，培养学生数学的学习兴趣、良好的学习习惯、优秀的意志品质，特别是不断发展的元认知水平，引导学生认识到怎么学与为什么这样学，以及还可以怎样学。

（二）学习目标的理解分析

结合2022版义务教育数学新课标、教材、教参、学情和认知方式，以及ABCD学习目标表述四要素的分析，我们对“认识小数”的学习目标进行了重构，见表2–5：

表2–5 “认识小数”的学习目标重构

2022版课标	教材教参	学情分析	认知方式	学习目标
会用小数观察现实世界	经历从日常生活中抽象出数的过程，在均分的过程中，引出认识小数	学生在现实生活中见过小数，如文具的价格、食物的价格等，其中68.4%的学生能说出小数，但不能说明它的含义	三年级学生正处于具体运算阶段，此阶段的学生具有了抽象的概念，但他们的思维仍然需要具体事物的支持	能从苹果、人民币、正方形等实物中抽象出整数1，在数的累加和均分的过程中深度理解十进制，并认识到不足“1”的时候可以用小数表示

2022版课标	教材教参	学情分析	认知方式	学习目标
会用小数描述现实世界	在具体情境中理解小数与整数、分数的关系	55.3%的学生认为小数与分数、整数有关，但不能说明理由，其余44.7%的学生认为与整数、分数无关	该阶段学生的认知结构已经发生了重组和改善，能够进行逻辑推理	能在人民币、米制系统、圆、正方形、线段等情境中说出小数的含义，知道小数各部分名称，以及小数与整数、分数的关系
会用小数表达现实世界	使学生在应用小数的过程中，提高解决问题的能力	学生认为小数可以准确地写出一个数；很好的帮助计算；准确计算除法中除不尽的算式；广泛应用在计算机中	该阶段学生能运用表象进行逻辑思维	能在计数器中表达小数，能应用小数解决问题，建立小数模型

三、学习目标的应用实践

“认识小数”是学生第一次学习小数的知识，也是学生数概念的又一次扩展。学习之前，学生几乎人人见过小数，但是对于什么是小数？怎样认识小数？小数有什么用？它与整数、分数有什么关系？学生不清楚、不理解，甚至还有错误的理解，如：小数表示比较小的数。这些对学生的学习小数既有正迁移作用，也有负迁移作用。学习目标是通过学习环节综合体现出来的。

（一）连续环节

（1）出示情境：1元硬币、1个苹果、1个蛋糕、1个人、1个正方形、1个圆。

（2）交流活动：认识这些物体吗？它们都可以用哪个数表示？

（3）评价反思：接着，把1均分后是多少呢？

10个1是1个10，10个10是100……像这样不断地累加，产生了更多、更大的数，形成了不同的整数计数单位。反过来，把100平均分成10份，每份就是10，把10均分就产生了1，再把1均分就产生了用分数、小数表达的需求，沟通了整数与分数、小数的关系。经过这样的学习，学生从实物中抽象出1，由数的累加得到整数计数单位，再由数的均分，引出对小数的认识，学会用小数观察现实世界。

（二）关联环节

（1）情境任务：用自己的方式表示0.1，在小组内介绍自己的理解。

（2）探究活动：活动要求出示①我选择的“1”；②我理解的“0.1”。

学生自主选择熟悉的人民币、米尺、线段、正方形、圆等材料表征“0.1”的含义。

（3）评价反思：为什么这些作品都可以表示“0.1”？你还能想到哪些与“0.1”有关的小数？它们表示什么意思？

学生知道把1均分可以得到0.1，接着借助丰富的学材表征“0.1”，在不同的情境中初步理解“0.1”的含义。学生在观察、对比、分析、归纳、总结中，进一步认识了0.1。基于0.1，学生还可以认识更多的小数，丰富对小数含义的理解。经历这一学习过程，学生在人民币、米尺、圆、正方形、线段等情境中理解小数的意义，知道小数与整数、分数的关系，在进一步理解十进制的基础上，培养初步的推理意识，会用小数思考现实世界。

（三）循环环节

（1）出示情境：计数器上表示整数。

（2）实践活动：在计数器上怎样表示0.1？说说你的想法。

（3）评价反思：用小数表示数轴上的点。

计数器是表示数的一种数学工具，学生会用计数器表示整数，然而在计数器上怎样表示0.1呢？学生有这样几种想法：

①个位上画10颗珠，涂出1颗；

②把个位上的1颗珠平均分成10份，涂出其中1份；

③在个位的右边增加一个数位，画1颗珠。

在计数器上创造出新的数位，这样就可以用数学的方法表达0.1，学生对0.1的认识更加深入。观察数轴发现，0.1的不断累加形成更多的一位小数，学生对一位小数的认识从纯小数扩展到带小数，从而完整地理解一位小数的含义，建立一位小数的模型，达成会用小数表达现实世界的目标。

第三章　学材开发：支持认知过程

关于小数的教材编排

苏教版2013版教材遵循《义务教育课程标准（2011年版）》的要求，将认识小数安排在三年级下册第八单元，单元主题名称为“小数的初步认识”。学生已经学习了万以内的整数、分数和常见的计量单位（米、分米、厘米、元、角、分等）。本单元是学生系统学习小数的开始，将为后面学习小数的意义和性质、小数的加法和减法以及小数的乘法和除法打下坚实的基础。

2013版教材在小学阶段认识小数经历了两个阶段：认识一位小数和认识两位小数，小数的性质和意义以及四则运算。数的认识学习过程一般都经历数的读法、写法、大小比较、意义与性质以及四则运算等。因此，教材在编排上很注重知识的纵向联系，使知识系统化，又注意各种数之间的横向联系，以便加深对知识的理解，从而对数的认识形成一个完整的认知体系。

一、教材单元整体编排

在解读教材时首先要梳理单元的知识结构以及在苏教版教材体系中所处的地位，即从纵横两个方面来看（如图3-1）。从横向上，数的认识经历了认识整数、认识分数、认识小数；从纵向上看，小数的教学分为“小数的初步认识”“小数的意义和性质”和“小数的运算”三个阶段。三年级下册教材中，小数的初步认识仅限于简单的一位小数，包括小数的认、读、写、比较以及加减法，到了五年级才深入学习小数的意义和性质，进行小数的加减乘除运算。教材这样编排的目的是使学生对认识小数有一个循序渐进的过程。相比较而言，三年级教材侧重于简单认识，比较直观、具体，而五年级的学习则在三年级的基础上有所扩展和提升，从具体过渡到抽象，是深入认识与应用的过程。

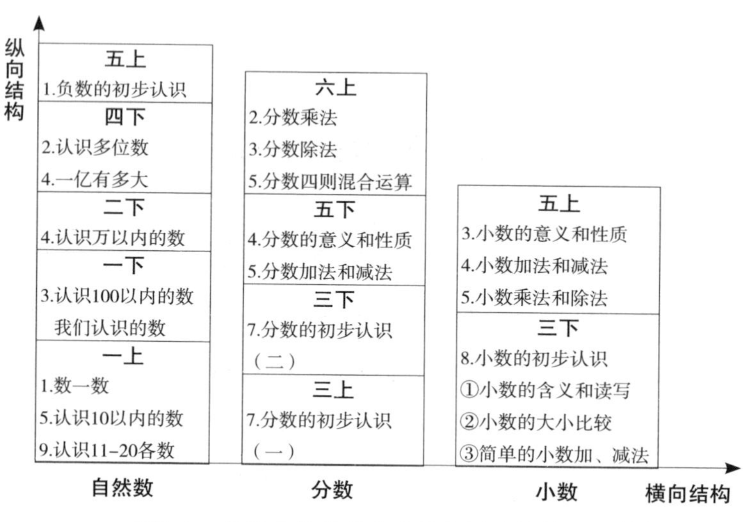

图3–1　认识小数教材单元结构图（苏教2013版）

二、认识小数的例题编排

（一）生活情境图

情境图是小学数学教学中的重要资源，阅读、理解、运用以及开发情境图，展开教学的丰富过程。“小数的初步认识”的第一课时“认识一位小数”包括例1和例2，教材设计了两幅情境图。

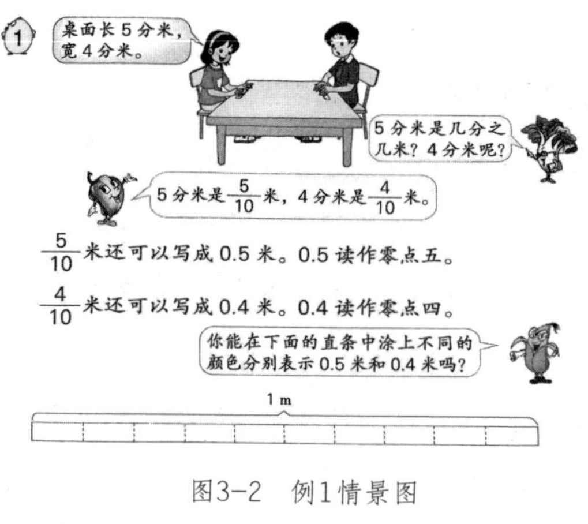

图3–2　例1情景图

例1情境图创设了两位小朋友测量桌子长度的问题，男生和女生都在用尺子进行测量，测量出的结果是以分米为单位。如果只用米做单位怎样表示？白菜老师提问：“5分米是几分之几米？4分米呢？”该问题的意图是利用学生熟悉的生活经验，借助具体的“量”揭示十进分数与小数的关系，从而阐述小数的含义。小辣椒回答：“5分米是$\frac{5}{10}$米，4分米是$\frac{4}{10}$米。”教材给出分数和小数之间的相互转化，并示范小数的读法。这里直接给出的小数，学生可能认识，但并不理解，为了让学生理解小数的含义，情境图下还给出了一条1米的直条图，将其平均分成10份，借助几何图，为学生理解小数提供了直观支撑，从而加深对小数含义的理解。

图3-3　例2情境图

例2情境图为一支圆珠笔和一本笔记本，并在图下面标明了这两件物品的价格：圆珠笔，1元2角；笔记本，3元5角。这两件物品的价格分别是几元多？借助已有知识很容易回答。用元表示各是多少元呢？先利用元角之间的进率关系以及分数的相关知识将角换算成元，即2角是$\frac{2}{10}$元，再利用分数和小数之间的关系将分数转化成小数，即$\frac{2}{10}$元也就是0.2元，最终将1元2角改成以元做单位的小数1.2元。在这样的学习过程中，学生需要进行合情推理，梳理归纳出小数是如何得来的。

情境图创设了测量物体长度和购物的生活背景，巧借学生已有的生活经验，让小数的学习变得不那么陌生，这样的生活经验为学生学习小数搭建了脚手架，降低了学习难度。

（二）精选学习素材

十进制是认识小数的重要前提，具体来说，例1选取米尺作为认识

小数的直观教具，以长度单位为例来说明小数实质上是十进分数的另一种表现形式，分三个层次进行编排：先通过分米和米之间的进率关系，建立十进制的基础，再通过分数和小数之间的转化说明十分之几米可以写成零点几米，最后归纳十分之几的分数可以写成零点几的小数。这样的三个层次进一步通过十进制将小数纳入数系的范畴。例2引导学生经历“□元□角=□.□元”的探究过程，学生的头脑中应当已经具备了“□角=0.□元”的知识，生活经验和之前的学习经验使得他们能够理解1元里面有10个1角，1角用元做单位就是0.1元，即1角与0.1元都表示1角，因此，两者是相等的。在这样的学习过程中，学生利用人民币素材理解小数的含义，初步获得了研究小数的方法。

无论是米尺还是人民币，教材都是从学生熟悉的现实背景入手，引导学生联系具体的量体会小数的含义，经历“感知—观察—操作—想象—抽象”这样的思维发展过程，学生进一步完善对小数概念的构建。这些生活素材丰富了学生对小数的理解，并逐步形成对小数的概括化认识。

（三）理解概念呈现

$\frac{5}{10}$米还可以写成0.5米。0.5读作零点五。

$\frac{4}{10}$米还可以写成0.4米。0.4读作零点四。

1元2角还可以写成1.2元。1.2读作一点二。

3元5角还可以写成3.5元。3.5读作三点五。

我们以前学过的表示物体个数的1，2，3，…是自然数，0也是自然数，它们都是整数。像上面的0.5、0.4、1.2和3.5都是小数。小数中的圆点叫作小数点。小数点左边的部分是整数部分，右边的部分是小数部分。

图3-4　小数的写法、读法和含义

通过两道例题的教学，学生对一位小数已有了一定的感知。以此为基础，教材又着眼于小数与整数的联系和区别，先说明怎样的数是自然数，怎样的数是整数，再采用直接叙述的方式呈现小数的概念：刚才例题中认识的这几个数都是小数。同时介绍了小数由小数点、整数部分和小数部分组成。很明显，这样的介绍既有利于学生明确对一位小数的认识，也有利于他们形成合理的认知结构。对于关键性的概念，还采用了标红的方式，引起学生的重视。教材在揭示概念时有自主探索的要求，也有直接告知的形式，足见编写者对学情的了解，也让小数相关概念的教学变得有章可循。

三、认识小数的习题编排

在学完例题1、2后，教材在“想想做做”部分设置了四道练习题，以检测学生对小数知识的学习情况，在写小数以及用小数进行表达交流的活动中进一步体会一位小数的含义。

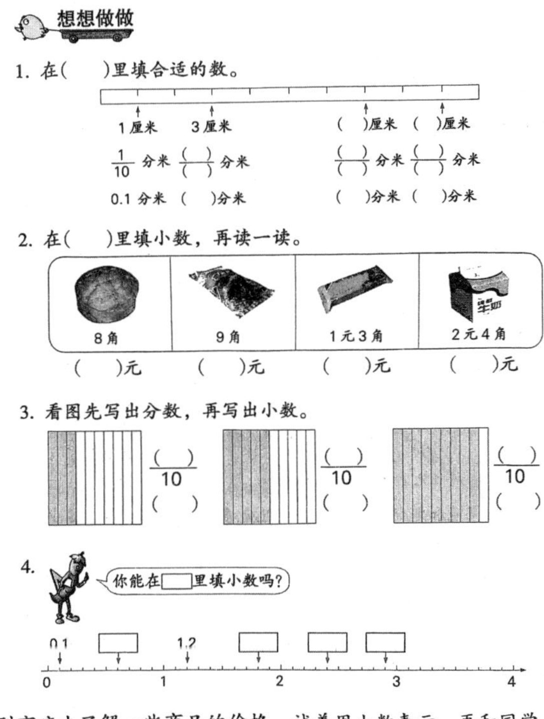

想想做做

1. 在(　)里填合适的数。

1厘米　3厘米　(　)厘米　(　)厘米

$\frac{1}{10}$分米　$\frac{(\ )}{(\ )}$分米　$\frac{(\ )}{(\ )}$分米　$\frac{(\ )}{(\ )}$分米

0.1分米　(　)分米　(　)分米　(　)分米

2. 在(　)里填小数，再读一读。

8角　9角　1元3角　2元4角

(　)元　(　)元　(　)元　(　)元

3. 看图先写出分数，再写出小数。

$\frac{(\ )}{10}$ (　)　$\frac{(\ )}{10}$ (　)　$\frac{(\ )}{10}$ (　)

4. 你能在□里填小数吗？

0.1　1.2

0　1　2　3　4

5. 到商店去了解一些商品的价格，试着用小数表示，再和同学交流。

商品				
价格	(　)元	(　)元	(　)元	(　)元

图3-5　教材习题编排

习题第1–2题通过填空的形式，引导学生继续借助长度、价格等小数的现实模型体会小数与十进分数的联系，不断增强十分之几的分数能写成一位小数的体验。第3–4题借助小数的数学模型，提升学生对一位小数含义的理解。其中第3题把一个正方形平均分成10份，要求学生先用十分之几表示其中的若干份，再用小数进行表示。这个过程具有一定的抽象意义，是对一位小数含义的提升。第4题要求学生在数轴上写出相应的小数。一是为了启发学生在更为抽象的层面上体悟小数的含义，因为这里平均分的对象不再是1元、1米，而是相对抽象的数字，这就使学生原有的认识得到一定程度的提升；二是为了让他们进一步明确整数部分是0的一位小数与整数部分不是0的一位小数的关系；三是体会在任意两个数之间还有隐藏的数，认识到数轴是一条无限的直线，更能体会在这条数轴上有无数个数，可以是整数、分数，也可以是小数，扩展并加深了对数的认识。第5题安排的是简单的调查活动，意在让学生通过调查和交流，进一步丰富对小数的认识，体会小数在现实生活中的应用，感受数学与生活的联系，增强对数学学习的亲切感。

你知道吗

刘 徽

我国古代数学家刘徽在 1700 多年前就开始使用小数。

在我国古代，人们用低一格摆算筹的方法来表示小数。例如，|○⊤≡‖ 表示 106.32。

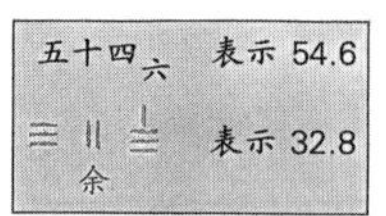

我国古代也曾经像左图那样表示小数。

有了阿拉伯数字后，先后出现了像右图那样表示小数的方法。

6 3 2	表示 6.32
8 5|4	表示 85.4

大约 400 年前，开始用圆点来分隔小数的整数部分与小数部分，确定了现在这样表示小数的形式。

图3–6　2013版教材“你知道吗”

2013版的教材在“小数的初步认识”习题后，还有一个“你知道吗”，介绍小数发展的历史文化。“你知道吗”主要介绍了小数产生和发展的大致历程，重点介绍我国古代数学家刘徽在小数的产生和发展过程中的重大贡献。阅读这部分材料，能增进学生对小数的了解，开阔视野，提高兴趣，培养民族自尊心和自豪感。

当然，对于教材仍需要再理解再创造，具体体现在以下几个方面：

（1）在选择学生生活度量经验的基础上，更加重视真实问题情境的整体性，即在发现问题与解决问题上，努力保持学习情境在问题场景、方法方式、实际应用等方面的整体贯通。

（2）在引导学生学会学习中，更加突出数学的本质，并贯穿于学习的始终，即运用计数单位连接与整数、分数的学习，并在小数概念的揭示中凸显计数单位的一致性与整体融通融合的功能。

（3）在概念建构过程中，更加解放教学思维，把计数单位贯穿于数的理解与运算之中，即重视逆向思维指导概念的建构学习，把生活经验与学习认知以及实践运用结合起来，实现跨领域跨学科、跨课时跨学段的融通融合教学，提升学生数学学习的核心素养。

小学数学结构化学材创造性开发

一、学材开发价值

（一）学材开发的内涵

学材是小学数学结构化学习的重要资源与活动载体，即重视真实问题下的情境创设。涉及学生的生活世界与已有知识经验，直接影响结构化学习的效果。

学材开发，是指选择与学生的知识体系、认知结构相匹配，与学生的学习兴趣和价值观念相吻合的学习资源，让学生在结构中感受数学的整体性，习得结构化的知识，培养结构化的能力。结构化学材的开发要以儿童真实的经验、经历为出发点，整体把握教材的纵横体系；要突出数学本质，深度融合多领域相关联的知识内容，开发、设计基于真实场景和真实用途的学材；要积极利用工具技术，使教材内隐的知识结构外显，让学生亲身体验数学对象的直观背景和知识结构的关联过程，让数学学习的抽象过程融于运用数学思维进行的具身实验的探究中，体现出数学的有趣、好玩、益智。

（二）学材开发的价值

1. 激发兴趣

开发适合的学材，如立体图形的教学，指导学生利用硬纸木条、铁丝等材料，制作一些简易的几何模型，培养学生的思维能力和空间观念；再如，研究平面图形的周长，可以通过让学生用同样长的铁丝分别制成正三角形、正方形、正五边形、正六边形和圆，学生在操作中观察、比较，从而判断不同图形周长之间的联系，这样的动手操作活动，学生兴趣浓厚。总之，把“教材”变“学材”，让学生经历自主探索、合作交流、建立模型、解释应用的个性过程，才能让学生体会到数学的产生与发展，才能让学生找到数学问题的着眼点与思想方法，从而使学生顺利产生学习数学的兴趣，真正实现从“被动”变“主动”的学习。

2. 激活思维

教材中提供的部分学材不能适应所有个性化的要求，因此创造合适的学材就显得比较重要。合适的学材可以由扶到放，思维的坡度由低到高，思维的空间由窄到宽。比如，“认识小数”为学生提供的学材关联生活经验、学习经验、面积模型，也有学生自主创造的学材。这样的学材在课堂中成为不同思维水平层次的学生探索的素材，也为课堂交流中学生思维从低阶走向高阶实现了可能。

3. 丰富资源

学材开发体现了“从学教材到懂教材与用教材”，结构化学材以学生真实经验与经历为出发点，整体把握教材的纵横体系，突出数学本质，深度融合多领域相关联的知识内容，“具身”开发基于真实“有用”的活动场景，积极利用创造的工具作为技术支撑，使教材内隐的知识结构外显化，让学生亲身感受和体验数学对象的直观背景和知识结构关联过程，走出传统意义上的“教教材”。

4. 发展认知

学材开发帮助课堂教学从“学知识”转变为“会方法”与“能思考”。借助结构化学材使得学科教学设计活动更具创造性、开放性和情境性。首先，加强知识表征形式的多元化，借助多元表征的“启示、转化、理解”功能，使知识和认知相关联；其次，基于核心任务问题引领，完成整体学习任务，而不是零碎、片段地学习或行动，从而使学习活动自主化；另外，以创造发明工具为技术支撑，突出学习的思路与方法，从静态地学转向动态地用，在实施中不断地检验和修正，直到形成一般的策略使用。

5. 素养提升

学材开发注重从“重知识”到“强认知”与“育心智”。结构化学材以心理结构的构建为中心，重点围绕“认知结构、知识结构、思维结构”的根本性问题，打破课程的学科局限，将知识结构与认知结构融入真实情境中，着力学生认知经验、情感态度与创新创造的综合发展，使得学科知识和学生思维互动生长起来，不断地抵达阶段核心素养目标，指向学生的能力结构与品德结构的提升，促进学科育人价值的正向发展。

二、学材开发原则和路径

（一）学材开发原则

1. 整体性原则

2022版新课程标准强调知识的整体性，说明这一原则在整个教学中的重要性。其实从知识体系来看，学习内容本身就是一个整体。从学习心理看，学习者有感知整体的内在愿望和可能，整合的知识比零散的知识更加有用，组织化的信息比未组织化的信息更加易于提取。因此，整体性成为结构化学材开发的首要原则，如："认识小数"将小数置于整体的数系中分析，从自然数1的累加及均分两个维度展开，使得小数与整数对接，并且与十进分数建立统一，形成更加完整的数系结构。

2. 关联性原则

结构化学材的关键是要建立关联性组材，要能够从初级层次材料间"形"上的关联，逐步迈向较高层次材料间"意"上的关联。元素关联即事物内在的本质联系。数学知识的元素关联直接触及数学知识的内在本质、关系和变化规律。结构化学材设计要找准元素的上级知识元素，厘清该知识元素的下级知识点，使得情境设置能够融通课时、单元、领域知识，并能与组织中的核心元素联结起来。认识小数学材可以关联十进分数，也可以关联整数的计数原则，这是知识间的关联。当然，也可以在学材与学材之间进行关联，比如认识小数活动环节通过不同的表征理解0.3的意义，而在评价环节就是创造计数器表示0.3。这样学材之间是相互关联，整体促进学生思维发展。

3. 发展性原则

结构化学材是一个动态变化的可操作与可创造过程，随着社会发展需要、课程标准实施，以及学生需求的变化而不断发展，这也是数学学科教学体系发展的内在要求。学材开发应当能够增进知识结构发展，推动学生的认知结构发展，促进思维结构发展。总之，要开发贴近学生思维最近发展区的学习材料，清晰地展示知识体系的脉络结构，使得学习过程由外显的"知识关联"走向内隐的"思想方法"的建构。

（二）学材开发路径

"认识小数"一课开发的学材（如图3–7）是希望从长方形纸、米尺、1元人民币等形象化的学材，逐步过渡到创造计数器这一半抽象的学材，最后再到数轴这一抽象的学材，让学生的学习路径从初步理解到对比感知与深度建构，最后实现迁移拓展，具体路径可以从以下三个方面来看：

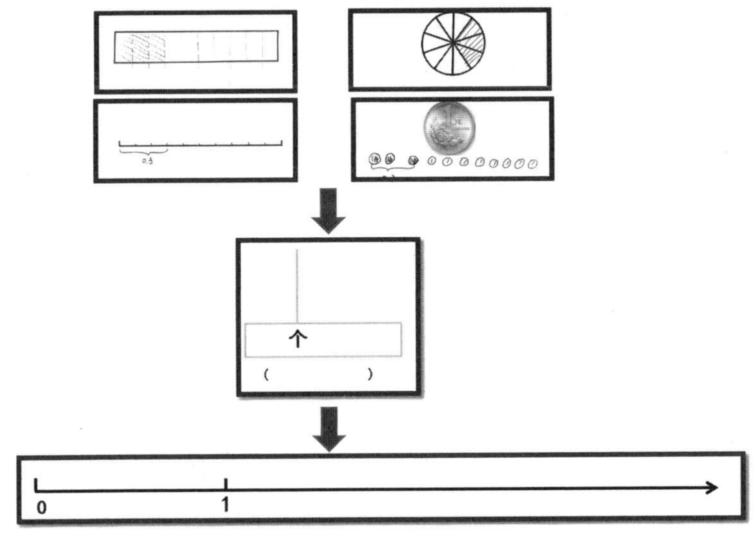

图3-7 结构化学材开发路径

1. 学材结构化，让学习内容趋于整体系统

学材结构化强调从整体的视角对所学内容进行系统设计，学材之间能够形成清晰的知识脉络结构，以帮助学生在知识的整体与局部、本质与现象的联系中掌握知识。学生在使用学材的过程中不断经历知识内化、凝聚的建构过程，不断理解把握知识的系统性。

三年级下册“小数的初步认识”是“数的认识”这一核心内容的重要主题，教学时可以站在数的认识这一高度设计学材，突出学习内容的系统性，从而形成对知识的整体认识。通过大任务“你知道0.3表示什么意思吗？选择1–2个学材表示0.3的意思，并用简短的语言记录下来”引领学生不断地建构“小数”的整体概念。

课堂中为学生提供了1米长的线段和一枚1元硬币，这样形象的学材，对接学生已有的生活经验，唤醒学生由生活经验进入数学学习；还有1个长方形对接学生的学习经验，这是半抽象学材，有效地引导学生由具体感知到想象、抽象的思维过程；而学材中还留有一处空白，则是让学生自创学材，这是一个开放的、抽象的学材，体现学生对生活问题数学化的理解，激发学生进行自我数学对话。三年级的学生思维水平正处

于形象思维向抽象思维过渡的阶段，因此三组学材从直观形象到半抽象再到抽象，对学生思维水平要求逐步提高。

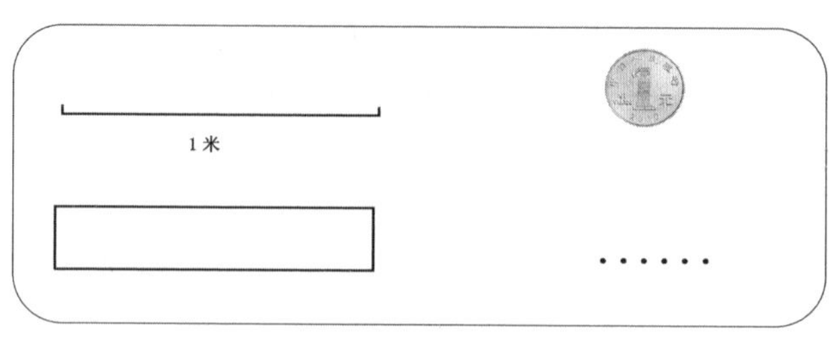

图3-8　小数的初步认识学材开发

符合三年级学生表现在课堂中学材的理解与应用分为三个层次：首先，展示不同的学材。呈现“1米的线段”，在以往的学习中学生对长度单位有了相当丰富的经验，能够根据1米等于10分米，联想到把1米平均分成10份，其中的3份就是0.3米；接着呈现“1元的硬币”（作品1），学生根据生活经验，从1元等于10角，0.3元就是其中的3角来表达自己对0.3的理解；最后呈现“一个长方形”（作品2），有的学生将长方形平均分成3份，认为其中的一份就是0.3。在交流中教师引导学生发现均分成10份，其中的3份是0.3。从而让学生明白为什么要将这些学材分一分，即“0.3是小于1的数”，学生在操作中自然体会到了小数与整数间的联系。

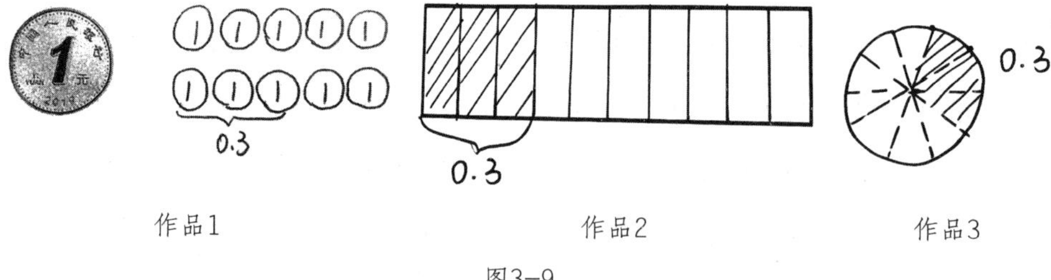

图3-9

其次，展示学生创造的学材。学生的经验是创造的源泉，对接小数的意义理解，唤醒学生对经验的“重构”。课堂中有学生创造“圆形披萨”（作品3），将一个披萨平均分成10份，表示其中的3份就是0.3，有学生创造“正方形”，有学生创造“一个西瓜”等等，多样的学材丰富了学生对0.3的理解。

最后，在对比中初步建构0.3的意义。一是通过对小数意义一般化的理解，如对“为什么这些不同的学材都能表示0.3？这些0.3又有什么不同”的讨论，让学生系统地理解“将一个物体平均分成10份，其中的3份就可以表示0.3”，具体情境中0.3的意义却是不同的。二是关联以往学习的旧知，提出“像这样的描述，以前我们用哪个数来表示”这样的问题，拓展小数一般化理解与应用。促进了学生对小数是十进分数的“一致性”理解，“做”的经历，为小数的模型抽象建立起到了重要作用。

知识是存在于“整体——部分——整体”之中，部分的知识深深地嵌入在整体的学习之中。上述提供的结构化学材与教材中原有的素材有着本质的区别，通过有坡度、有广度、有深度的学材，让学生看到了从整数“1”到分数“$\frac{1}{10}$”再到小数“0.1”这一过程中不同形式数的内在联系，构筑起了整数、十进分数、小数之间的内在本质联系，让学生从数的认识整体角度理解小数。

2. 学材结构化，让学习过程变得整体关联

学材结构化可以理解为作用于主体并促进对知识元素及元素之间关系的理解，让学习过程变得整体关联，促使学生对认知的自主建构。本节课学生创造学材就是为了产生“0.3”表象的事实（如图3–10），以学材为载体，让学生将小数纳入到数的体系中去，以此丰富学生学习小数的过程，实现学习过程的整体关联。关乎的是数位、计数单位、十进制等，联系的是小数与整数，使之成为一个整体。特殊的计数器依据小数核心元素之间的关联结构，打通知识点之间的联系，创造学生真实的学习情境，促进学生对认识小数的过程由内而外结构化的理解。

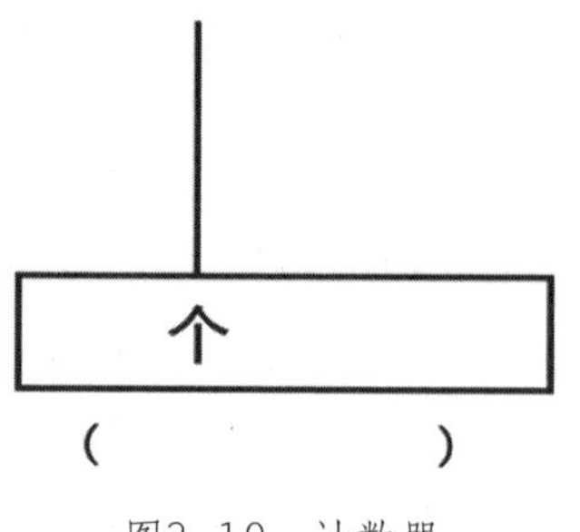

图3-10　计数器

通过“你能尝试在计数器上表示出0.3吗”这一认知冲突，引导学生创造“小数”。计数器上只有个位没有小数，通过呈现学生三类代表作品，引导学生辨别正误，作品1学生凭借已有经验直接给出判断；作品2学生借助此前利用不同学材表示0.3的经验，自然联想到在计数器个位上画一颗珠就表示1，把这个珠子平均分成十份，然后取其中的三份，就是0.3；而有学生认为计数器上无法将1粒珠平均分成10份，于是想创造一个数位来表示，在个位的右边画了一个“竖杆”表示，如下图中作品3。学生是这样理解的：个位上肯定是0，在它右边画一个竖杆，0.3就在个位后面数位上画3粒珠。在对不同作品的思辨中，学生将数与数位结合起来思考，发现每一个数在计数器上都能找到一个表示方法，实现了对小数的深入思考。

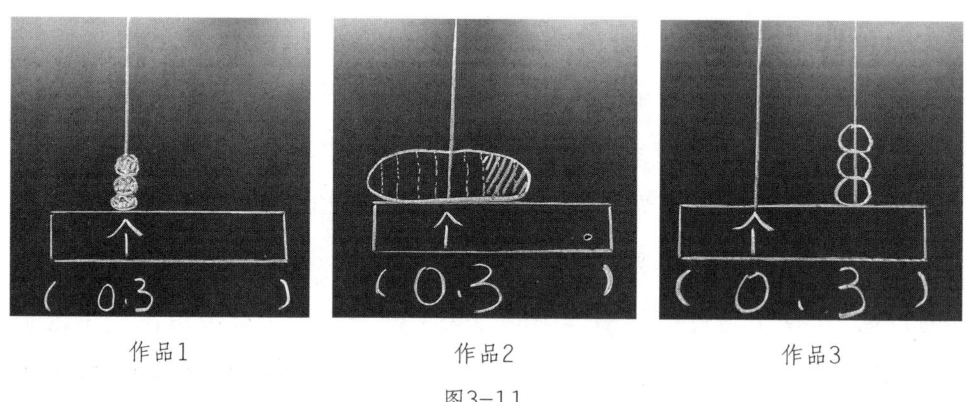

作品1　　作品2　　作品3

图3-11

学生在尝试中创造出了新的计数器。三种不同代表作品的解读层层递进，无不是关联到小数这一概念的核心元素，学生创造的这个数位是什么并不重要，重要的是学生从内心认可了十进制。计数器中的自由表达，将学生初步感受小数的数位、计数单位、十进制等元素的过程，与整数的数位、计数单位、十进制实现了整体关联，真正意义上将小数纳入整数的学习体系，体现“数的认识”体系的不断发展与完善，促进学生学习的正迁移。

3. 学材结构化，让学习目标实现整体发展

基于小学数学结构化的学习特点，教师需要一种合适的方式来测评学生结构化学习过程中目标的达成度和学习效果。这种测评除了课后的纸笔测评考查学生的学习结果，更要评价学生学习过程中的知识结构、认知能力、情感态度等方面，即评价学生的学习是否得到了整体发展。学材结构化就可以作为促进学生学习目标整体发展的重要载体。如本节课学习目标的整体发展可以从三个方面来看：

在知识目标方面，本节课通过结构化的学材表达自己对“0.3”的理解，对认识小数从经验理解到概念理解最后从形式理解逐渐深入，是从低到高层级发展起来的。让学生对小数越来越有感觉，在这种感觉中学生的学习目标从初步认识小数走向建立整数与小数数位的统一，走向了整体建构十进制关系，实现了知识目标的整体发展。

在能力目标方面，本节课通过结构化的学材使学生创造性思维、推理意识、反思意识得到进一步发展。比如，不同的学材表示“0.3”，问学生有没有自己创造的学材，学生一开始有点困难。思考片刻，有一个学生说：“我创造了一个披萨……”当第一个学生提出了他的创造后，有的学生反应过来了，“我可以创造正方形”“我可以创造一个西瓜”等。点燃学生思维的火花，激发学生的创造性思维。再如，在特殊的计数器上表达0.3，这对学生而言又是一次挑战，因为学生需要创造新的数位。课堂中出现了三种代表作品，教师则是让同学们对比解读，同时结合整数在计数器上的表达，学生在交流中培养了推理意识、反思意识。

在情感态度方面，通过丰富的学材，激发学生学习数学的兴趣，感受数学与生活的紧密联系，能用数学的眼光看生活中的问题。本节课的学材有层次、有梯度，能够满足不同层次学生的发展。学生能不能用数

学的眼光看待现实生活中的问题，选择了这样一个学材——只有“0”和“1”两个刻度的数轴，这样的数轴对学生而言有着一定的思考空间。课堂中用真实情境的问题解决，如：橡皮9角、自动铅笔1元2角、笔记本2元5角，让学生在数轴上表示这些价格，不断改善学生的思维方式，提升思维的品质。学生要想在数轴上合理表示出这些价格，就需要从小数的视角看这三个价格，这是一个去情境化的过程。学生可以在简单表征情境中运用小数解释生活中的问题，初步感受到小数在生活中的价值。

综上所述，结构化学材实质上是一种关联性的学材，学材结构化之后更加注重知识间的贯通，关联教学中的核心元素，能够引导学生置身真实数学学习情境中，用多元表征的方法处理和使用学材。当然，所选学材必须有利于学生的思维发展，学材元素简、空间大、结构清，可以助推学生对概念本质的理解，促进知识的整体建构。

三、学材开发与教师素养发展

（一）学材开发与教师素养发展的关系

学材开发一般是以学为目标，以材为载体，促进学生有效学习活动的素材。在实际教学中，由于学材是学生获得感性经验的基础和前提，学材的选择、加工和使用，在学生自主学习过程中有着重要意义，更是教师开展学习引领的关键。但很多时候，我们会发现学材设计更多的是针对某一节课或是某一知识点展开，这就容易造成知识的散点现象、割裂现象。而结构化学材是在结构化思想的引导下，基于学生认知经验、生活经验、情感经验，设计出结构关联的学习材料。这样的学材指向目标的任务活动、全域视角的教学行动，让学生主动地建构起认知结构体系，这也正是学材开发的必要性。

学材开发一方面能够帮助学生更好地建构知识，另一方面能够有效地促进教师素养的发展。关于教师素养的发展，国内学者林崇德、申继亮和辛涛教授对教师专业素养的构成进行了研究，提出教师专业素养在结构上至少包括五种成分，即职业理想、知识水平、教育观念、教学监控能力以及教学行为与策略，关于教师的知识又提出本体性知识、条件性知识、实践性知识的结构。顾泠沅教授从青浦实验开始，对教师专业发展进行了长达40年的实践与理论探索，形成了以教师实践知能为核心、以课例研究为载体的教师行动教育模式（如图3–12）。整个行动流程包含了有连续的三个阶段，即关注个人已有经验的原行为阶段、关注新理念支撑下的新设计阶段、关注学生获得的新行为阶段。顺利完成这三个阶段的过渡，需要专业引领下的两轮合作反思与调整：原行为阶段到新设计阶段需要反思自身已有行为与新理念、他人经验之间的差距，从而达成理念的更新飞跃；新设计阶段到新行为阶段需要思考前一反思所形成的理性教学设计与现实中授业学生实际获得的差距，从而达成理念向行为的转移。这样经过该流程的多次往复，教师教学专业素养可以螺旋上升。

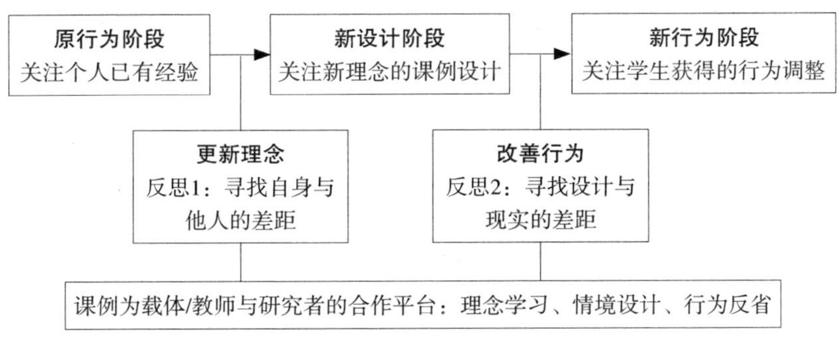

图3–12　行动教育模式

结合上述理解，教师素养的发展一方面需要学科与教育教学专业知识、课程与教学论的相关知识作为专业素养发展的指导和支撑，另一方面，中小学教师专业素养发展的主阵地在课堂教学实践，集中体现教为学服务的思想观念转型和实践行为转变，切实促进学生有意义学习的真实深度发生，学材开发可以作为提升教师专业素养发展的途径。

（二）学材开发促进教师教学思维改善

1. 提升教师对教材的理解

“认识小数”如果按照教科书中呈现的方式进行教学，学生能比较容易地接受，教师也能很好地驾驭课堂，但学生对小数本质的理解不够

深刻，关于小数的产生也是一知半解，同时教师对数系的扩展也缺少深刻的认识。

本节课创生的小数计数器，是由师生、生生共同完成的学材，这样的学材打开了学生思维的空间，关联小数和整数之间的联系。这些都是建立在教师对整数与小数计数原则理解的基础之上进行的，只有教师充分理解整数是“十进”原则，小数是“十分”原则，才能将二者有机关联。因此，创造性的学材能够提升教师对教材的理解。

2. 提升教师的实践创造能力

著名数学家华罗庚指出：“善于‘退’，足够地‘退’，‘退’到最原始而不失重要的地方，是学好数学的一个诀窍。”这就是以退为进的思想，也为我们课堂中结构化学材设计提供了方向。进入中年级，学生的知识量增加了，学习经验丰富了，学生的思维层次差异也就更加明显了。因此，教学中整齐划一的学材不一定适合所有的学生，我们可以尝试以退为进，为学生提供结构化的学材，丰富学生理解的内容，连接学生的已有经验，唤醒学生不同层次的思维，激发学生进入真学习的状态。

“认识小数”为学生提供了这样几个学材（如图3-13）：

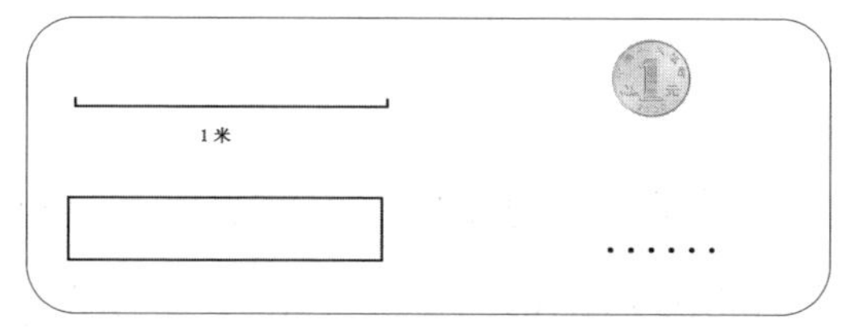

图3-13　认识小数学材

这样的学材留给学生思维空间被放大，不同思维层次的学生有着不同的表达，课堂中教师如何呈现不同的作品进行解读，让不同作品之间实现融会贯通，实现思维进阶，是教师必须考虑的。因此，开放性的学材促进教师应变能力的发展。

3. 提升教师的创造能力

学生从最初借助实物和小棒认识20以内的整数到逐步使用半抽象

的直观的结构化学材计数器学习千、亿以内的整数，计数器逐渐成为整数十进制数位顺序表的可视化学材。而在学习“认识小数”中，怎样实现小数和整数之间的融通？怎样让学生体会小数和整数计数原则的一致性？怎样突破从“零点几”过渡到“整数1”产生的认知冲突？基于此，教师创造出“组合式”计数器学材（如图3-14）帮助教学。

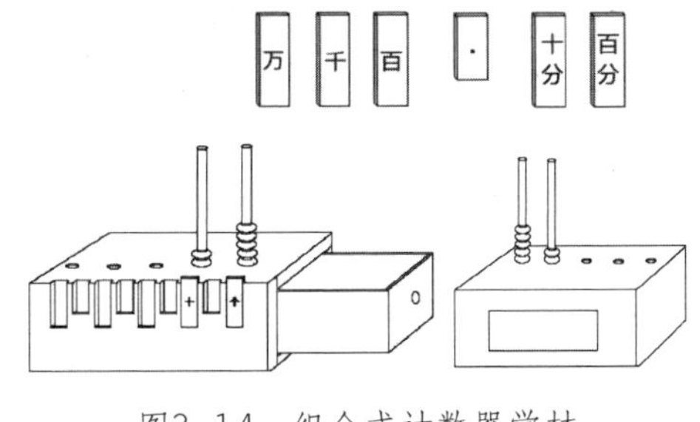

图3-14　组合式计数器学材

左边的拆装组合结构，利用底座内部空间存放算珠、算杆，上面的插孔可以放算杆，根据计数需要，体会从1开始累加成10、100、1000……建立十进制，在前面的数位插板可以标识成个、十、百、千、万等计数单位，可以根据不同学段需求，增加算杆即增加数位。右边的计数器亦能从1依次递减，满足十进分数（小数）的学习，也可在前面的数位插板上标识十分、百分等计数单位，同时在两个数位之间插装表示小数点的数位插板，中间的小数点便成为架设的桥梁，能够将整数、小数融为一体，学生自然体会到小数和整数一样都是十进制的，也自然能够理解“10个0.1就是1”的道理，实现小数向整数的顺利过渡。组合式计数器的发明创造，彰显了教师创造能力的提升，这样的“创造品”成为搭建数位顺序表的工具支架与模型支架，模型应用过程也成为学习“数系”的重要载体。

总之，学材开发能够提升小学数学教师的专业素养、提升自我的教学理解能力与教学创造的水平，发展自己独立的教育教学主张和思想，形成自己的独特教育教学风格，成为新教育教学理论的创立者和实践创新者。

认识小数的结构化学材使用说明书

小数是“十进制”的分数，也与“十进制”计数紧密相连，它是由整数向小数扩展的必然，可见小数是学生可以“创造”的一种计数方法。因此，围绕“十进制”产生整数的累加与围绕“十进制”产生均分的活动设计，把学习小数的过程看成是引导学生发明与创造的过程，整数计数器与小数计数器统一的过程就是将小数置于整个数系中学习的过程。同时，小数的认识借助计量单位、数轴、长方形、正方体群组及计数器等工具，把小数从生活世界引向符号世界，其中涉及小数产生的历史、文化、工具演变。在此过程中，把在原情境过程中建立的数学模型再次应用到新的情境中检验，通过符号的生成、重塑和被使用建立数学模型，并对模型进行丰富和完善，突出“小数”的文化内涵，弄清楚小数概念从哪里来，以真实的思辨、反思作为前进的动力，从而解决问题，使得小数知识建构更具有文化性、情感性、社会性与应用性。

结构化学材强调工具化实物表征，更加具体、细致地呈现复杂的经验情境，以引发学生一定的情感体验，让数学可视化情境的意义与学生的情感诉求相融合。实践中，常见的工具有实物图片、小棒、直条、计数器、钟面、七巧板、钉子板、数轴、方格纸等。结构化学材的开发侧重对工具的进一步改造，如一个圆片、一张纸条、一根布条等都可以成为基础性学材。针对不同的知识学习进行合理地加工发明，在提炼和加工后灵活、创新地使用，使其真正发挥促进学生认知结构发展的“桥梁”作用。

一、认识小数的结构化学材使用说明书（一）

以三年级下册“小数的初步认识”为例，教学中为学生提供了如下的学材组（如图3-15）：

图3-15　常见平面图形与生活实物的学材组

不同学材使用说明如下：

这组学材中有长度模型，面积模型和实物模型，符合不同层次学生表达的需求。课堂教学中可以用这组学材引领：“你知道0.3表示什么意思吗？选择1–2个学材表示0.3的意思，并用简短的语言记录下来。”

学材的使用说明如下：

首先，提供不同的学材供给学生选择、使用。在以往的学习中学生对长度单位有了相当丰富的经验，学生能够根据1米等于10分米，联想到把1米平均分成10份，其中的3份就是0.3米；根据1元等于10角，0.3元就是其中的3角来表达自己对0.3的理解；将长方形平均分成3份，其中的一份就是0.3。在交流中引导学生发现均分成10份，其中的3份是0.3。（作品1、2）从而让学生明白为什么要将这些学材分一分，即“0.3是小于1的数”，学生在操作中自然体会到了小数与整数间的联系。

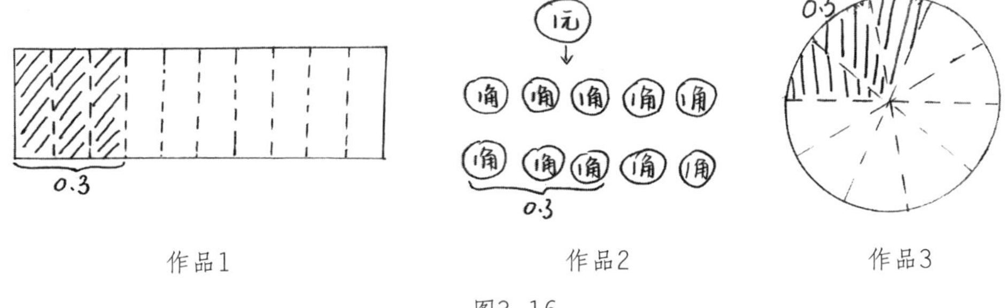

作品1　　作品2　　作品3

图3–16

其次，展示学生创造的学材。学生的经验是创造的源泉，唤醒学生对经验的“重构”。课堂中有学生创造的“圆形披萨”（作品3），将一个披萨平均分成10份，表示其中的3份就是0.3，有学生创造“正方形”，有学生创造“一个西瓜”等等，多样的学材丰富了学生对0.3的理解。

最后，对不同学材使用的情况进行对比，初步建构0.3的意义。一是建立对小数意义一般化的理解，通过“为什么这些不同的学材都能表示0.3？这些0.3又有什么不同”的讨论，让学生系统地理解“将一个物体平均分成10份，其中的3份就可以表示0.3”，具体情境中0.3的意义却是不同的。二是关联以往学习的旧知，设问："像这样的描述，以前我们用哪个数来表示？"拓展小数一般化理解应用。促进了学生对小数是十进分数的"一致性"理解，"做"的经历，为小数的模型抽象建立起到了重要作用。

结构化学材与教材中原有的素材有着本质的区别，让学生从整数"1"到分数"$\frac{1}{10}$"再到小数"0.1"看到了不同形式数的内在联系，构筑起了整数、十进分数、小数之间的内在联系，让学生在对数的整体认识中理解小数。

二、认识小数的结构化学材使用说明书（二）

结构化学材与教学目标和内容密切关联，与学生生活中的实际问题、身心特征相匹配，才能够促进有效学习的发生。真实探究任务需触及数学知识的本质，不仅包含学科知识与技能，更要渗透数学学科的思想方法和学生的数学素养。在数学建模问题模式的识别中，问题情境对问题模式识别具有重要作用，对问题模式的识别依赖其与问题情境是否具有一致的关系，当问题情境与要识别的问题模式的关系一致时，问题情境能促进对问题模式的识别，相反，当两者关系不一致时，情境也会干扰模式的识别。当表征数学逻辑的问题模型与表征情境信息的情境模型相冲突时，由情境化表达的任务目标、任务内容、学习方式以及任务评价必须与学生的生活实际相结合，真正使学生知识与能力发展有效迁移并应用到解决社会真实的应用情境中去。

例如，"数位顺序表"成为"数"概念学习的关键学材，而"计数器"的灵活应用成为建构数位内容表达最直观的工具。学生认识20以内、百以内的数重在以实物和小棒以及计数器作为重要学材；从千以内到亿以内的整数认识，则逐步使用半抽象的结构化直观材料计数器、数位顺序表对应的抽象符号化表示，计数器成为整数数位顺序表的"可视化载体"，那么，以计数器的解构与建构为数概念学材——小巧型组合式计数器，使得计数器直观情境成为搭建数位顺序表的工具支架与模型支架，结构化组合建构的模型应用成为依次递进学习“数”的概念增长完善的重要载体。

三年级下学期，学生已经对整数数系有比较完备的认知，在此基础上，学生进行了小数知识的学习。小数与整数有密不可分的联系，小数的学习可以理解为整数学习的延续，它是十进制计数向相反方向延伸的结果。人们在度量物体的过程中，把易感知、触及的量作为基本单位，如1米、1元等，然后按十进制计数规则发展出更大和更小的位值制计数系统。小巧型组合式计数器可以打破传统计数器整数与小数割裂的状况，运用可灵活拆卸的数位卡片，将整数部分、小数点、小数部分在同一个计数器上进行表示，沟通整数与小数联系。

在“小数的初步认识”结构化学习中，简易型计数器的学材设计体现了十进位值制，以计数单位、数位的重组与生成为主线，引导学生通过操作计数器，“再创造”出小数的计数单位，感受整数与小数在计数方法上的一致性。

三、认识小数的结构化学材使用说明书（三）

要让学生在特殊的知识情境中，身处特定领域的知识背景中，面临真实的问题或挑战，自始至终将自己作为一个学习的主体，一个具有主观能动性的人，完整经历和体验观察、发现、探究、反思、修正等过程，主动解决遇到的问题和困难，成功将数学知识进行迁移和运用，甚至创造性地使用，提高解决生活中实际问题的能力。达到这样的目标，必须借助于结构化学材的趣味性、丰富性和能动性，激发儿童的兴趣，手脑结合，运用多种方式探究。不过更为重要的是要利用结构化学材的生长性，将其作为一种“冲突性”工具技术，不断激起新的“学习困境”，动摇学生已有认知结构的平衡状态，自觉根据实际需求，主动调整思考的方向和思维的节奏，从浅表问题开始，逐步逼近问题核心。

结构化学材助推学生思维发展，将零散的内容围绕核心概念建立关联，形成有关学科的大概念、大观念，在这个过程中一定伴随着类比、关联和迁移等思维动作。小学阶段的数学教材中单元知识呈现分散编排、内在联系的特点，可以利用结构化学材进行知识同构、方法同构和思想同构。例如，结构化学材可弯可直的一组软米尺（如图3-17），将形的连续（数轴的延展）和数的连续（计数单位的累加）两种思想联系起来。

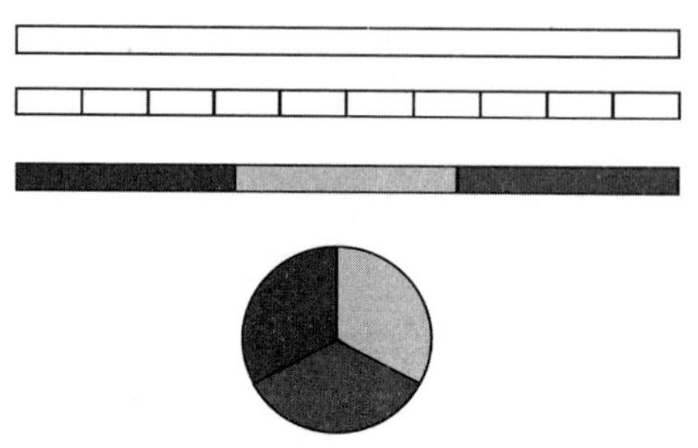

图3-17　没有标识的米尺

通过丰富的学材，激发学生学习数学的兴趣，感受数学与生活的紧密联系，能用数学的眼光看生活中的问题。米尺组的学材设计有层次、有梯度，能够满足不同层次学生的发展，这就是一种对每一个个体支持性的教学，引导学生用数学的眼光看待现实生活中的问题。最后将带有刻度的米尺再一次抽象成学生熟悉又不太熟悉的“只标有刻度0、1的数轴”，让学生在数轴上去表示生活中常见的小数（如图3-18）。

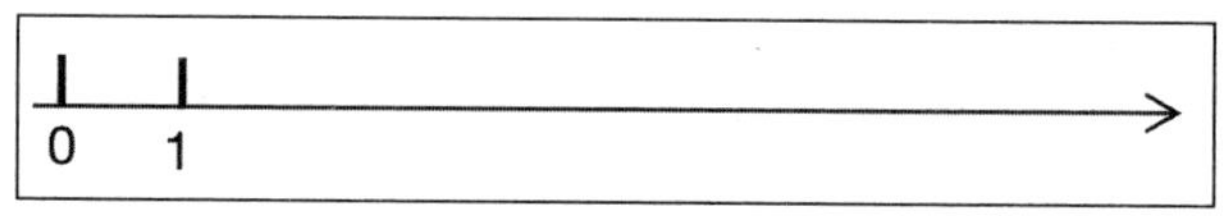

图3-18　标有刻度0、1的数轴

两把米尺可弯可直，一把没有任何标识的一米长的直条，一把是等分成10份的刻度米尺。这两把米尺组正好呼应学生课堂开始在线段上表示出0.3的学习活动。关于对没有标识的米尺的使用，让学生自己测量各种物品——黑板、课桌、窗户的边框，甚至数学书封面的长和宽等。在一次次的测量中，量而有余和量而无余的情况交替产生，激发认知冲突，引发认知“新数”的需求。为了追求更加精确的结果，也为了更方便进行测量，学生根据自己的需要一次次进行调整，将米尺进行“精致化”处理。于是自然而然诞生了第二把“等分成10份的刻度米尺”，随着后续年级的学习，学生不难发现，米尺上的分点越来越密，单位长度越来越小，小数部分的数位越来越多，数的精确程度越来越高。动作、具象和抽象思维三者协同作用，也让儿童慢慢体会到了数的另一个隐藏的性质——稠密性，拓宽了对数的认识的视野。在使用结构化学材的操作学习中，随着体验的不断丰富，学生逐步把握概念的核心元素，知识从“浅表”走向“深入”，思维也从“粗放”不断进行自调，逐步走向“精细”。

综上所述，小数的构数系统侧重于与整数的联系，它们在构数的规则上保持一致；而小数的具体内涵则侧重与分数的联系，它们都需要从整体部分意义上进行理解。小数认识的难点在于“小数不只是分数的附属”，更是“十进制”数的发展，要时刻围绕“十进制”这一核心任务去理解小数作为一种数系统是如何被构造的。生活中的各种计量单位，如“元—角—分”“米—分米—厘米”等，该运用怎样的表征形式表达认识小数的过程呢？无刻度米尺度量黑板的长度的动作表征，整数计数器中“1”的累计及反方向递减，应用解构整数计数器的实物表征，由计数器中数珠变换实验引发猜想的言语表征及符号变换表征的综合过程，使学生在“做”中可观察到小数学习结构，感悟小数与整数计数单位及数位顺序表的关联，在应用中突破整数的局限性，建立更大的数的完整体系，从个（个位）扩展到十分之一（十分位），从整数的形态向小数形态扩展，体验了相邻数位的十进联系，从而更深刻地理解了十进制的思想方法以及意义价值，结构化学材的应用体现了操作引领思维、思维修正操作的协同过程。

多元化技术工具支持思维层级发展

一、技术工具与思维层级发展

在人类发展的历史中，因为人类创造出了工具，有了工具的协助，大大推进了人类的进步。同样，在初等教育里的数学学习，也是通过教学者的创造，发明了很多技术工具，推动学生对数学学习的理解。

（一）技术工具在数学教育中出现的历史

远古时代，古人捕获的猎物用石头来标识数量，石头就是计数工具。新石器时代早期，原始人借助绳结，依据绳子打结的多少来表示有多少，这样的工具操作形成了初步的数的概念。

随着时间的推移，人类的进化，我们的祖先不再单纯依靠结绳记数，而是开始了“数字”的初次尝试。在公元前四千年，美索不达米亚地区（两河流域）的苏美尔人发明了楔形文字，并且在泥板上刻下了人类最早的一批数字符号。

中国是最早创造发明计算工具的国家。古语有云：“运筹策于帷幄之中，决胜于千里之外。”算筹是中国古代普遍采用的一种计算工具，古人创造了两种不同的摆法：纵式和横式，但两种摆法都可以用1–9这九个数字来计算任意大的自然数，这与后来的十进制计数法非常接近。

中国古代的另一项重大发明是算盘，汉朝人徐岳在他撰写的《数术记遗》一书里最早记录了算盘。算盘大约在宋元时期开始流行，最终在明代取代了算筹。

（二）技术工具促进思维层级发展

抽象是数学活动最本质的思维方法。数学的魅力就在于它的抽象性，越去除掉物理属性，就越有广泛应用的可能。因此，技术工具的发展对数学思维的发展有积极的作用，借助技术工具，学生才能不断地体会数学的抽象，抓住本质，提升能力。在小学阶段的学生在认知思维上的发展基本模式有这样几类：熟悉情境，不需要迁移；熟悉情境，需要较少的迁移；较陌生情境，近迁移；陌生情境，远迁移。技术工具的使用也需要融入不同的情境中，才能发挥它系统性的作用。因此技术工具可以分为实用类别的，例如在数学史中用于认数的绳结，用于数数的算筹，这些技术工具的运用就是为了达到数的目的，就是为了计算，进而促进人类文明的发展。之后工具发展到了算盘，其系统性原理就是把原本具体的个体，转化为剥离掉物理属性的算珠，将复杂的运算法则通过算珠的位置变化进行演示。技术工具也可以为理论教育进行算理的演绎或者是协助学生思考。例如计数器就可以解决小学生对于十进制的认识，通过满十进位的拨珠过程让学生借助工具理解进位的含义。

二、多元化技术工具开发的策略

近几年来，以机器学习、知识图谱为代表的多元智能逐渐变得普及，现代教育技术多元化发展的首要特征就是载体化，任何教育模式，其方法和内容都会有相应的载体作为辅助和支撑。我们认为在小数数学教学中的技术载体要为课程内容、学情、学材提供辅助和支撑。

（一）课程目标中的技术多元化

从一到六年级的数学教材中，能够运用到教学工具的课程内容是相当多的，使用教学工具的目标就是借助教具中的媒介力量，将熟悉的情境借助知识的远近迁移，能够把学习过程中发现的新问题，借由知识经验进行解决。这里的多元化可以是在过程中学生收获到的图像、文字、声音、视觉等信息，经过多层次的处理，从最原始低层特征不断加工、抽象，得到原始信号的语义表示，再到形成自己思考后的初步模型，达到获得结构化的独立知识的目标。

（二）课程内容中的技术多元化

课程内容的多元化不单单是一门学科的展示，势必需要多门课程的融合，必然带动技术的多元化。教学者对于课程内容的理解，也必须从原先对单一学科知识内容的理解，上升到多学科的融合。从学材、学情的重新设计入手，那么对应的技术工具也会翻新。新课程标准强调，课程内容需要联系学生的生活经验，要切近社会现实，基于学生的“已知、未知、想知、怎知”，选择丰富多样的学习内容。

（三）课程实施中技术多元化的指导

课程实施对于所有学科而言，它的必要条件一定是基于儿童心理特征和认知规律，以学科知识与儿童认知心理，以学习者的知识需求、心理需求和使用习惯为基础；在输出层面上考虑的则是学生经验水平、情感、内在学习动机等因素，目的是提升学习积极性，增加多样性发展的可能。

针对数学学科的实施，技术的多元化势必要依据课程标准，并考虑学生所处的年段。小学生所处的心理阶段要求课程的设计有趣味性，能满足儿童的猎奇心理，例如在第一学段中，学生对于数的认识从直观的实物过渡到用小棒或计数器中的珠子表示数；在第二学段中，学生接触到几何图形，学生的认知是根据已有的生活经验对相对应的平面图形进行表象的研究，这时可根据课程的需要，借助多媒体技术中的动画将平面图形的特征直观展示出来；第三学段中认识立体图形的时候，可将多媒体技术工具的三维动态图像分解成若干个平面图形，帮助学生理解立体图形中点线面之间的联系和不同。

（四）课程评价中技术多元化的展示

阿兰·图灵（Alan Turing）说：“除了试图直接去建立一个可以模拟成人大脑的程序之外，为什么不试图建立一个可以模拟小孩大脑的程序呢？如果它接受适当的教育，就可能成长为成人的大脑。”孩子的可塑性是极大的，在这样的情况下，课程评价的有效性就是提升可塑空间的一把钥匙。笔者认为课程评价可以是语言类的评价，也就是教师对于学生反馈的情感回复；还可以是作为课堂效率展示的反馈，也就是通常的作业评价。2022版新课程标准的要求就是对于学生数学能力的评价有量化，那么在这点上技术工具能在评价中体现其“中介性”。通过使用技术工具，学生会思考如何科学地表述事物的性质、规律以及事物之间的相互联系；在技术工具的辅助下，通过观察、实验并获取证据，在系列行为后渗透各类数学思想方法，展示课程内容组织的实践性、有效性，促进学生成为主动参与的学习者，实现数学思想方法的应用性，提高学生的数学核心素养。

第四章　学程设计：科学教学逻辑

结构化教学备课轴设计与说明

一、认识小数的备课轴设计与说明

（一）备课轴设计模型

小学数学结构化教学设计的核心是学程的设计，即学习流程或过程的设计，要综合考虑五个结构：知识结构、认知结构、学的结构、教的结构和思维发展结构。“3×3”结构化备课是实施结构化学习的学习预案简化版，备课轴则是精华版，指向学生数学学习的核心素养，是以思维结构的发展为主轴，在“连续—关联—循环”纵向层级的基础上，突出思维活动，并从知识结构、认知结构、学的结构和教的结构不同维度，构建纵横交错的多维空间，使“学—教—研—评”融为一体，是理论与实践的结合体，促进学生核心素养的培养。结构化学习备课轴模型（如图4–1）：

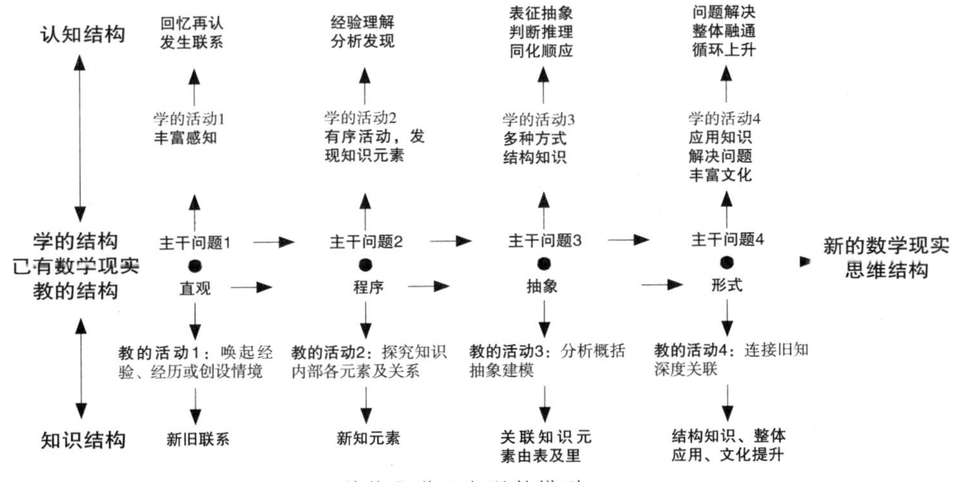

图4–1　结构化学习备课轴模型

教学设计的备课轴是从现有的思维水平走向发展的高一级思维水平。以知识结构为载体，以学生认知结构做支撑，遵循学习的认知规律。思维结构的发展是以学与教的连续、关联、循环地不断互动、螺旋上升的过程。为了便于操作，我们将结构化教学设计的备课轴分为五个子结构，各个结构、对应环节及各元素间又有一定的关系，形成结构化设计模块，模块间又是紧密关联的。

（二）备课轴设计的理论分析与结构说明

认知结构的过程，就是不断地同化与顺应之间平衡的动态过程。对于每一课的学习，学生认知基本上经历这样一个过程：由感知觉引发注意，经过回忆、再认，与旧结构发生联系，在已有经验、经历、知识结构分析理解的过程中多元表征，经历概括、抽象、判断、推理，使顺应与同化达到动态平衡，形成新的认知结构，然后应用获得的新结构解决现实问题，使新旧结构形成一体，并成为以后的新结构的发展基础。

知识结构即知识的组织形式和关联方式。这里的知识结构包括课时知识结构、相关领域的结构、单元知识结构、跨年段的知识单元结构、后续知识发展的结构等。课时知识结构是一课的重点，要找到知识各元素及关系，这是知识的内部结构。同时要对教材做横向分析，看到外部的结构，这一课在单元、一册中的结构，找到这一课前面知识结构基础和后续发展结构之间的关联处。由内而外，由横向纵，由点到线、面、体，层层推进，不断深入，形成新的知识结构，在整体应用中实现学科文化价值的提升。

思维结构是主体能动认识世界所建立的概念、判断、推理的框架及其相互联结、转换和互动的形式。思维过程主要经历：直观思维——程序思维——抽象思维——形式思维。可见教、学活动的结构对思维结构会产生重要影响，因为思维是连贯有序的。设计时准确把握学生的数学现实，在一系列主干问题驱动、认知活动作用下，促使学生形成新的数学现实，思维得到发展，使知识结构转化为认知结构。

二、认识小数的结构化教学备课轴设计与说明（一）

（一）认识小数的备课轴（课例一）

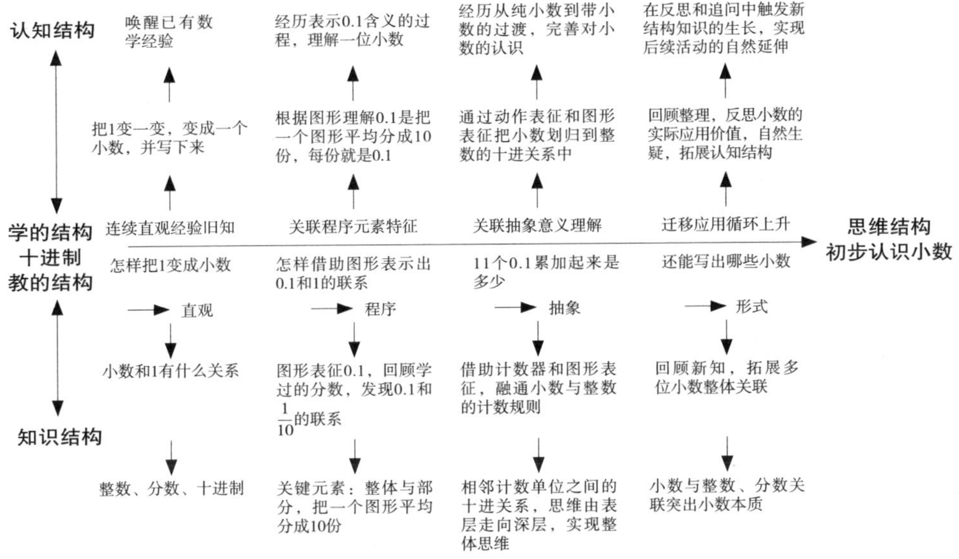

图4-2 “认识小数”备课轴设计一

（二）认识小数备课轴设计说明（课例一）

1. 已有数学经验引发直观思维

【结构化模块】

知识结构 →	教的结构 →	思维结构 →	学的结构 →	认知结构
整数、分数、十进制	小数和1有什么关系	怎样把1变成小数	把1变一变，变成一个小数，并写下来	唤醒已有数学经验

【学程设计】

师：前面小朋友们认识了自然数，也认识了分数，今天我们来认识小数。小数和我们认识的1有关系吗？

生：有。

师：你们能不能想办法把这个1变一变，把它变成一个小数？赶紧拿起你们的笔，在纸上把它写下来，要写得大大的。

（学生写）

师：（展示学生作品）你们觉得写的都是小数吗？

生：是的。

生：他们都有一个小数点。

师：上来指一指。同意的小朋友给个信号，击下掌。那你顺便来介绍一下剩下的是什么？

生：整数部分。

师：后面的是什么？这个是什么呢？

生：小数部分。

2. 图形表征理解小数引发程序思维

【结构化模块】

知识结构 →	教的结构 →	思维结构 →	学的结构 →	认知结构
关键元素：整体与部分，把一个图形平均分成十份	图形表征0.1，回顾学过的分数，发现0.1和$\frac{1}{10}$的联系	怎样借助图形表示出0.1和1的关系	根据图形理解0.1是把一个图形平均分成10份，每份就是0.1	经历表示0.1含义的过程，理解一位小数

【学程设计】

师：你们认为这些小数跟1有联系，是用1变出来的吧？

师：我准备了一个作品展示的纸，请你在里面选一个。比如老师喜欢正方形，我就选一个正方形的纸，但是重点任务是——你要表示出来自己理解的0.1，让我们看到你说的0.1与1的联系。最后在小组内轮流介绍一下自己的理解。

（学生活动，集体交流。）

①展示正方形平均分的作品。

生1：我觉得1和0.1的进率应该都是10，所以我把它平均分成了10

份，其中的1份应该就是0.1。因为所有的数，比如说1，它是满十进一的，所有的数都是满十进一。

生2：因为1和10之间有10个1，1到0.1之间有10个0.1。

生3：他是竖着平均分，我是横着平均分成10份。

②展示把线段平均分的。

生：把一条线段平均分成10份，其中1份就是他的0.1，0.1是1的十分之一。

师：十分之一就是0.1。

③把圆平均分成10份。

师：现在通过学习，你想把圆怎么样？

生：我觉得可以把圆分成10个小圆。

师：10个小圆，有什么要求？

生：10个小圆要相等的。

师：你们用个词帮帮她，什么词？

生：平均分。

师：我想问这个小圆里面，如果分成小圆能平均分吗？

生：能。

师：那小朋友们来看看，我们集全班的智慧表示出了三种不一样的0.1，都不一样。这些0.1有的细细长长的，有的像一块蛋糕，有的是一小段，为什么都是0.1呀？

生：我觉得他们只是图形不一样，但是它所在的那个整体，看它的时候都是那个整体的0.1。

生：平均分成10份，每一份都是这个整体的十分之一，就是0.1。

3. 多元表征开启抽象思维

【结构化模块】

知识结构 →	数的结构 →	思维结构 →	学的结构 →	认知结构
相邻计数单位之间的十进关系，思维由表层走向深层，实现整体思维	借助计数器和图形表征，融通小数与整数的计数规则	11个0.1累加起来是多少	通过动作表征和图形表征，把小数划归到整数的十进关系中	经历从纯小数到带小数的过渡，完善对小数的认识

【学程设计】

师：小数0.1到底和1有没有联系？我们把1均分了之后产生了0.1，0.1不断地累加产生了1。当然啦，也会产生零点几。那请你想一想，我们刚才想到的是10个0.1就是1，还能再加吗？如果是11个呢？

生：1.1。

师：看一看能在算盘上变出1.1吗？

生：（上台指）这里是0.1，再在个位上加上个算珠就是1.1。

师：这两个如果能合并起来就是1.1。真棒，还有没有1.1？

生：把这个正方形平均分成10份，其中的一份就是0.1。然后再把一个正方形和它堆在一起，就是1.1。

师：除了1.1你还看到多少？

生：1.1、1.2、1.3……

师：一直能看到多少。

生：1.9、2。

师：2.1怎么办？

生：再加一个正方形。

师：你看这个0.1是不是产生了无穷无尽的小数？

4.拓展应用展现形式思维

【结构化模块】

知识结构 →	教的结构 →	思维结构 →	学的结构 →	认知结构
小数与整数、分数关联，突出小数本质	回顾新知，拓展多位小数，整体关联	还能写出哪些小数	回顾整理，反思小数的实际应用价值，自然生疑，拓展认知结构	在反思和追问中触发新结构知识的生长，实现后续活动的自然延伸

【学程设计】

师：为什么选择这个来研究0.1呢?

师：小数在运用的时候并不像自然数那么广，咱们还要学会在生活当中合适地运用小数。

师：小朋友们想一想，我们还能继续写出其它小数吗?

生：还可以写0.01、0.001……

三、认识小数的结构化教学备课轴设计与说明（二）

（一）认识小数备课轴（课例二）

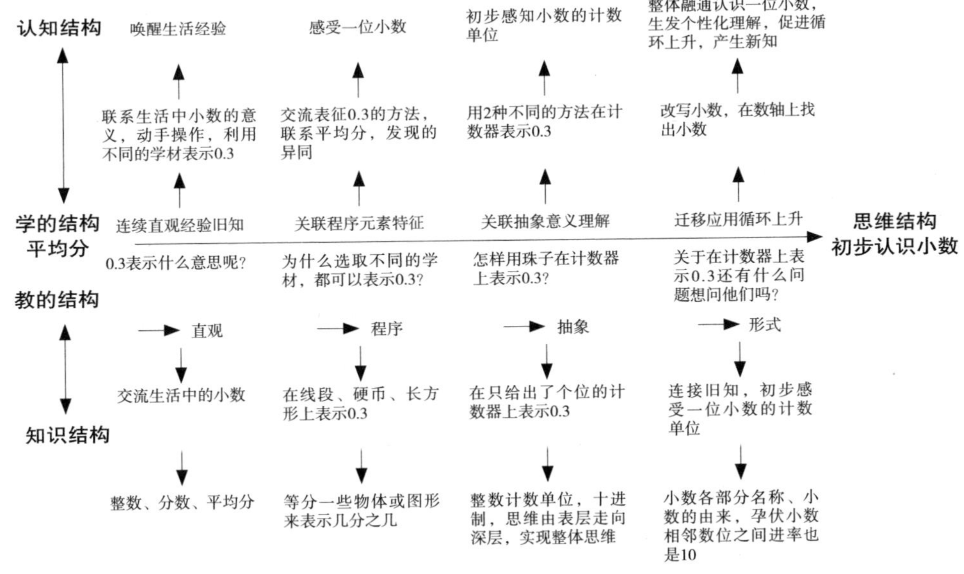

图4-3 “认识小数”备课轴设计二

（二）认识小数备课轴设计说明（课例二）

1. 生活经验引起直观思维

【结构化模块】

知识结构 →	教的结构 →	思维结构 →	学的结构 →	认知结构
整数、分数、平均分	交流生活中的小数	0.3表示什么意思	联系生活中小数的意义，动手操作，利用不同的学材表示0.3	唤醒生活经验

【学程设计】

师：知道今天要研究什么内容吗？小数听说过吗？生活中你在哪里看到过小数？

生1：超市。

生2：量身高。

师：能举个例子说说吗？看来大家都有丰富的生活经验，那今天学习起来就简单多了。

师：以0.3为例，你知道0.3表示什么意思吗？

2. 平均分引发程序思维

【结构化模块】

知识结构 →	教的结构 →	思维结构 →	学的结构 →	认知结构
等分一些物体或图形来表示几分之几	在线段、硬币、长方形上表示0.3	为什么选取不同的学材，都可以表示0.3？	交流表征0.3的方法，联系平均分，发现的异同	感受一位小数

【学程设计】

师：老师给你提供几个学材，分别是1米长的线段、1元硬币、一个长方形，当然还给你留了个空白，高手还可以自己创造一个学材，怎么办呢？来看要求：①画一画，任意选择1–2个学材表示0.3的意思。②写一写，尝试用语言简单描述你的理解。

师：老师选出了几个比较有代表性的作品看看，请学生依次介绍如何呈现0.3米。

生：我是把这条线段看成1米，平均分成10份，其中的3份就是0.3米。

师：（出示“3角”）你们觉得3角是0.3元吗？

生：是的。

师：我没看出来啊，第一位同学是把1米平均分成10份吗？他这里我不知道他把谁平均分成10份了。

生：（出示长方形图）它表示把1元平均分成10份，其中的3份是0.3元。

生：我是把1平均分成10份，其中的3份就是0.3。

师：请你完整介绍一下。

3. 多元表征开启抽象思维

【结构化模块】

知识结构 →	教的结构 →	思维结构 →	学的结构 →	认知结构
整数计数单位，十进制，思维由表层走向深层，实现整体思维	在只给出了个位的计数器上表示0.3	怎样用珠子在计数器上表示0.3	用2种不同的方法在计数器表示0.3	初步感知小数的计数单位

【学程设计】

师：刚才我们用不同的素材表示了0.3，那你能尝试着在计数器上表示出0.3吗？有点难度，先想一想，再动笔。

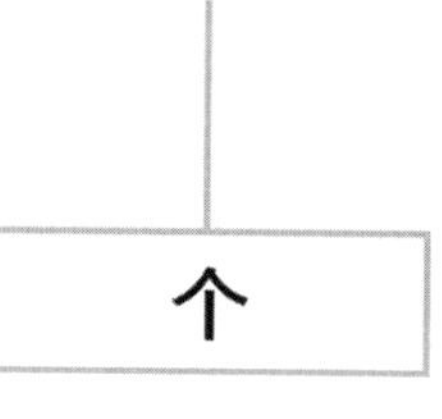

图4-4

（生独立完成，教师寻找代表作品：画左边、画右边、在个位上用0.3颗珠表示，展示3–4幅代表作品，交流汇报）

师：这是什么意思？介绍一下。（生回答略）

师：你们有问题要问他吗？（你是怎样想到这样画的？）

生：前面都是将1平均分。

师：这个作品有问题要问他吗？（你为什么画右边不画左边？）

师：那这里的一颗珠子表示多少？

师：0.3他们都随便写，你写得很有特色，你是怎么想的？

生：我是对照数位写的。

师：来看看，用这个计数器表示0.3是不是一目了然。

师：对比两幅作品，有什么相同和不同？

生：相同的地方都是把1平均分成10份，表示其中的3份，不同的地方一个是在个位上分，一个是创造了一个新的计数单位。

师：这个新的计数单位是什么呢？

4. 实践应用展现形式思维

【结构化模块】

知识结构 →	数的结构 →	思维结构 →	学的结构 →	认知结构
小数各部分名称、小数的由来，孕伏小数相邻数位之间进率也是10	连接旧知，初步感受一位小数的计数单位	关于在计数器上表示0.3还有什么问题	改写小数，在数轴上找出小数	整体融通认识一位小数，生发个性化理解，促进循环上升，产生新知

【学程设计】

师：关于在计数器上表示0.3，还有什么问题想问他们吗？

师：刚才我们通过4个素材研究了0.3，我们又一起在计数器上表示出了0.3，前面我们都不约而同地平均分成10份，为什么需要平均分成10份呢？

生：1里面有10个0.1。

师：（指着计数器后面）如果这个数位上用1粒珠表示还比较大？后面你还能想到什么？

师：学到这里，你对小数是不是有不一样的认识了。课前我们交流了生活中的小数，现在我们再回到生活中看一看。

（1）上面商品用“元”表示分别是多少元？（填小数）

（2）在下面数轴中找到这些小数？

图4-5

师：先想一想，有想法了再动笔。

（在数轴上找0.9和2.5，生独立完成。）

师：关于小数的知识还有很多，你对这节课学的小数又多了哪些了解？

生1：我知道了小数的各部分名称。

生2：我了解到了小数的产生。

四、认识小数的结构化教学备课轴设计与说明（三）

（一）认识小数备课轴（课例三）

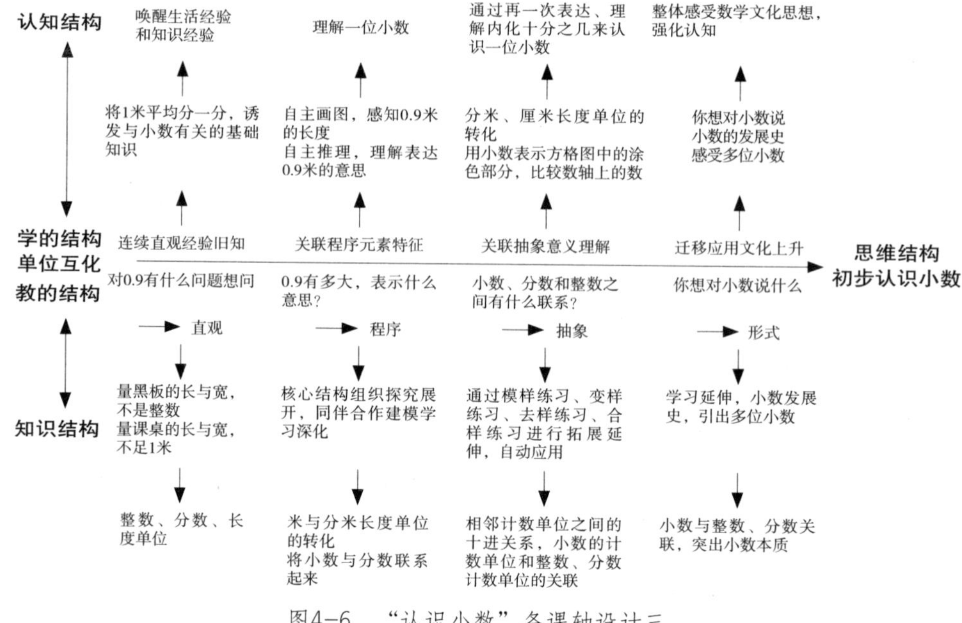

图4-6　“认识小数”备课轴设计三

（二）认识小数备课轴设计说明（课例三）

1. 生活情境唤起直观思维

【结构化模块】

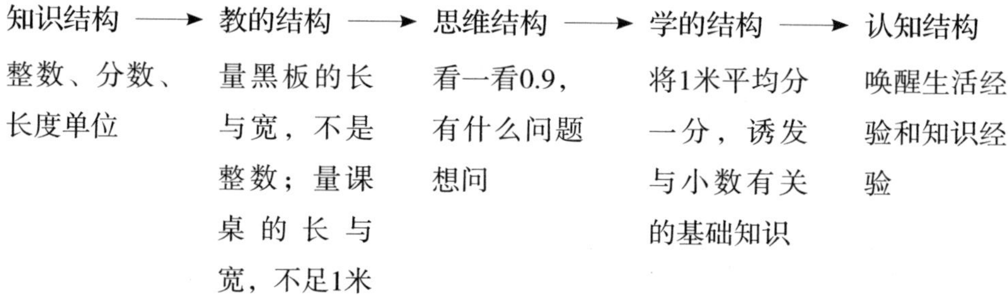

【学程设计】

师：（板贴1米尺）这是一根米尺，认识吗？我们量黑板的长与宽，不是整数；量课桌的长与宽，不足1米。

师：瞧，你们在米尺上还看到了什么？

生：格、分米、厘米。

师相应板书：1米=10分米

1分米=$\frac{1}{10}$米

1分米=10厘米

1厘米=$\frac{1}{10}$分米

师：（出示身高图0.9米）认识这个数吗？

生：我想问小数点及左右两边的数是什么意思？

师：你发现了好问题！

2. 多形式感知小数引发程序思维

【结构化模块】

知识结构 ——→	教的结构 ——→	思维结构 ——→	学的结构 ——→	认知结构
米与分米长度单位的转化，将小数与分数联系起来	核心结构组织探究展开，同伴合作建模学习深化	0.9有多大，表示什么意思	自主画图，感知0.9米的长度，自主推理，理解表达0.9米的意思	理解一位小数

【学程设计】

①自主画图：直观感受0.9米的长度。

②自主推理：理解表达0.9米的意思。

（生回答略。）

师板书：1分米=$\frac{1}{10}$米=0.1米

1米1分米=1.1米

师（出示1.5元生活图）：像这样的小数，你们看出什么？

师：1.5是小数，1.5元比1元多，板贴1元。还想到什么？

生1：1角、1分。

生2：1角=$\frac{1}{10}$元，1分=$\frac{1}{10}$角。

③实物表示1.5元。

④理解表达1.5元。

生3：5角=$\frac{5}{10}$元=0.5元，1元5角=1.5元。

师：小数，真的认识了吗？

3. 多元表征开启抽象思维

【结构化模块】

知识结构 →	教的结构 →	思维结构 →	学的结构 →	认知结构
相邻计数单位之间的十进关系	通过模样练习、变样练习、去样练习、合样练习进行拓展延伸，自动应用。	小数、分数和整数之间有什么联系	分米、厘米长度单位的转化，用小数表示方格图中的涂色部分，比较数轴上的数	通过再一次表达、理解、内化十分之几来认识一位小数

【学程设计】

师：刚才我们已经会读会写小数了，想看看大家掌握得怎么样？请独立完成学习单上的这几题。

①在（　　）里填小数。

5角　（　　）元

5元5角　（　　）元

宽：6分米　（　　）米

长：2米6分米　（　　）米

②在（　　）里填上合适的数。

1厘米	3厘米	（　　）厘米	（　　）厘米
$\frac{1}{10}$分米	$\frac{(\quad)}{(\quad)}$分米	$\frac{(\quad)}{(\quad)}$分米	$\frac{(\quad)}{(\quad)}$分米
0.1分米	（　　）分米	（　　）分米	（　　）分米

③用小数表示各图的涂色部分。

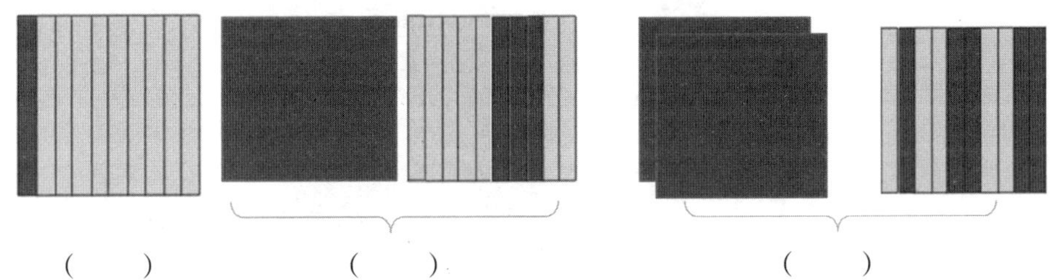

（生独立完成，全班交流汇报填写结果。）

师：（出示数轴）现在没有单位米、分米、元了，这个数轴上都是数，那这个点表示多少呢？

（生回答略。）

随着学生的回答，师依次在上面一排标分数，在下面一排标上小数，将小数和分数进行对比联系。

4. 实践应用展现形式思维

【结构化模块】

知识结构 →	教的结构 →	思维结构 →	学的结构 →	认知结构
小数与整数、分数关联，突出小数本质	学习延伸，认识小数发展史，引出多位小数	你想对小数说什么	小数的发展史感受多位小数	整体感受数学文化思想，强化认知

【学程设计】

师：我们又想对小数说些什么？

（生回答略。）

师：小数怎么来的呢？又会往哪里去呢？

（生回答略。）

师：（呈现同一情境的深度问题）你认识1.25米、1.99元吗？你们能明白它们意思吗？

图4-7

通过对“认识小数”三节课的备课轴分析可以看出，结构化学程设计模型是结构化学习的实践思考，是基于学习的实践，回归实践学习，在促进学生发展的同时，促进教师专业化的理解和专业化的科学发展，为结构化学习学程设计提供了一个支点。

支持认知过程的“3×3”备课

一、“3×3”备课的设计与说明（一）

（一）认识小数“3×3”备课设计一

表4-1　“认识小数”“3×3”备课的网格设计一

	情境	活动	评价
连续	1.小数和我们认识的1有关系吗？想办法把这个1变一变，把它变成一个小数	1.①汇报、对比中明晰小数各部分名称； ②想办法表示出自己理解的0.1，让别人看到与1的联系	真实情境连续旧知模型结构的理解，思考教材为什么用这样的情境图，教师做出什么创造； 核心概念，发现结构
关联	2.在计数器上表示1，表示0.1	2.实验操作：在计数器上表示0.1。交流0.1和1有什么联系	问题解决关联新知模型结构的建立，理解教材是如何安排知识学习的意义发生，教师做出什么设计； 核心任务，创造结构

	情境	活动	评价
循环	3.10个0.1就是1，如果是11个0.1呢？	3.用计数器、正方形纸片等表示1.1，想象更多的小数	综合应用循环整体思维的结构开放，明白教材是如何融会贯通素质教育，教师做出什么拓展；核心素养，深化结构

（二）认识小数“3×3”备课设计说明一

对小数经验的整体感知、小数概念的表征表象以及模型抽象、融通建构等，都有着“数学本质”的意义，对于引导学生开展深度学习有着现实实践价值。从整体视角研究课堂学习，理解学科核心内容，把握知识的内在联系，在连续、关联、循环的层次性学习中实现认知转移、转换、转变，从而使学科核心素养的培育落到实处。

1. 连续经验：整数“1”向小数“0.1”的转移

学生已有的数数、满十进一等都是小数初步认识的基础，教师结合学生已有经验进行教学。课的开始紧扣“小数和我们认识的1有关系吗”这个问题，让学生通过动手操作想办法把1变一变，变成一个小数，这里放手让学生自己完成。学生在生活中见过小数，不同的学生会写出不同的小数，展示不同学生的作品，让学生先在交流中感受小数的整数部分、小数点和小数部分这一外在形式上的共同之处。接着让学生借助现实情境，用人民币模型、长度单位模型这样具体的“量”去解释小数0.1的具体含义，让学生自己去探索0.1与1的联系。给予学生充分表达的时间，让学生在交流中感受“满十进一”。学生结合前面学习的分数知识，把一个物体、一个图形或一条线段平均分成10份，表示出不一样的0.1，在对比中感受0.1的本质特征：平均分成10份，每一份都是它的十分之一，也就是0.1。感受0.1与1的关系，在对作品的观察中产生新的体会，如：2个0.1就是0.2，5个0.1就是0.5，继而想到0.6、0.7、0.8、0.9、1……学生在比较中感受0.1的作用很大，小数和整数一样也是满十进一。

2. 整体关联：理解计数单位从“大”到“小”的扩充

关联学习，就是要分析事物的内在联系、结构和性质，进行综合的研究性学习。先让学生在计数器图上表示1，再尝试在图上表示出0.1。让学生在动手画一画、分一分中注重行与思的结合，梳理出清晰的结构，实现数与形的关联，促进学生自主建构。有的学生结合前面画图，把一颗算珠平均分成10份，这样形象地表示0.1的含义，和分数的知识联系起来。有的学生在个位的右边再加一个数位，认为和整数一样计数器上往左边越大，往右边越小，在右边加上一位，认为这样就可以表示小数。在小数的数位上加一个算珠，那就是0.1。小数0.1到底和1有没有联系，学生通过把1均分之后产生0.1，0.1不断地累加产生了1，也会产生零点几，体会一位小数与分数十分之几之间的联系。接着引导学生打开思路：刚才想到的是10个0.1就是1，还能再加吗？如果是11个0.1呢？教师引导学生合情推理，借助计数器沟通整数计数单位与小数计数单位之间的联系。

3. 循环应用：完善意义从“单一”到“深入”的建构

一位小数概念的建构关键在于小数部分的单位建立和位值的理解。比如，3元6角5分就可以表示为3.65元。“0.5千克”“身高1米73”等说法都离不开小数。教师提供学习的素材，让学生尝试在计数器上表达11个0.1也就是1.1，学生在个位上加上一个算珠合起来就是1.1。接着从计数器上的1.1走向多元表达，用正方形纸片操作什么是1.1，除了1.1你还能看到什么？让学生从对1.1的观察走向1.2、1.3、1.4……2.1……体会计数单位“0.1”的不断累加可以产生很多的新的小数。接着让学生回顾整个学习过程，是一次计数单位细分过程的梳理，是一次小数、整数计数单位融通的理解，如果学生对小数还产生了新的疑问，更是对小数深入理解的再一次探寻，教师教学时不要放过这样的机会。

本设计以学生已有的知识经验展开数学学习活动，紧扣小数的本质，关联计数单位建立和位值核心元素，从生活中来，到生活中去，整体关联，不断提升学生对小数意义的理解，实现学习的再循环，促进了学生核心素养的发展。

二、“3×3”备课的设计与说明（二）

（一）认识小数的“3×3”备课设计二

表4–2 “认识小数”的“3×3”备课的网格设计二

	情境	活动	评价
连续	1.你知道0.3表示什么意思吗？	1.利用学材（1米线段、1元硬币、长方形……）表示对0.3的理解，在对比中理解一位小数与十进分数的关联	真实情景连续旧知模型结构的理解，思考教材为什么用这样的情境图，教师做出什么创造； 核心概念，发现结构
关联	2.你能在计数器上表示出0.3吗？	2.实验操作发明：尝试在计数器上说明自己的想法	问题解决关联新知模型结构的建立，理解教材是如何安排知识学习的意义发生，教师做出什么设计； 核心任务，创造结构
循环	3.用“元”表示商品的价格9角、1元2角、2元5角（填小数）；你能在数轴上找到这些小数吗？	3.实境互动：解释9角、1元2角、2元5角用“元”做单位的小数表达。在数轴上找到这些小数，感受数的稠密性	综合应用循环整体思维，结构开放，明白教材是如何融会贯通，教师做出什么拓展； 核心素养，深化结构

（二）认识小数的“3×3”备课设计说明二

“数”概念的理解是从经验性理解、形式化理解、结构化理解到文化感悟性理解，是由浅层到深层发展起来的。在小数的初步认识之前，学生已经学习过分数的表达，会画图表征简单分数。本课遵循概念理解的基本规律，由0.3入手，让学生想办法表示出它的意思。在学生应用多种学材的过程中，关联小数与十进分数之间的关系，为学生建构一位小数概念的层级发展提供了感兴趣的事实，让学生在活动中主动地抽象概

括，这是建立科学的小数概念所需要的。

1. 连续分数经验，搭建经验性理解向形式化理解支架

学生在生活中见过小数，如在超市中看到过用小数表示商品价格、在体育课中用小数表示身高和体重等等。离开这些现实情境，小数便成了抽象的存在，学生理解起来就比较困难。教师可给学生提供不同的学材，让学生选择用“1米长的线段”“1元硬币”或“1张长方形卡纸”表示自己对一位小数的理解，生生之间存在一定的差异，部分学生看到老师提供的学材能想到用新的学材来表达。多样的表达基于学生的度量经验、生活经验，教学时教师可以通过这些学材唤醒学生不同层次的思维。并不是所有学生在用学材表达的时候就能理解0.3的意义，但通过对不同作品的解释及对比“为什么不同的学材都可以表示0.3”的过程，学生开始对0.3有了更形象的认识。特别是部分学生的自创学材，更是体现了学生的创造性思维。与此同时，在不同学材的对比中关联以往学习分数的旧知，更加促进学生对一位小数和十进分数之间“一致性”的理解。这样的操作活动，让学生能够简略地回顾与强化这种认识，关联已有的认知体系，以帮助学习发生有效的迁移，搭建了经验性理解向形式化理解的支架。

2. 关联“整、小数”计数器，促进形式化理解向结构化理解的转换

小数的产生源于生活应用，它比较简洁方便并且是十进制的分数，与十进制计数紧密相连，也是由整数向小数扩展的必然结果。它是沿着整数另一个缩小方向的延伸，也就说小数是学生可以“制造”的一种计数方法。本课通过创设在计数器上表示出0.3的具体情境，选择贴近儿童成长经历的经验、环境，遵循学生的认知规律，关注学生的学习需求，体会知识的产生及学习的价值。以直观“数珠”模型，将生活化过渡为数学化，逐步摆脱经验性理解中那些非本质、片面化等认识上的束缚，有利于学生以数学的形式化语言精确地表达对小数的理解。

应用整数“1”解构“整数计数器”，之后再向相反的方向延伸“创

造”小数计数器，从个（个位）扩展到十分之一（十分位），从整数的形态向小数形态扩展。最后再整合重构“整数与小数的计数器”。利用实物图片与计数器模型的表象操作，提供丰富的感性材料，有利于引导学生多方位、多形式、多感官参与感知，使小数在物、图与数的对应中找到具体的原型或模型，借助工具操作引领思维、思维修正工具操作的协同过程，再次深化一位小数与分数的内在关联，突破整数的局限性，整体建构小数与整数、分数概念的符号表征系统。

3.循环应用“分、小数”意义，推动结构化理解向文化性理解的扩展

本课注意在学生熟悉的生活情境中丰富和深化对认识小数的理解，在简单表征情境中运用小数解释生活问题，让学生尝试用“元”做单位的小数表示三种不同商品的价格，让知识回到学生的生活中去。接着，让学生在数轴中找到刚刚表达的3个小数的具体位置，数轴中只给了0和1两个数字，这样的数轴对学生而言有一定的难度，但也留足了新的思考空间。教师追问：“0–1之间还有哪些一位小数？它们分别是什么意思？”学生在回答这些问题的过程中进一步丰富对小数的理解，一方面关联一位小数和十进分数，另一方面在找三个小数的过程中，纯小数、带小数应运而生。最后，则是通过“你们知道为什么大家把这样的图叫作数轴吗”这样一个问题的引领，让学生体会到每个数在数轴上都有自己特有的位置。由原先的整数到现在的整数、分数、小数，它们排在一起就形成了数轴，学生可以感受到数轴上表示数的稠密性与整体性。这样的学习过程立足儿童生活实际，运用儿童自己喜欢的方式，引导儿童多角度思考，激发儿童多方面的创造，突出在学习实践过程中聚焦学生创新人格发展。

三、“3×3”备课的设计与说明（三）

（一）认识小数的“3×3”备课设计三

表4-3 “认识小数”的“3×3”备课的网格设计三

	情境	活动	评价
连续	1.数一数教室里共有多少人？用计数器可以怎样表示？	1.（1）（互动）数教室里的人数，用计数器演示；（2）计数器演示2个4、44，理解十进制	真实情景连续旧知模型结构的理解，思考教材为什么用这样的情境图，教师做出什么创造； 核心概念，发现结构
关联	一个正方形可以表示1，再分一分，你能用正方形表示其它的数吗？ 在计数器上怎样表示？	2.实验操作发明：分一分正方形，尝试在计数器上说明自己的想法； 3.交流中引入计数器的小数部分	问题解决关联新知模型结构的建立，理解教材是如何安排知识学习的意义发生，教师做出什么设计； 核心任务，创造结构
循环	4.解释生活中的小数0.5元，0.8千克…… 5.你会画图或者语言表示这个分数的意思吗？	4.实境互动：解释0.5元，0.8千克……实际生活中小数的意义； 5.拓展交流课前收集小数信息：用语言或画图表达生活中看到的小数的意思	综合应用循环整体思维，结构开放，明白教材是如何融会贯通，教师做出什么拓展； 核心素养，深化结构

（二）认识小数的“3×3”备课设计说明三

1. 连续经验

让学生在自己所处的情境中学习数学，课的开始创设情境：数一数：教室里共有多少人？接着让学生进行探究活动：①数教室人数：回忆整数的数数知识。②咱们班共有43人，加上老师是44人，你能在计数器上表示出来吗？两个4？44？这两个4有什么不一样？在这里结合计数器与板贴协作理解十进制，回顾计数器的构成，感受十进制的特点。

这样的设计凸显核心概念，发现结构——“数源于数”，小数与整数、分数有着密切的关联，从整数的数数引学，连续数数经验，自然连续学生的生活经验和学习十进制的经验，理解十进制计数法的核心——位值制。

2. 关联迁移

让学生利用感兴趣的学材进行学习，创设情境：每组拿出事先准备好的学材——正方形。集体探索：将1继续分一分可以怎样做。当学生有困难时适当启发：一个一个数，大家数得很好，看来，整数数数难不倒大家。现在，老师这里有一个正方形，它表示多少？它还可以再分一分，表示其它的数吗？学生先独立思考，再与同桌交流。

接着创设探究活动，有了前面的思考和讨论，学生可能想到多种不同的操作方法，如方法1：分一半，可以表示分数$\frac{1}{2}$，或者表示小数0.5。方法2：平均分成3份，这样的一份可以表示分数$\frac{1}{3}$，或者表示小数0.3。方法3：平均分成10份，表示这样的一份，就是$\frac{1}{10}$，或者0.1。方法4：平均分成10份，表示这样的几份，就是十分之几，或者零点几？方法5：平均分成100份，500份，1000份……

学生说出自己的想法后，教师启发：可以动手操作并说明一下你们的想法吗？学生开始动手操作，操作过程中，教师巡视，及时给予帮助和指导。学生经历操作后，进行汇报。接着教师追问启发：可以在计数器上说明你们的想法吗？学生可能想到：将正方形分成10个小长方形，一个小长方形即为$\frac{1}{10}$，也可以用小数0.1表示，10个0.1就是1。1是可以继续分的。在计数器上，可以把个位上的这一颗珠退回去，把它分解成10个0.1，就是10颗珠，这10颗珠应放在一个新的数位上，这个数位要比个位还要小。学生表示0.1后，再思考$\frac{1}{10}$的这一颗珠还可以再分吗？给予学生机会说出自己的想法，教师在学生表达的基础上适时引入计数器的小数部分，将计数器扩充为小巧型组合式计数器——可表示小数：在整数部分与小数部分之间加上小数点。学生思考其他同学的想法会带来什么新的启发，自己有哪些新的收获。结合学生操作解释，归纳：$\frac{1}{10}$=0.1，十分之几等于零点几等。教师和学生共同观察在计数器上继续延伸，引入计数器的小数部分，介绍新数位。

这样的设计完成核心任务，创造结构——小数产生于平均分，是把“1”平均分为10份、100份……它与分数是密切联系的，十进制是它的本质特征，不断向下逐级地“把1十等分”。学生感受到不断细分产生新的计数单位的过程，同时在细分的过程中，学生明显感觉到两数之间的小数是无穷无尽的。通过观察0.1和1之间的关系，将小数和整数联系起来，都是“满十进一”，通过十进制桥梁，引入小巧型组合式计数器，沟通整数与小数的联系，完善学生对小数意义的认知。这样，把小数置于整个数的知识体系中学习，便于学生形成整体的、生长上升的认知结构。

3. 认知发展

一、二部分都是在情境中学习，第三部分仍然创设情境：小明来到了一家超市，看见了一些小数，你能帮他解释解释吗？0.5元、0.8千克……学生尝试解释来源于生活的小数。接着再创设探究活动：你能不能自己改变一个单位，再解释解释呢？学生解释后，教师再次出示一些分数（随机出示一些分母都为10的分数），让学生尝试把它们改写成小数。接着设计开放的环节，让学生自己创设情境或者直接应用课前调查的小数信息，通过语言描述或者画图，让其他同学用分数和小数来表示。

这样的设计意在落实核心素养，深化结构。小数的初步认识的教学，既要帮助学生弄清楚小数表示什么，又要感受小数产生的必要。从不同角度理解小数的丰富内涵，体会小数在不同情境中的含义，以及不同情境中小数含义的内在一致性，最终回归到抽象的数位、位值意义上来。学生自主创设情境，自己编题并解决，在交流与互动中深化对一位小数及小数的认知，形成更为完善的数的知识网络。

第五章　学评监控：促进素养提升

基于迁移应用的例题与习题整合

一、认识小数的教材习题整合

习题是小学数学教材的重要组成部分，是学生进行有效学习的重要载体，教材中习题的编排有知识应用与技能形成的功能，也能积累学生基本的活动经验，激发学生的数学思考，鼓励学生发展创造性思维。在实践教学中，教师比较重视教材中范例的教学，但往往忽略对教材习题的研究，有时仅仅把教材的习题作为作业布置给学生，缺少对习题的挖掘和对习题教学过程的整合，使得习题功能弱化。课程标准提出教师要挖掘好习题背后隐藏的思维内涵，在课堂教学中正确把握数学知识的深度、广度、梯度，合理利用教材中相关基础习题，进行必要的整合与改编，从而达到优化教材，丰富教学资源的效果。教师可以归并整合有内在联系的一类习题，强化比较分析，明晰教学方向，拓展探究空间，提高练习质量。

（一）归并整合

表5-1　认识小数的教材习题归并整合

例题	儿童生活经历	旧知链接	数学方法	数学思想	领域载体
例1－例2：小数的含义和读写 ① 桌面长5分米，宽4分米。 5分米是几分之几米？4分米呢？ 5分米是$\frac{5}{10}$米，4分米是$\frac{4}{10}$米。 $\frac{5}{10}$米还可以写成0.5米。0.5读作零点五。 $\frac{4}{10}$米还可以写成0.4米。0.4读作零点四。 你能在下面的直条中涂上不同的颜色分别表示0.5米和0.4米吗？ 1 m ② 1元2角　3元5角 圆珠笔和笔记本的价格各是几元多？用元表示各是多少元？ 1元2角是1元多，3元5角是3元多。 2角是$\frac{2}{10}$元，还可以写成0.2元，1元2角是…… 1元2角还可以写成1.2元。1.2读作一点二。 3元5角还可以写成3.5元。3.5读作三点五。	量长度、买东西的经历，见过不是整元数等的表达	分数的初步认识	自主探究、动手操作、合作学习	数形结合转化思想	1.通过量物体建立分数和整数部分是0的小数之间的练习； 2.通过计算商品价格建立分数与整数部分不是0的一位小数的关系； 3.认识小数及各部分的名称
例3：小数的大小比较 雪糕0.8元　冰糕0.6元　冰砖1.5元　蛋筒2.2元 雪糕和冰糕，哪个贵一些？ 0.8 ○ 0.6 0.8元是8角，0.6元是6角，8角大于6角…… $0.8=\frac{8}{10}$，$0.6=\frac{6}{10}$，$\frac{8}{10}>\frac{6}{10}$…… 先在右边的正方形中分别涂色表示0.8和0.6，再比一比。 0.8 ○ 0.6	买东西的经历以及对大小、多少的比较	万以内数的大小比较分数的大小比较	观察、比较、抽象	数形结合比较思想转化思想：将小数转化成分数比较大小	情境导入，自主购买情境中的商品，引发哪个贵一些的问题； 讨论交流整数部分是0和不是0的大小比较； 归纳出：先比较整数部分，整数部分大的小数比较大；整数部分相同时，就比较小数部分
例4：简单的小数加减法 ④ 价目表　馒头0.5元　豆浆0.7元　馄饨2.8元　面条3.4元 (1) 买1个馒头和1杯豆浆一共要多少元？ 0.5 + 0.7 = ____(　) 5角加7角是1元2角，也就是1.2元。 可以用竖式计算。 元 角 0.5 +0.7 1.2 答：一共要____元。 (2) 1碗面条比1碗馄饨贵多少元？ 3.4 − 2.8 = ____(　) 3.4 −2.8 你会用竖式计算吗？ 答：1碗面条比1碗馄饨贵____元。	日常生活计算的经验	两三位数的加减法的笔算认识小数	自主学习、讨论交流、分享展示	类比思想：小数的加减法和整数加减法是一样的。	观察情境图，了解食品价格； 提出加法或减法的问题，并列式解答； 思考探索竖式计算的方法与整数是一样的

上表是这一单元的例题整合分析。从上表可以看出，本单元含有4个例题。本单元的知识点不多，结合学生已有的知识经验和生活经验，一位小数的读法、写法对学生来说没有难度，小数的大小比较，是基于学生对小数的意义的理解，并迁移整数的比较方法。

（二）结构对比

上述教材例1、例2后的“想想做做”第1题中和第3题（如图5-1）都是借助直观“工具”理解十进分数和小数的关系。但也有不同之处，第1题借助具体的“量”直观认识小数的现实含义，第3题借助面积模型把“量”抽象成“数”来认识小数，直观理解小数与十进分数的关系，把握一位小数的意义。面积模型是学生具象思维走向抽象思维的有效桥梁，十等分的面积模型能很好地体现小数是特殊的十进分数这一本质。

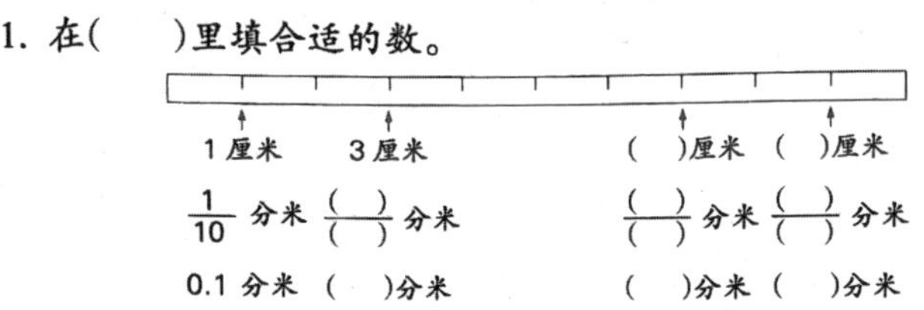

3. 看图先写出分数，再写出小数。

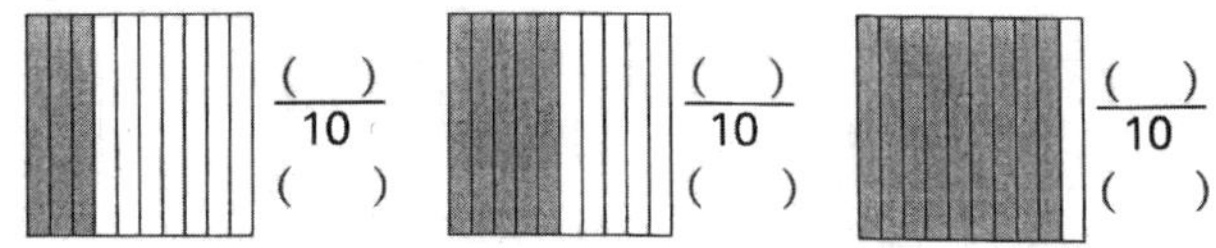

图5-1　教材习题（第1题和第3题）

想想做做中的第2题和第5题借助价格情境进一步理解与应用小数。第2题中主要考查学生将元、角进行转化，但是第5题中明显更加开放，需要孩子有实际的生活体验，了解不同的商品价格是什么，可能出现哪些小数。学生在一年级“元、角、分”单元，对用小数表示商品价格已有了初步的感知和认读，本节课将数学与生活整合，从人民币的换算来深化小数的含义，学生是比较容易接受的。同时，在对小数有了认识后，学生带着对小数的认识再去解读生活中的价格，此时的理解会更加深刻。

2. 在(　　)里填小数，再读一读。

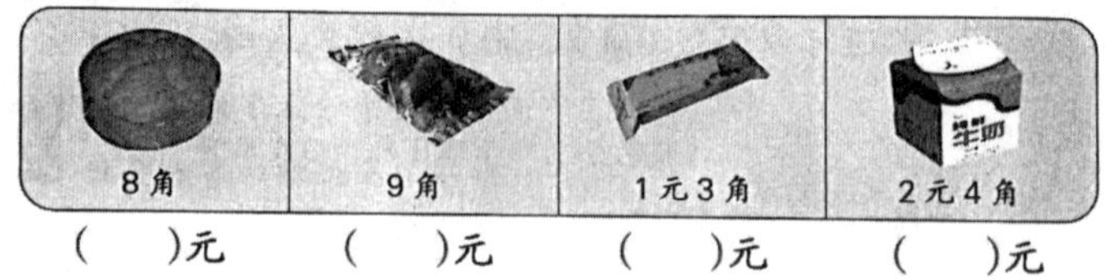

(　　)元　　(　　)元　　(　　)元　　(　　)元

5. 到商店去了解一些商品的价格，试着用小数表示，再和同学交流。

商　品				
价　格	(　　)元	(　　)元	(　　)元	(　　)元

图5-2　教材习题（第2题和第5题）

二、认识小数的例题习题重构

（一）习题重构的背景与意义

教材中的习题，都是经过多维考量和多元论证而有机编排的，承载着不同的“使命”，但教材存在一定的局限性，如因考虑普适性，而忽视特殊性及学生的个性；因具有一定的稳定性，而影响了时代性。这就需要我们教师深入挖掘，在理解的基础上，根据本班学生实际情况做好必要的重构。

课后练习的多维重构，应力求以教材为依据，以学生实际为出发点，以学生可接受性为尺度。体现“实”，重视“用”，突出“活”，要有“度”。通过课后练习的科学重组，让单一、枯燥的练习别有乐趣，充分开拓、发挥学生思维的积极性。引导学生从不同角度来重新审视题目，学会系统思考，有利于学生形成知识体系，培养创新能力。课堂中，对练习的合理利用可以显著地提高课堂教学效率，一题多用、一题多做在操作层面保证了课堂教学内容有效落实的同时，减少了习题的重复练习，还能达到减负增效的目的。

（二）教材习题重构例谈

1.案例呈现

【原题1】

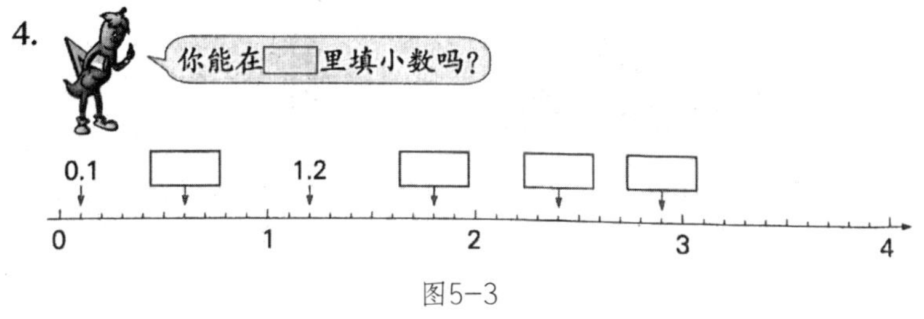

图5-3

在教学过程中，活用教材上的练习题，挖掘习题的最大价值。如“想想做做”第4题，教材上是呈现一条数轴，数轴上标出0、1、2、3、4这五个自然数，每两个自然数之间平均分成10份，然后要求学生写出数轴上的一些小数，如0.5、1.8等。学生若只完成这些小数的填写过程是很容易的，但是却不能体会到数与数之间“密”的关系。

【创新设计】

在这一道题的基础上可以进一步提问学生在数轴上还能看到哪些数，还能看到哪些小数，3.4和3.5这一段能否继续平均分成10份，会产生新的小数吗等等。或者不直接出示平均分好的数轴，而是让学生找整数，找一位小数，找两位小数……在这样找数的过程中，数轴被分得越来越细，从而体会到任何两个相邻的数之间都存在着数，而且可以永无止境地找下去。在这样的过程中，学生可以感受到小数的稠密性。

【原题2】

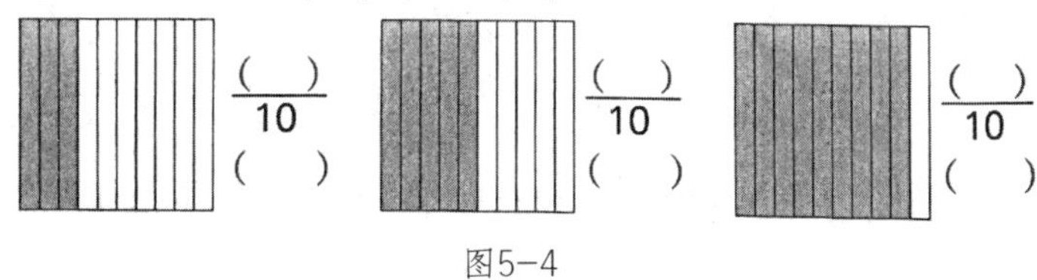

图5-4

分数、小数所表示的应是每幅图中的涂色部分。要注意让学生适当说明思考过程，突出描述“把一个图形平均分成10份，这样的几份是十分之几，也就是零点几”的思维渐进过程。

【创新设计】

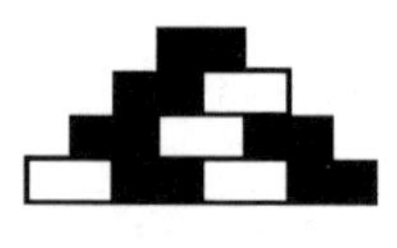

分数：（　　）
小数：（　　）

分数：（　　）
小数：（　　）

图5-5

第一幅图还是将整体平均分成了10份，黑色涂色部分表示其中的6份，十分之几还可以写成零点几，与书上习题不一样的是，这不再是规则图形，而是一个堆叠的不规则图形，与现实生活联系紧密。第二幅图与原来习题不同的是，不再是平均分成了10份，而是5份，可以让学生在中间再添上一条线，就会发现题目中的图案就变成了10份，黑色部分占了其中的2份，这样的设计能充分考查学生是否能真正理解小数中的“十分”。

2.策略分析

小学数学结构化学习，是基于数学学科的整体系统性、结构关联性的本质特征，展示学生数学学习的自然样态的学习过程，即从结构化数学知识本身出发，通过结构化学习活动，达到数学学科核心素养目标要求。基于小学数学结构化学习的特点，我们需要合适的评价方式与评价作业设计来测评学生在学习过程中知识技能、思想方法是否习得，发现和提出问题、分析和解决问题的能力是否得到提升，数学核心素养是否得到一定的发展。

（1）设计综合练习，引导学生运用知识，深化理解

知识之间是相互联系，构成体系的，评价练习的设计可以以学生的兴趣为切入点，兼顾知识之间的联系，配合教学任务设计一些综合练习，通过综合类习题将不同的知识点串联起来。由于不同的学生对不同知识点的掌握程度不同，教师如果仅将注意力放在学生普遍表现出的弱项上，则不利于学生能力的培养，应通过强弱结合，更好地帮助学生加深对知识的理解，引导学生学会运用知识。

（2）设计梯度练习，锻炼学生的逻辑思维能力

结构化思维是认知发生发展过程的层级性和系统性思维，具体可以分

析直观思维、程序思维、抽象思维和形式思维。有梯度的练习设计更易于发展学生结构化思维，学生掌握基本知识与技能后，梯度练习可以使学生经历由易到难的进阶过程，通过进阶练习提高抽象思维能力、推理能力等。

（3）设计开放性习题，培养学生的探究能力

学生思维发展的高级阶段是形式思维，即学生能够将建构的数学概念的模型结构，回顾到现实生活中进行实践和应用。教师可以通过设计开放性习题培养学生的探究能力和解决问题能力。对学生而言，数学课程的魅力在于可以通过自主学习不断挖掘新的知识，教师如果一味地将习题框定在某一特定范围内，会导致学生失去探索的兴趣。很多数学问题有多种解题方法，在课堂中，教师可以重点讲解其中一种，让学生在课后去探索其他解决方法。需要注意的是，开放性习题并非天马行空，而是教师基于课本的基础知识，为学生设计的开放类问题。

3.评价要点

（1）设置变化情境，促进迁移应用

学习情境的创设，可以激发学生学习的好奇心和求知欲，帮助学生经历知识形成的过程，提升分析和解决问题的能力。但单一的情境不利于学生突破现有的知识框架，提升迁移应用的能力，激发思维的活力，而变化的情境创设可以将枯燥、抽象的数学知识变得丰富多彩，从而让学生在观察、分析、类比、猜想和进一步探究总结的过程中完善认知，提升思维能力，培养创新意识。“数的认识”最终指向于生活应用，因此，在设置变化情境的时候也要注重贴近学生生活经验，贴近学生的思维，为学生创建灵动的场所供其自然应用生长。通过“变”打破学生的思维定式，通过“变”开阔学生的视角视野，通过“变”克服学生的畏难心理，从而达到触类旁通的效果，提升灵活迁移应用的能力。

（2）多元方法表达，打破融通融合

小数与分数、整数有着十分密切的联系，尤其小数和整数之间保持了计数方法的一致性。如何实现数系结构的统一，帮助学生深度理解小数

与整数、分数之间的联系，多元的方法引导和抽象表达显得尤为重要。这当中，“数形结合”是必要条件，课例中借助正方形图、正方体图、计数器等半抽象的评价题以及数轴这样抽象的评价题，能够促进学生综合迁移应用，进阶思维品质，逐步发展观察、比较、理解、应用、想象的综合能力。同时，也能够打破知识之间的界限，实现小数与整数的融通融合，实现知识体系的上下贯通，完整数系结构的发展。

（3）回顾自我认知，实现创新创造

教学中，教师引导孩子进行自我回顾与反思，是通过“评价”不同层面的育人要求，回来引导学生再认识去实现的。教师引导学生“回头看”，站在更高的角度重新回头审视例题，在完善自我认知的同时也要进一步实现拓展突破。课堂的末尾设置开放性问题评价，例如：“今天又认识了新的小数，你有什么发现？还有什么问题？”类似开放性问题评价的抛出能够为学生打开“多扇窗户”，激发学生问题再生，学生在自我反思和完善认知的同时，也激发积极的学习热情，实现创新创造。

基于跨领域跨学科综合问题解决

一、认识小数的跨领域整体关联结构与应用

（一）不同领域“小数”知识的关联

《2022年版数学课程标准》指出：“义务教育阶段数学课程内容由数与代数、图形与几何、统计与概率、综合与实践四个学习领域组成。”认识小数的内容隶属于数与代数的内容。结合结构化学习整体意义关联的理念，对“认识小数”结构化学习课堂的实施过程开展跨领域学习评价应该把小数的知识与其他三个领域融合融通起来，并与结构化学习的三个阶段学习特征相匹配，设计出可促进师生反思及调节教与学精度的学评任务。

具体可以从各阶段的测评目标、测评题设计思路及测评题样例等角度展开思考。

表5–2 认识小数的跨领域学习评价

<table>
<tr><th>教学环节</th><th>测评目标</th><th>测评题设计思路</th><th>测评题样例</th></tr>
<tr><td>连续</td><td>反映新知与学生的已有生活经验及学习经验自然连接的方式、状态与程度，并通过学生的表现，反馈学习的发生点</td><td>找准学生已有生活及学习经验与新知的连接点，在数形结合、量感调用等方面进行设计；
可以充分暴露出学生已有经验中的认知偏差；
能兼顾不同层次、不同表征喜好的学生，反映出学生的真实水平</td><td>1. 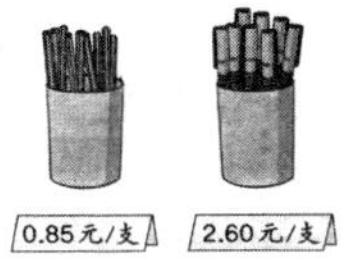
0.85元/支　2.60元/支
学生手中有人民币学具：5张1元、2张5角、5张1角、10张1分，买两种笔各一支，可以分别怎样付钱？（跨综合与实践领域）
2.如果用一个正方形表示1元，用你喜欢的方式表示出0.1元
1元</td></tr>
<tr><td>关联</td><td>考查学生能够从几种不同的角度理解、解释、表征小数。反馈学生对小数知识的掌握、转换和迁移状况，以及自主建构的程度</td><td>提供的素材丰富且有一定的层次递进，有助于学生梳理出清晰的、完整的、具有生长性的知识结构；
注重思与做的结合，调动学生多种感官协调运作</td><td>1.（1） 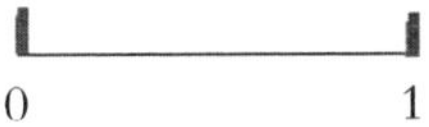
0　1
线段中你能找到0.1吗？还能找到零点几呢？在图中标一标
（2） 
0　2
在这条线段中，0.1在哪里呢？
（3） 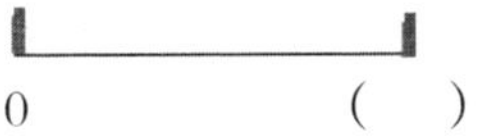
0　（　）
（　）里还可以填几？这时0.1又在哪里？（跨图形与几何领域）
2.在数轴中你知道这个点表示多少吗？ 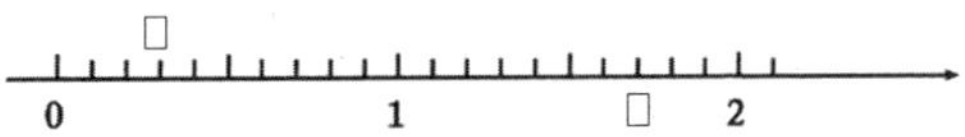
□
0　1　□　2
（跨图形与几何领域）
3. 我国正常儿童9～10岁的身高标准如下表：
<table><tr><th></th><th>男</th><th>女</th></tr><tr><td>9岁</td><td>126.5～137.8 cm</td><td>125.7～138.7 cm</td></tr><tr><td>10岁</td><td>131.4～143.6 cm</td><td>131.5～145.1 cm</td></tr></table>你看得懂这张表吗？能选其中一个小数，用至少两种方式解释一下它表示什么意思吗？（为学生提供的学材可以包括：卷尺、1米长及1分米长的纸条若干、十等分的正方形纸若干）（跨统计与概率领域）</td></tr>
</table>

教学环节	测评目标	测评题设计思路	测评题样例
循环	反馈学生是否建立起较为全面的认知结构，促进学生的自我反思、质疑问难的学习态度及学习能力	测评内容丰富、形式灵活，能促进学生回顾总结，并从中得到启发，产生新的认识、见解及创意，让学生对本课的知识结构、思维结构形成趋于完善； 能通过适宜的方式让学生产生深一层次的认知冲突，鼓励学生质疑，使本课的知识结构得以延展	1.（1）正方形表示1，请在下图中涂出0.3 （2）如果这个正方形表示1元，涂色部分表示多少钱？ 如果这个正方形表示1角，涂色部分又表示多少？ （3）你还能加上什么单位名称吗？你能解释这个数量是什么意思吗？ （4）加上什么单位名称，会让你对这个数量有些疑惑、不太明白呢？也请你写一写 （跨图形与几何领域、综合与实践领域）

结构化学习课堂实施过程评价指标按连续、关联、循环三项进行考察实施的过程与效果，以促进教师理解结构化教学的特征，自觉实施结构化教学，通过结构化的教学真正实现学生结构化的学习。

1.情境连续

连续，就是对接学生的知识经验和原有认知基础，开展知识的研究和建构。连续又可以分为经验连续、元素连续和目标连续。

（1）经验连续

评价内容：能找准学生的小数生活经验和学习经验的连接点，精选与学生的学习连接点密切联系的学习内容；学习内容能兼顾不同层次学生，使全体学生参与。

学习“认识小数”前，学生已学习了整数的意义、读写以及大小比较等知识，掌握了十进制计数法，三年级上下册学习了“分数”，为学生理解一位小数打下基础。学生在生活中还接触到大量与小数有关的现象，如以“元”做单位的小数所表示的金额，以“米”做单位的小数所表示的长度，所有这些都构成了学生学习小数意义和有关知识的特定的经验世界。数起源于数，整数、小数、分数都是这样，十进制计数是小数的本质。

（2）元素连续

评价内容：基于学生已有知识与经验，围绕数学的核心内容展开，有针对性地进行顶层理解、分析、把握与设计，使学生切实理解所学内容；在教师的引导下，学生能通过自主探索、小组合作交流等方式，围绕问题的核心主题而展开，进而促进学生深入而有意义地学习，探寻知识内、知识间的结构，实现知识结构与认知结构的有机联结。

元素是自然界中一切实在物体最简单的组成部分。结构学习元素不仅包括学习内容被分解成的各个基本要素，也包括知识点背后的数学思想、数学方法、核心素养等。“认识小数”的元素主要有认识、理解、读写、十分、十进制等。经历一位小数的再造与理解，在自主与合作学习中发现小数的知识元素及其内在的关联，自主建构起小数的结构模样，在不断的问题冲突中，发展数学学习的思维能力。

（3）目标连续

评价内容：目标内容明确具体，能够体现结构的整体性，体现出数学知识的习得、数学思想方法的渗透与数学基本活动经验的积累以及情感态度价值观的培养；目标有弹性，能面向全体，尊重学生差异，促进学生的差异学习，使不同层次学生在实现基本目标的同时获得全面发展。

学习目标要能体现出过程、能力、方法、态度等多方面的生长性，有弹性生成的空间，有圆融相通的过程。

2.结构关联

结构化学习过程中的关联就是把单课时知识内容与同单元其他课时内容、同领域其他单元内容、同学科其他领域内容以及学科外世界联系起来，形成完整的结构，促进学生认知结构的不断完善，达成单元整体教学，包括内容关联、活动关联、方法关联。

（1）内容关联

评价内容：创设的情境真实、开放、融通、和谐，有利于学生独立思考，让学生经历存疑、析疑、解疑、质疑的全过程；设计的问题能由点发散，有层次递进，促进学生进行结构化的学习探究；提供的素材有助于学生梳理出清晰的知识结构，实现点、线、面、体的多向关联。

学习内容的关联至少包括与旧知的关联、与素材的关联、一节课中所学知识间的关联以及与后续知识的关联。“认识小数”学习内容的关联，重要的是把整数“1”“十分”，得到的分母是10的分数，即零点几；在数小数的过程中，感受小数中的十进制。再将整数、分数、小数有机地、整体地关联起来，使每类数不是分散的、割裂的，而是成为一个整体、一个数的系统来对待。相邻小数计数单位与整数是相同的都是十这一本质内容。

（2）活动关联

评价内容：组织的活动围绕学生认知结构和知识结构逻辑展开，注重做与思的结合，调动学生多种感官协调运作，能帮助学生提高对知识的掌握、转换和迁移，促进自主建构；尊重学生的差异，给学生留有足够的空间与时间，使每一位学生都能真正地投入学习、深度学习，思维共振、感受共鸣；鼓励组内交流、组织际交流，互助探究，共同提高，进而实现学习整体效率的提高。

从认知的层面看，数学活动主要包含如下几方面：数学的实验操作活动、算法规则的操作练习活动、数学交流活动等，这些活动都指向学生的数学思维活动这一本质活动，促进学生思维的发展与能力的提高。

（3）方法关联

评价内容：能采用逻辑推理、表象抽象、符号模型等方法引导学生在知识探寻与自我创造的学习过程之中，沟通新旧知识间的联系；能够敏锐觉察到学生在课堂中的情感状态、情感变化。对学生不同回答做出反应、梳理和引导，培养学生由“点”及“网”的“织网”能力，为下一步学习作好资源准备。

3.价值循环

知识的学习是串联起来的，某一知识的学习与掌握既是一个阶段的终点，也是下一个阶段学习的起点，学习就应该是运用经验去探索、发现新知识的循环往复的过程。同时，学生的认知结构完善也是经历认知冲突的动态平衡来实现的。循环包括知识本身的循环、学生认识的循环以及由知识学习生发的情感的循环、价值的循环。

（1）练习循环

评价内容：提供层次分明、结构联结的习题，在组织练习中引导学生内化知识，巩固结构；练习要求明确、内容丰富、形式灵活，能组织有效的展示与交流，学生有新的认识、见解和新的创意形成，开拓延展结构。

练习是把知识转化为能力的途径，为下一层次学习做好准备。前后连贯、环环相扣的练习对优化课堂教学过程、提高课堂教学效率、拓展学生思维空间起着重要的作用，有助于学生再次构造知识模型，强化认识，形成严密紧凑、和谐完整的认知结构。

（2）总结提升

评价内容：对学习过程和学习内容进行有重点和针对性的回顾、概括，形成过程结构与内容结构；对学习方法注意提炼，突出自内而外、自下而上的自主生长性，形成方法结构；对学习过程进行评价，突出学习中学生表现的主动性及思维的灵活性、开放性和创造性。

结构化学习提倡根据知识的内在联系或者外部相似性特征对知识进行归类，使知识条理化、组块化。回顾整理的功能主要是让学生通过观察和思考找出各部分内容之间的关系或者蕴藏的规律，以达到完善认知结构的目的。

（3）活动延伸

评价内容：能鼓励学生质疑，针对学习内容提出新问题并进行资源整合，根据学习要求进行后续活动的延伸。

结构化学习重视学生对知识学习的自然延伸，在自然而然的知识应用中，激起学生的问题再生，有序创造知识结构。“认识小数”活动延伸中介绍了小数的来历，注重文化的渗透。让学生将本节课学到的知识或想到的知识画出来，有序创造知识结构。

（二）促进“小数”知识联系的发生

小数的产生源于生活应用，它简洁、方便。同时它也是十进制分数，与十进制计数紧密相连，是由整数扩展的必然结果。本课通过“制造小数”的具体情境（如0.1元、0.1米），选择贴近儿童生长经历的经验环境，遵循学生的认知规律，关注学生的学习需求，体会知识产生及学习价值。

认识小数，难点在于小数不是分数，但源于分数，是“十进制”数系的发展，它是向越来越小的方向等分的，从而连接了整数并扩展了数的体系。

这里，继承与发扬中国传统的工具思维，充分运用工具技术促进人与知识一体化的互动关联、积极引领，工具性引领促进在新情境中“知识—人—新知识”的应用循环，促进儿童自主经历小数意义学习的知识类化和思维的内化，自觉体验相邻整数与小数及十进分数的十进联系，为小数意义建构找到恰当的支持，从而更深刻地理解了十进制的思想方法以及意义、价值。

二、认识小数的跨学科整体关联结构与应用

（一）跨学科视角下的认识小数

跨学科是以真实情境中的问题探索或解决为指向，对所涉及的不同学科知识和方法进行整合。跨学科的着眼点不是两学科或多学科知识内容的简单融合，而是多学科思维下思想和方法的整合，利用跨学科思维达到解决问题的目的。跨学科课程整合很好地解决了各学科课程之间的割裂和对立问题，逐渐弱化了学科边界，而且通过不同学科知识的互动能更好地促进师生合作，充分发挥不同学科综合育人的功效。

小数源于劳动人民生产实践中的测量，产生后给人们的生活计数带来

便利，日常生活中的购物、测量，体育比赛中的计时、计分都会用到。教学中可以结合以上思考去确定跨学科课程内容与学习活动，具体见表5–3。

表5–3 跨学科视角下的认识小数

课程内容	学生经历真实的测量实践活动，在测量中发现不能精准表示测量结果的问题，接着想办法解决问题，经历细分的过程，感受小数的产生、理解小数的含义	找一找生活中的小数，解释实际生活中的小数的意义，如体育赛事计时、计分中所用小数的必要性	阅读小数产生的相关资料，说说自己的理解；写写自己眼中的小数
涉及学科	数学、综合实践	数学、体育	数学、语文

（二）跨学科视角下认识小数目标定位

教材根据自身的体系已经为我们划分好每一课时的知识和自然单元的知识。大单元知识也称单元整体知识，它不是传统书本意义上的自然单元，而是具有统整意义的一类知识。这里的大单元知识可能是跨领域的知识，可能是跨学科的知识，也可能是跨学段的知识，它是根据知识的逻辑关系和内在结构确定的学习单元知识。

在跨学科的教学中，教师一般会遵循学生的认知发展结构或知识发展结构进行教学，这两个维度在同一知识体系中是相互融通的。从学生认知结构发展过程来看，小数的意义思维发展结构可以从四个方面来分析。①直观思维。学生最初接触的“数”是通过数物体的数量“数”出来的，建立了十进制计数法。②程序思维。在度量的过程中，出现没有办法用自然数来表示结果，从而产生用一种“新数”表达的需求，在这个过程中学生初次将数系扩张到分数、小数，数形结合理解零点几的实质。③抽象思维。均分的过程与分数建立关联，形成“量”与“数”的关联。④形式思维。学生将数系扩展到小数后，能够从多角度理解小数的意义，能够通过迁移类推用小数解释日常生活中的一些现象，在多元表征中循环建构小数的意义。

基于认知关联的学习与思考

一、学生对认识小数学习的研究

（一）小数的结构化学习材料作品分析

小数是比较抽象的数概念，学生对小数的理解也是由表及里、由具象到抽象，因此一般会先选择学生熟悉的学习材料帮助学生对小数进行初步认识，而后选择相对抽象的材料帮助学生深入理解小数，沟通小数与整数、分数之间的联系（如图5–6）。

任务1：你知道0.3表示什么意思吗？

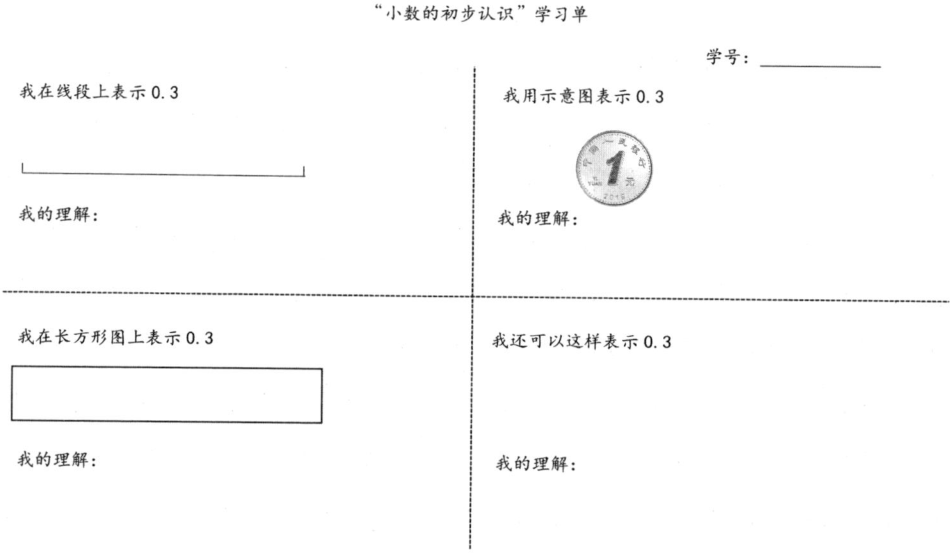

"小数的初步认识"学习单

学号：________

我在线段上表示0.3 我的理解：	我用示意图表示0.3 我的理解：
我在长方形图上表示0.3 我的理解：	我还可以这样表示0.3 我的理解：

图5–6

要求：①选择1–2个学材表示0.3的意思；②尝试用语言描述你对这个小数的认识。

学生作品：

①在1米长的线段上表示0.3。

作品1：直接在大概位置点上点，为0.3。

作品2：

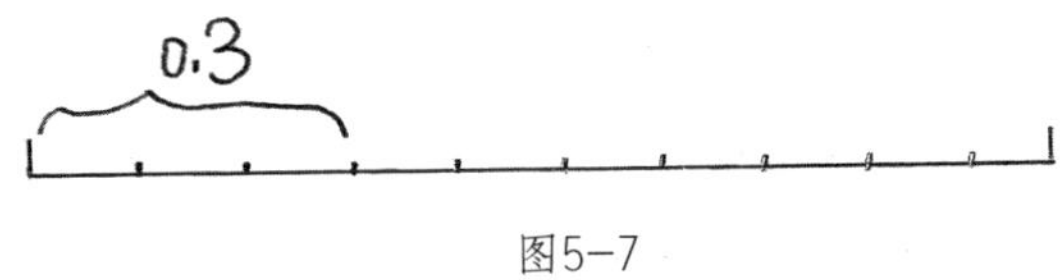

图5-7

生：把1米平均分成10份，取其中的3份就是0.3米。

②在1元示意图上表示0.3。

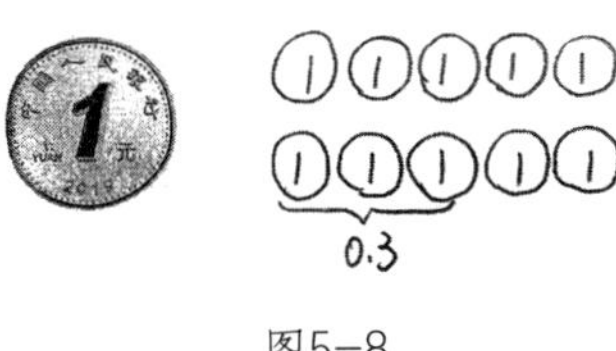

图5-8

生：1元是10角，其中的3角，就是0.3元。

生：把1元平均分成10份，取其中的3份，就是0.3元。

③在长方形上表示0.3。

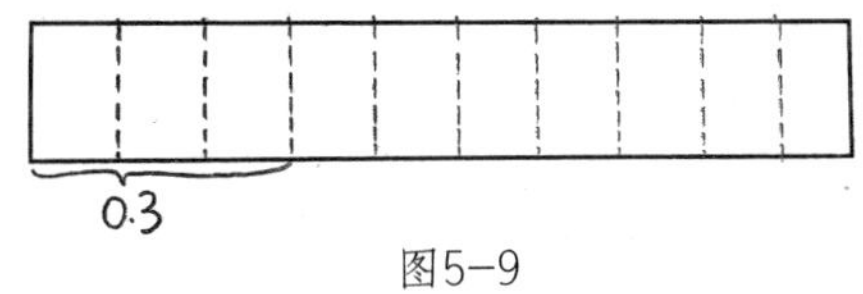

图5-9

生：把长方形平均分成10份，取其中的3份，就是0.3。

④学生自己创造学习材料表示0.3。

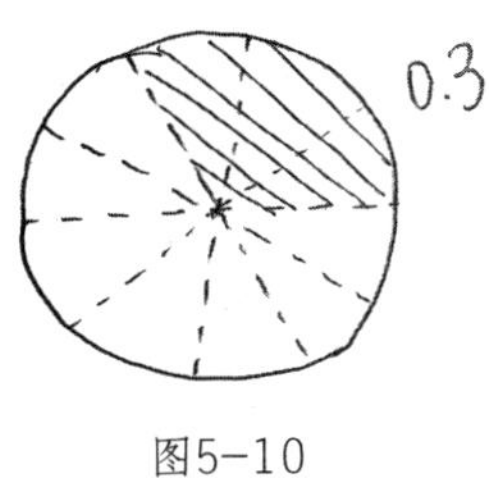

图5-10

生：把圆形平均分成10份，取其中的3份，就是0.3。

师：还可以在其它材料上表示出0.3吗？

生：可以分一分西瓜，把一个西瓜平均分成10份，取其中的3份，就是0.3。

生：还可以分一分正方形，把一个正方形平均分成10份，取其中的3

份，就是0.3。

师：为什么都可以表示0.3？

生：都是平均分成10份，取其中的3份。

师：这句话熟悉吗？

生：分数里就这么说，把一个物体平均分成10份，取其中的3份，就是$\frac{3}{10}$。

（师板书：$\frac{3}{10}$=0.3）

在上述学习中，教师首先提供的就是1米、1元的学习材料，接着抽象到图形。大部分学生能借助已有经验说出对0.3的想法，有些学生能凭感觉大概表示出0.3米，能知道3角就是0.3元。有些学生可以将1米长的线段平均分成10份，取其中的3份，表示0.3；或者将1元换成10角，相当于把1元平均分成10份，其中的3份就是0.3元。还有些学生能把抽象的长方形平均分成3份，取其中的3份，表示出0.3；极少的学生可以自己创造学材表示0.3。

（二）学生经历的学习小数一般过程分析

学生在以上学习材料的支持与帮助下进行学习的过程也是学生数学思维层级发展的过程。学生经历知识的连续、关联与循环的过程，不断加深对小数内容的认识与理解。与此同时，学生的直观思维、程序思维、抽象思维、形式思维也将得到不断发展（如图5-11）。

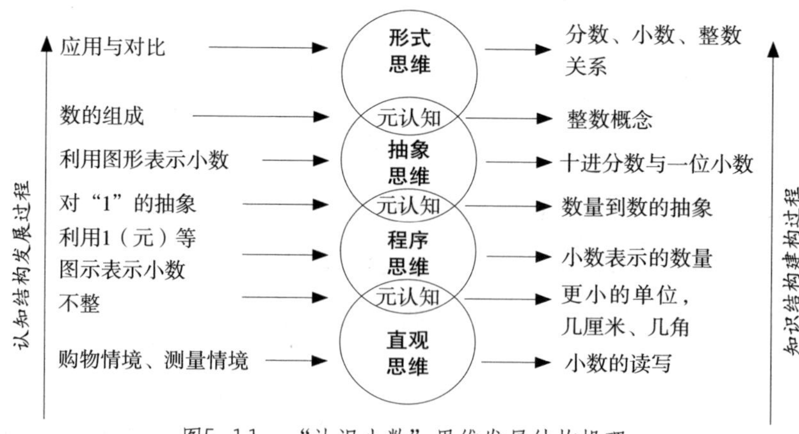

图5-11 “认识小数”思维发展结构机理

学生在进行正式的小数学习之前对小数是有一定生活经验的，购物活动中的价格、身高测量中的高度等都是学生比较熟悉的现实情境，因此在学习的开始学生通过调动已有生活经验，再进行简单的交流与互助，已经可以完成对小数读写内容的学习。在教学中教师往往可以先创设现实情境，再引入新知识的学习，在这样循序渐进的过程中，学生的直观思维也将得到发展。

在认识小数的关联环节，对小数表示的意义的理解是学生学习的关键内容。通过学习学生要能有两方面的感受：一是小数与十进分数之间的关系，二是小数与整数之间的十进制关系。学生要对这样抽象的、形式化的内容真正地理解，需要经历由具体到一般的抽象过程。

在小数的初步认识过程中，学生首先可以利用人民币、米尺对0.1元（米）这样的数量进行表征。0.1元是1角，1角是1元的$\frac{1}{10}$，所以0.1元是1元的$\frac{1}{10}$。同样，0.1米是1分米，1分米是1米的$\frac{1}{10}$，所以0.1米是1米的$\frac{1}{10}$。在对小数表示的数量有一定的理解后，再利用抽象的图形对0.1进行表征，从而抽象出：只要把“1”平均分成10份，其中的几份，就是零点几。学生从中感悟到一位小数和十进分数间的关系。在这样的学习过程中，学生的程序思维、抽象思维也在慢慢发展。

学生对小数和整数关系的感悟，既可以在计数器上表示小数加以理解，也可以借助计数单位的累积加以感悟。在计数器上表示小数，计数器上只有整数部分的计数单位（个、十、百等等），有的学生在个位上画1颗珠子，其他学生给予否定；有的学生结合上面平均分成10份的表征经验，将个位上的1颗珠子分成10份，其中1份涂上颜色，这样的理解是正确的，但是做法却不够妥当；还有学生在个位的右面创造了一个新的位置，并在上面画上1颗珠子，表示0.1。这样一来，学生认识到原本所学的整数计数单位、数位正在向小数方向拓展。借助计数单位的累加和数的组成，2个0.1是0.2，3个0.1是0.3……10个0.1是1。同样学生也能慢慢体悟小数与整数间的关系。如此，学生的思维也将进一步走向形式化阶段。

接下来循环阶段的评价练习也促使学生对认识小数的学习不断循环上升。评价练习主要包括小数的读写、看图写小数、单位换算中的小数、数轴上的小数等等。在基础练习与拓展练习中，学生对认识小数经历着再巩固和再提高的过程。

二、学生对认识小数思考的研究

（一）学生对小数的不同表征

表征是客观事物在头脑中的呈现方式，也是被加工的客体。同一事物其表征的方式不同，对它的加工也不同。不管是初步认识一位小数，还是深入探究小数意义，学生会根据自己的情况采用不同的表征方式表示小数，学生对小数不同形式的表征反映着学生不同程度的思考。以下主要对一位小数0.1及两位小数0.58学生的正确表征情况进行简要分析。

学生对0.1的表征

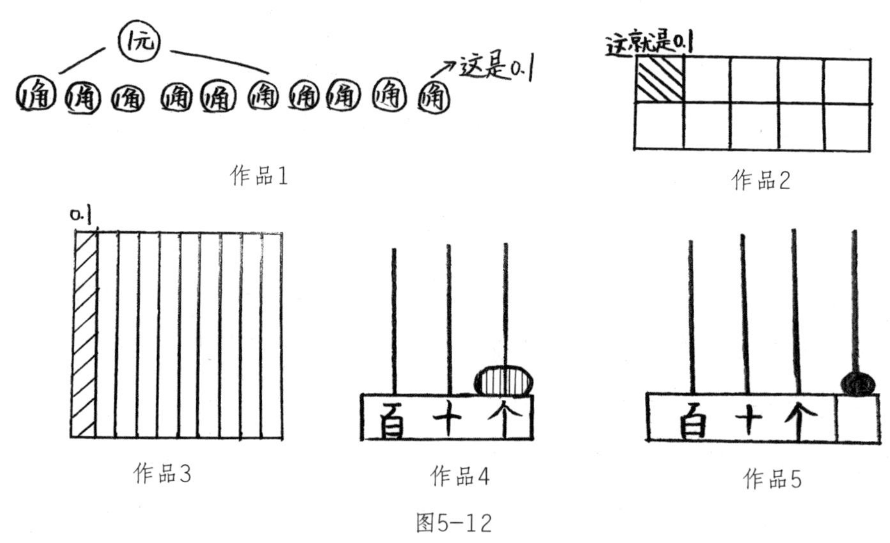

图5-12

作品1：很多学生借助实际生活和知识经验，找到元、角之间的关系，明确1元是10角，1角是1元的$\frac{1}{10}$，也就是0.1元。

借助在生活中使用货币的经验，以及对人民币单位的熟悉，更多的学生选择用实物表征，具体且好理解。

作品2-3：也有不少学生利用图形表征，将长方形或者正方形平均分成10份，其中的1份，是图形的$\frac{1}{10}$，也就是0.1。

与借助人民币单位表征相对比，借助图形表征已经抽象了不少。在利用图形表征前，学生头脑中已经有了“把1平均分成10份，取其中几份，就是零点几”的印象了。学生在对0.1有了正确的认识后，只要在此基础上，对0.1进行叠加，就会产生其他的一位小数。

作品4-5：在计数器上表示0.1，这是比较抽象的形式了，极少的学生能正确表示。有些学生结合情境表征和图形表征，抓住平均分成10份的本质后，想到作品4的方法，将个位上的一颗珠子（即1）平均分成10份，那其中的一份就是0.1了，这是在现有的“米”的情况下，做出的最好的“饭”了。有极个别的孩子提出，在整数学习中，我们是从个位起向左不断产生新数位，那现在可以从个位起向右去拓展新的数位，这个数位上的1颗珠子就表示0.1。

学生对0.58的表征

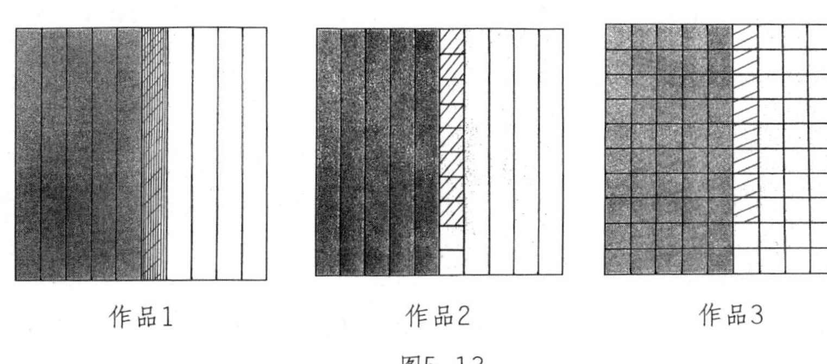

图5-13

学生在回顾并表征一位小数0.5的基础上画图表示0.58，有了将1平均分成10份，其中5份是0.5的活动经验，学生明确表示0.58比0.5多，又不到0.6，因此想到将0.1再平均分成10份，其中的8份和前面的0.5合起来就是0.58，如作品1-2，两者本质是一样的，只是在分的方向上不同，作品2的分法看起来更清晰。也有的学生想到将正方体平均分成100份，其中的58

份就是0.58，如作品3，这样的分法和两位小数表示百分之几的意义相吻合。在学生有了这些思考后，教师自然要引导学生发现这些分法之间的关系。在对比中学生发现它们在本质上是一致的，都是将1平均分成100份，其中的58份就是0.58。

（二）学生对小数、分数、整数关系的理解

在进行小数的初步认识时，不管是借助人民币单位或长度单位，还是借助图形认识零点几，学生在自主的表征活动后，都能自觉归纳出十分之几就可以用零点几表示，初步感受到一位小数和十分之几分数的关系。在进行小数意义学习时，学生在不断细分的过程中进一步认识到两位小数表示百分之几，三位小数表示千分之几……小数实质上是十进分数。至此，学生对小数和分数之间的关系有了比较明晰的认识。

学生对小数和整数关系的理解在学习小数的过程中不断完善。首先，学生在学习小数之前会有一些分东西的经验，当分出的结果不能用整数表示时，学生会想到用分数或者小数表示，比如1个正方形，平均分成两份，学生会想到用$\frac{1}{2}$或者0.5表示其中的一份。这个时候学生会有一种“小数不整”的感觉。其次，学生在举例生活中的小数时，会出现如23.1这样的小数，学生明确23是这个小数的整数部分，小数点后面的1是这个小数的小数部分，这样一看，小数和整数长得还是比较像的。最后，学生在对小数进行表征的过程中，发现表征出0.1后，接着往后数，2个0.1是0.2，3个0.1是0.3……10个0.1是1；同样，表征出0.01后，接着往下数，2个0.01是0.02，3个0.01是0.03……10个0.01是0.1……在这样的计数过程中，学生惊奇地发现：原来小数里也是满十进一，和整数一样。如果在进行小数的表征时使用计数器，学生对小数与整数一致性的感受会更加深刻。

数是对数量的抽象，数的概念本质上是一致的。学生在小数的学习中，特别是在用计数单位数出更多小数的时候，应该对此情此景非常熟悉，因为不管是整数还是分数，都是在这样的计数单位的不断叠加中产生了更多的数。

第六章　教学总结：经典片段分析

认识小数经典片段分析

一、经典片段

【片段一】无刻度米尺量黑板，发现量而有余。

师：这是一把尺，多长？

生：大约1米。

师：我用它量黑板，黑板的长大约是多少米？

生：2米。

师：（出示可拆卸的计数器，一根算杆插在个位）刚刚我们是用来量几米的，如果超过10米，（拿出新的算杆）可以代表10米吗？

生：插在个位的左边，十位上。

师：还能不能量更长的长度？

生：百位、千位……

师：刚刚我们用它量黑板的长大约是2米，能不能量黑板的宽呢？（师演示测量）黑板的宽有多长？

生1：一米多一点。

生2：大约一米二。

生3：一米一几。

（多余的部分用纸条量出并裁剪，贴在黑板上）

师：到底是一米多长呢？四人小组想办法，怎样使得结果更精确？

生1：把1米尺平均分成10份看，变成分米尺。

生2：还可以把它变成厘米尺量。

……

师：2分米用米做单位怎么表示呢？

生1：0.2米。

生2：也可以是$\frac{2}{10}$米。

【片段二】借助常见的计量单位，沟通小数与整数、分数的联系。

师：我们知道2分米=$\frac{2}{10}$米=0.2米，你能照这个说一说1分米吗？

生：1分米=$\frac{1}{10}$米=0.1米。

师：（换成5分米的纸条）你会照着说一说吗？

生：5分米=$\frac{5}{10}$米=0.5米。

……

师：这样下去还能写很多很多。请你想一想，我能不能把这个尺当成是1元呢？

生：可以。

师：为什么可以？

生：1米=10分米，1元=10角，把尺看成1元，1小格就是1角。

师：（指2分米纸条）我能把这个看成2角，那你能不能把2角说成用元做单位的数呢？

生：2角=$\frac{2}{10}$元=0.2元。

……

【片段三】借助计数器，感悟相邻小数数位与整数数位的联系。

师：（出示一个“数珠”）用它可以代替数东西吗？

生：可以。

师：（将数珠放在可拆卸计数器个位上）一串可以数几个？可以数11个吗？

生：只能数10个。

师（一颗黄色数珠放在十位上，一颗蓝色数珠放在个位上，如图6–1）这表示两个还是？

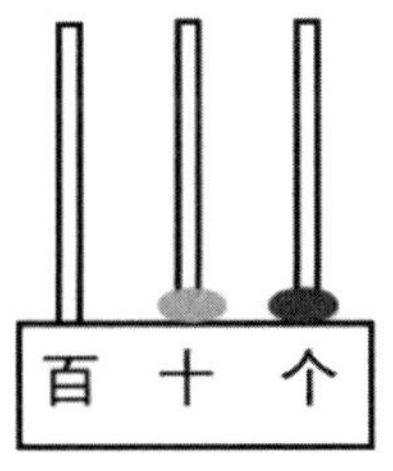

图6–1 计数器

生：11个，黄色珠子在十位上，表示10个。

师：尽管看见是1个珠子，但它表示10个，人们这样来计数就会比较方便了。

师：这是一个计数器，越往左边越大，不仅可以数1个，还可以数几十个，几百个，上千个……

师：（出示一个“算杆”）它可以表示0.1元吗？

生：可以。

师：我们可以数0.1元、0.2元、0.3元……可以数10个。

（算杆插入底座）

师：怎么才能帮我更清楚地看出它是0.1元呢？四人小组讨论一下。

生1：在下面写上小数。

生2：在柱子下面写上0.1。

生3：下面写上一位小数。

生4：在下面写上十分之几，再下一个写上一百分之几。

生5：写上十分位。

【片段四】顺势思维，从纯小数向带小数过渡。

师：我们知道$\frac{1}{10}$是0.1，$\frac{2}{10}$是0.2，$\frac{3}{10}$是0.3……$\frac{9}{10}$是0.9，（手指1米的地方）那这里表示？

生：1。

师：就等于1，这个1就是整数了。我们刚刚读$\frac{9}{10}$等于0.9，$\frac{10}{10}$等于1，都是这样读的吗？有没有其他读法的？

生1：等于“十点十”。

师；还有呢？

生2：等于“一点零”。

生3：等于“零点十”。

师：你看$\frac{1}{10}$等于0.1，$\frac{2}{10}$等于0.2，$\frac{9}{10}$等于0.9，$\frac{10}{10}$等于“零点十”，好像是对的？我们拿出刚刚的计数器来数一数。

（找到相应数位，一边拨珠一边数。）

师：我们一起数，一个0.1，两个0.1，三个0.1，四个0.1……九个0.1，十个0.1。

生：满十个要进位。

师：满十个往前进一个，那10个0.1就是1了，对不对？看来今天学习的小数还能和个位连在一起。

【片段五】循环练习，深化认识。

师：（出示平均分成10份后的正方形）说一说图中的小数。

生：（一边播放一边说）0.1、0.2、0.3、0.4……0.9、1。

师：（正方形涂满格）这个读1，不读“零点十”，还可以读成1.0。我们今天认识的都是一位小数，刚刚量黑板的宽1.2也是？

生：一位小数。

师：2.1叫不叫小数？20.1叫不叫小数？200.1叫不叫一位小数？

生：都叫。

师：2000.1叫不叫一位小数？

生：叫。

师：（出示正方形图，如图6–2）这个表示什么？

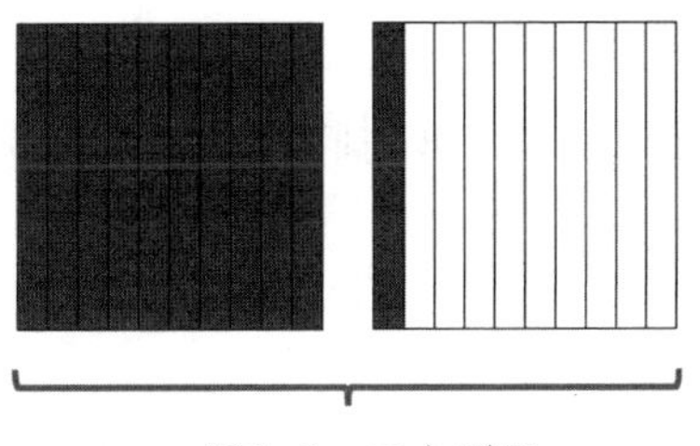

图6-2 正方形图

生：1.1，（再涂一格）1.2。

师：一个鸡蛋8角钱是几元？每个西瓜8元7角是多少元？

生：0.8元，8.7元。

师：怎么都是8？为什么一个是0.8，一个是8？

生：一个是8元，一个是8角，都是以元做单位的。

师：课桌的宽是5分米，是多少米？一部手机的宽是5厘米，是多少分米？

生：0.5米，0.5分米。

师：怎么都是0.5？同桌说说看。

生：它们单位之间的进率都是10。

师：（出示数轴，如图6-3）填分数和小数各是多少？

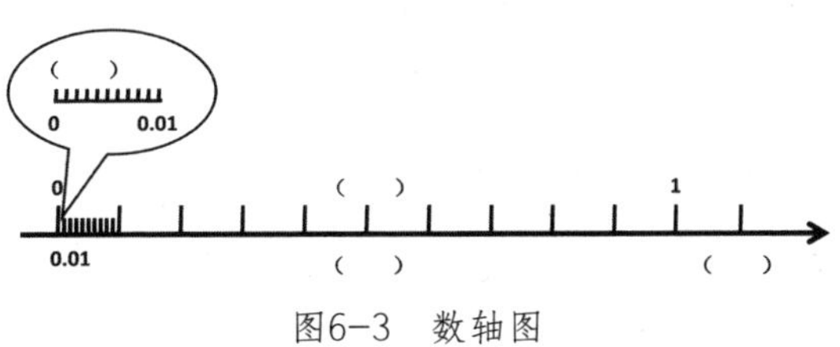

图6-3 数轴图

【片段六】鼓励质疑，活动延伸。

师：今天学习了一位小数后，你有没有什么问题要问？

生1：有没有两位小数？

生2：小数是谁发明的？

生3：小数是什么时间发明的？

生4：为什么要发明小数？

生5：最小的小数是什么？

师：这些问题有意思吧？可以排起来继续研究。小数是怎么来的？想不想知道？

（播放小数的发展史）

师：小数的发展很艰难。

二、经典片段分析

（一）主题一：课程内容结构化

问题1：小数是在认识自然数、分数的基础上数系的扩展，如何体现小数在数系发展中的必要性？

见片段一：无刻度米尺量黑板，发现量而有余。

解答：素养导向的数学教学活动提倡创设真实的教学情境，教师通过创设真实情境“用无刻度米尺测量黑板宽发现量而有余”，多余部分到底是多长呢？学生的回答从“大约一米多一点”到“一米二”再到“一米一几”，显然表达越来越趋向于精确，并逐渐显现出小数的雏形。然而“多余的部分”到底是多长，则需要更精确的表述方法，由于学生已经有了整数十进制和十进分数的认知基础以及小数相关生活经验，自然能够通过小组讨论想到等分用分数来精确地表示。然而分数更注重体现数量之间的关系，在生活中的实用性不强，小数在生活中更具有应用价值，因此小数的产生是数系扩展的必然。

问题2：小数是“十进制”表示数量的需要，小数的学习如何更好地沟通与整数和分数十进制的联系？

见片段二：借助常见的计量单位，沟通小数与整数、分数的联系。

解答：2022版新课标提及，真实情境创设可从社会生活、科学和学生已有数学经验等方面入手，围绕教学任务，选择贴近学生生活经验、符合学生年龄特点和认知加工特点的素材。这里教师基于学生生活经验以及分数和整数间紧密的意义关联，利用学生比较熟悉的“人民币”“长度单位”建构模型，学生很容易利用单位间的进率实现用

“米”和“元”做单位表示“几分米”“几角”，通过单位的变化，学生先想到等分用十进分数表示，进而联系生活经验想到了一位小数，实现一模多型，在意义理解的基础上很好地打通了一位小数与整数十进制以及十进分数之间的关联。学生学习抽象的概念离不开感性材料的支撑，选择恰当的情境素材，引导学生建立直观模型与抽象概念之间的意义联系，充分发挥几何直观的作用，有利于学生在多种样态表征中建构小数的概念，有效沟通小数与整数、十进分数之间的联系。

问题3：怎样突破教学难点，让学生更加顺畅地从纯小数过渡到认识带小数？

见片段四、五：给1米尺增长并用小数表示长度。

解答：教材例题在借助长度单位理解小数时，只提到了纯小数（即比1小的小数），这样会导致学生在理解一位小数含义的时候比较局限。教学时，在学生已经能够理解并说出“□分米=$\frac{\square}{10}$米=0.□米”的经验基础上，教师在1米尺的右边逐步加上1分米、3分米、5分米长度的尺，就着米尺的模型，借助几何直观，强调让学生直接用小数表示长度，层层递进。教师设计从0.1逐渐增加到0.8，再由0.8过渡到1.0、1.1、1.4、1.9的情境，基于学生的认知基础以及生活经验，借助几何直观自然而然地帮助学生实现了从纯小数到带小数的过渡，突破了教学难点，实现了思维进阶。教学中，教师应该更关注于学生的进步，关注学生已有的学业水平与提升空间，根据学生反馈的情况随时进行适当的教学调整，恰当地使用几何直观等相关数学思想方法助力学生突破教学难点。

问题4：如何借助计数器，更好地关联“整数和小数”十进制的联系，帮助学生感悟小数数位与整数数位的关系，实现数系的扩展？

见片段三：借助可拆拼计数器，感悟相邻小数数位与整数数位的联系。

解答：整数十进制计数法学生最为熟悉，满十进一，从右往左逐个

累积。在课堂开始，教师利用可拆卸的计数器，通过直观的“数珠”模型激活了学生已有的整数的位值计数原则，进而促进学生将整数计数法的经验迁移到小数计数系统当中。“十进制”是小数意义的核心，让学生经历把“1”“十等分”成10个“$\frac{1}{10}$（0.1）”这一细化的过程，感受小数是沿着另一个缩小方向的延伸，促进逆向思维以及极限思维的发展。再转移到计数器上，设问：怎样才能清楚地看出是0.1？让学生自主创造一位小数的数位名称，“小数位”“十分之一位”“十分之几位”……学生多元的回答都有其相应的道理，展现了小学生的好奇心和想象力，发展了创新意识。可拆卸计数器的使用更加清楚直观地沟通了小数和整数的十进制联系，最后将小数计数系统和整数合在一起构建完整的位值计数系统，实现数系的扩充，进一步发展学生的数感。

问题5：如何借助数轴学材，让学生脱离“量”，从“数”的角度感受到整数、分数和小数之间的联系与区别，并体会整体与部分的含义？

见片段五：填写数轴上对应点的分数或小数，促进思维进阶。

解答：在练习环节，教师用课件展示从0点开始逐渐变大形成数轴的动态过程，一方面使学生脱离了原有单位的束缚，直接看单纯的数字；另一方面，在操作过程中也蕴含了十进制的本质——不断细分的过程，唤醒了学生的认知经验。在0到1中间找点填写对应的分数和小数的练习，又一次将整数、分数和小数之间的关系呈现，同时也体现了整体与部分的关联，进而促进了知识的内化。设计在1和2之间找点填写对应小数的练习，既激活了先前学习纯小数的经验，又为学生打开了多扇窗户。“像1.1、1.2这类小数，用分数可以怎样表示呢？”给学生留下想象的空间。“1.1、1.2这些带小数的含义是什么？还可以怎样表示？”激活了学生的想象思维，促进了思维的进阶。借助数轴学材，将整数、分数、小数全部置于同一个模型当中，打通了数学知识之间的关联，帮助学生学会用整体的、联系的、发展的眼光看问题，进一步发展核心素养。

（二）主题二：认知过程一般性

问题1：当学生遇到“量而有余”的情况，对已有的经验产生认知冲突时，如何帮助学生自然地想到用十进分数或小数来表示？

见片段一：无刻度米尺量黑板，发现量而有余。

解答：当教师用无刻度米尺测量黑板宽出现“量而有余”的现象时，与学生已有的用整米数表示长度的经验产生了认知冲突，在问题冲突的驱动下，学生通过小组讨论产生制造标有分米刻度、厘米刻度的米尺的需求。这时，教师设计探究问题引导：如果还用米做单位，该怎样表示呢？单位间的十进制关系激发了学生的学习动机，引发学生积极思考，学生自然而然地想到尝试用分数和小数表示。在这里，教师围绕学生的认知和知识结构的逻辑设计探究活动，鼓励组内交流，互助探究，在尊重学生差异的同时，促进了知识的自主建构。学生在充分经历“经验—冲突—重构”过程的同时，也实现了思维的进阶与合作交流能力的提升。

问题2：基于学生认知过程的一般性规律，如何更好地沟通小数与整数、分数的十进制联系，帮助学生更好地理解小数？

见片段二：借助常见的计量单位，沟通小数与整数、分数的联系。

解答：教师基于学生的生活经验以及认知规律，选取了“人民币”和“长度单位”两种模型，利用单位间的十进制联系，通过单位的变化，从用整数表示到用十进分数再到用小数表示量，有效沟通小数与整数、十进分数之间的联系。当教师引导学生“把米尺当作1元”进行探究时，学生能够清楚地解释出“1角是其中一小格”的道理，说明学生在先前学习过程中形成的认知已经成功触达小数是十进分数另一种书写形式这一概念的本质。最后再通过“去掉单位名称”和“去情境化”的方式，进一步观察、比较，抽象、归纳出小数的共同属性，逐步细化并且抽象出小数概念的本质，让学生的认知在经历“具象—表象—抽象”的过程中，最终实现对一位小数意义的整体建构。

问题3：学生认识了纯小数后，“10个0.1、11个0.1”常认为是“零点十、零点十一”，怎样突破正确解答与已有认知结构产生的冲突？

见片段四：借助可拆拼计数器等直观教具数数。

解答：教学中在自主建构纯小数的意义之后，学生能够自然地从“$\frac{1}{10}$=0.1”过渡到“$\frac{9}{10}$=0.9”，当教师问“十分之十等于多少”时，根据之前积累的认知经验，有学生回答“零点十”“十点十”“十点零”等，这时“1.0”和“1.1”的意义便与学生已有的认知结构产生了冲突。为成功实现从一位小数“零点几”到“几点几”的过渡，化解冲突，这里教师选择回归到认识原点，借助计数器数位之间的关系，利用实物直观地帮助学生理解“10个0.1要进位就是整数1”。这一环节不仅帮助学生实现了从纯小数向带小数的过渡，还进一步体现了十分位和个位之间的十进联系，即小数数位和整数数位计数原则的一致性。除此之外，教师还结合直观图形帮助学生深化理解，借助正方形学材（如图6–4），通过分一分、涂一涂的操作，填写相应的小数，借助直观模型，调动多种感官，引导学生自然地由具体的量向抽象的数进行转变，真正实现一位小数从“零点几”到“几点几”的拓展，利用数形结合真正理解带小数的含义。

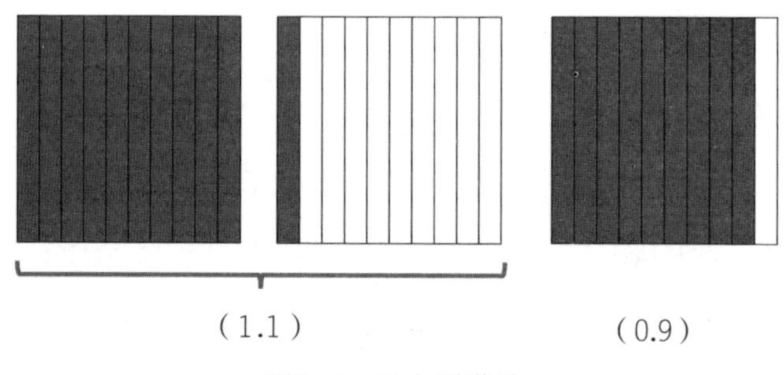

图6–4　正方形学材

问题4：从整数计数器发展到小数计数器，如何突破学生在学习此内容时不连续的认知难点？

见片段三：借助可拆拼计数器，感悟相邻小数数位与整数数位的联系。

解答：数位顺序表是小数概念学习的关键，计数器的灵活运用就成为建立数位表达最直观的形式。在以往的学习中，从整数计数器发展到小数计数器过渡连续性不强，显得不够自然，然而“整数和小数相邻数位之间的关系”其实也是学生的一个认知难点，这里教师借助“可拆拼的计数器”，通过对计数器的解构和建构，在课始先激活学生已有的整数十进计数法则的经验，课中再引导学生“创造”一位小数数位，在这样十进累积和十分细化的过程中，学生能够自主地建立整数和小数数位之间的联系。“组合式计数器”作为视觉化的工具载体，可有效帮助学生突破认知难点，实现从整数计数器向小数计数器的自然过渡，培养了学生的逻辑推理能力，发展了创新意识。

问题5：如何激发学生问题再生，使得学生的学习活动自然地延伸，强化学生的认知?

见片段六：鼓励质疑，活动延伸。

解答：在课堂的末尾，教师鼓励学生大胆质疑，并针对学生提出的新问题进行资源整合，提倡学生将问题串联起来继续研究。教师也可抛出开放性的问题，一方面激发学生问题再生，如“有没有两位小数”等，自然延伸至后续将要学习的内容，激发起学生继续细分数位的欲望，有序地创造认知结构。另一方面进行了文化的普及，如：小数是谁发明的？为什么要发明小数？是谁发明了小数？介绍了小数的发展史。小数是人类千百年认识和抽象的结晶，其高度的抽象性决定了学生认知过程的复杂性。课堂当中通过丰富、生动、形象的数学活动，使得抽象的数学意义生动形象地呈现在学生的眼前，再进一步结合数学文化历史，更加有利于学生领悟传统数学文化思想，强化认知。数学课程应反映数学的本质和发展前沿，让学生熟悉数学知识产生和发展的过程，在掌握数学基础知识和基本技能的同时，培养进一步学习和终身发展所需的核心素养，形成正确的情感、态度和价值观。

（三）主题三：学习目标发展性

问题1：如何联系学生已有的认知体系，为学习小数的知识做必要的铺垫，帮助学生后续实现经验的有效迁移？

见片段三：借助可拆拼计数器，感悟相邻小数数位与整数数位的联系。

解答：“数起源于数。”数，产生于解决生活问题的需要。当数量少时，可以一个一个地数，数量多时，可以用“一五”“一十”“一百”……来数，这样逐步累积就产生了计数单位，并在此基础上产生了数的进制。课始，教师用单个数珠引导学生一个一个地数到10、11，唤醒学生已有的整数十进制的经验。接着引出质疑：两个数珠横着摆，表示什么？2还是11？在学生释疑的过程中，可以捕捉到“数位”一词，显然学生已有的整数十进制计数的经验已被成功唤醒，在此基础上，教师及时强调“数数的时候还有位置”，使得学生被唤醒的经验得到进一步强化。本环节中教师借助计数器数数的经验，创造合适的问题情境，让学生自然联系已有的生活经验以及整数十进制的经验，成功已有的“从小到大”的整数数系认知体系，也为后续逆向学习小数、建构小数意义做必要的铺垫，有利于学生在后续学习中实现经验的迁移。整个活动过程中，师生作为学习共同体进行设疑、质疑、释疑的活动，加强了学生数学观察、数学思考、数学表达的能力，促进学生核心素养的发展。

问题2：如何围绕小数的本质理解展开活动，有效完成对小数十进关系的理解与意义的建构？

见片段二、片段三：运用常见的计量单位以及计数器理解小数构数系统。

解答：小数的构数系统与整数在规则上保持一致，因此在学习时，要非常注重小数与整数之间的联系。另外，小数的含义又与十进分数紧密相连，需要从整体与部分意义上进行理解。这里教师时刻围绕“十进制”这一核心元素设计层级活动，帮助学生理解小数的本质、小数系统的构造过程。课堂中教师利用生活中学生熟悉的各种计量单位，如“元—角—分”“米—分米—厘米”等，通过无刻度1米尺度量黑板长度的动作表征等，引导学生对其进行“细分”，进而转换到计数器中相反方向的递减，应用解构计数器的实物表征，体会从整数形态到小数形态的扩展，进一步体验相邻数位之间的十进关系。由于小数相比于分数更多地关注“量”，最后通过计数器中数数进位的活动，让学生在活动中观察到小数的数系结构，感悟小数与整数计数单位及数位顺序表的关联，有效地完成对小数十进关系的理解与意义的建构，实现思维的逐级发展。

问题3：如何突破学生在课堂中出现的认知障碍，化解冲突，实现对小数意义的深度理解？

见片段四：顺势思维，从纯小数向带小数过渡。

解答：在一位小数的意义建构中，学生建构起小于1的一位纯小数之后，会受“十分之一等于0.1、十分之二等于0.2、十分之三等于0.3……十分之九等于0.9”的影响，当数到十分之十的时候，学生产生分歧，有的说是1、1.0，有的说是10.10、10.0、0.10（零点十）。对于学生在课堂上出现的与原有认知结构不平衡的冲突，教师要抓住小数的本质，回归到小数发生的地方，借助计数器，在动作表征和实物表征中达到化解冲突的目的，将问题冲突划归到整数系的十进关系中，再次带领学生感受小数是整数系的自然扩张，数系扩张是数发展的必然趋势，从而进一步发展学生的数感。再通过图像表征，在正方形中辨认出0.1、0.2……0.9，自然过渡到10个0.1是1，同时也加强了学生对$\frac{10}{10}$等于1的理解，再过渡到用正方形表示1.1、1.2。回归到知识的原点，利用动作表征、实物表征和图像表征既帮助学生实现从纯小数到带小数的过渡，借助计数器突破发现十分之十等于1.0，10个0.1是1，也整体融通了小数与整数的计数规则，学生在亲身经历多元表征的同时，获得了对小数意义的本质的深度理解。

问题4：如何在课堂中激疑生惑，引发学生创新创造，发展核心素养？

见片段三：借助可拆拼计数器，感悟相邻小数数位与整数数位的联系。

解答：当教师再次呈现计数器，回顾理解一位小数数位与个位之间的关系时，教师抓住契机及时激疑生惑：表示一位小数的数位叫什么位？这一探究问题打开了学生的思维空间，激发了学生的学习兴趣，学生积极地尝试，给计数单位是0.1的数位起名字。活动过程中学生出现了多元化的表达，如“小数位”“副位”“零点位”“十分之一位”等，显然学生的推理思维已经被调动起来，虽表达不同，但都抓住了小数概念的核心元素。教师在完成了信息的收集和评价之后，提问：我们忘了刚开始是怎么分的？回到了数系发展的核心——十进制，直至“十分位”的出现，学生在自我创新创造的过程中实现了高阶思维的发展，培养了创新意识，深化了核心素养。

问题5：如何设计循环练习，深化学生对认识小数，实现思维的迁移及创新人格的发展？

见片段五：循环练习，深化认识。

解答：在练习的环节，教师通过正方形、数轴、单位换算等群组题的出示，以“一模多样、多模多样”等，让学生在相同与不同情境下进行观察、比较、辨析等活动，所有的题组都抓住了小数意义的核心，赋予小数的直观意义，让学生体会到小数是可见、可感的，深化了小数表征和意义间的联系。从浅层碎片化的练习到深度结构化的练习，学生自觉地将各要素联系起来以解决不同层次的问题，自然而然地对小数相关知识经验进行提炼、精细、联系、丰富和拓展，从不同的角度感受小数丰富的内涵，体会小数在不同情境中的含义以及不同情境中小数含义的一致性，最终回归到小数的本质。学生在简单情境中运用小数解释生活实际问题，多元化的表征情境使学生以不同的思维方式进行小数问题的思考，实现思维的迁移，同时练习实践立足于生活，也能够激发学生的创造性，促进学生创新人格的发展。

（四）主题四：教学研评一体化

问题1：怎样找准学生的小数生活经验和学习经验的连接点，选择恰当的学习内容以兼顾不同层次学生，实现全体学生共同参与研究？

见片段一：无刻度米尺量黑板，发现量而有余。

解答：学生在学习小数之前已经学习过整数计数系统，掌握了十进制计数法，同时在生活中还接触过大量与小数有关的现象，比如以“元”做单位的小数所表示的价格，以“米”做单位的小数表示的长度等，所有类似的认知构成了学生学习小数有关知识的特定经验世界。在课堂开始，教师借助计数器帮助学生回顾了整数十进制计数法及数位相关知识，并设计“无刻度1米尺测量黑板量而有余”的真实情境，制造了认知上的冲突，激发学生发散思维，产生均分1米尺的需要。基于学生已有的生活经验和知识，教师找到了与之密切联系的学习内容，借助可视化的学材，课程设计兼顾到了不同层次的学生，有效激发了学生学习的兴趣。在小组合作讨论的过程中，全体学生共同参与，互助探究，集体产生“细分”米尺的需求，实现了尊重学生差异，注重素养发展的目标。同时此环节教学能有效帮助学生初步体会小数的本质和整数一样是“十进制”，在前期做好了铺垫，后续学习可抓住小数的核心元素继续探索。

问题2：如何围绕学生的认知结构和知识结构组织活动，调动学生多种感官协调运作，帮助学生提高对知识的掌握、转换和迁移？

见片段一、片段二：均分米尺后，仍用“米”做单位表示长度。

解答：在学生创造了有分米刻度的米尺后，学生用分米做单位能够直接说出黑板“量而有余”部分的长度，这时教师便引导质疑：如果还用米做单位，该怎样表示呢？这一问题引发了学生的认知冲突，调动了学生多感官协同运作，引发学生积极的数学思考，学生自然结合已有知识经验和生活经验，想到用分数和小数表示。紧接着教师设置一系列问题串：还有别的方法吗？能不能把尺当成1元？1角等于多少元？情境的变换鼓励学生组内交流，互助探究，给予孩子充分的时间和空间自主探索，每一位学生都真实经历知识发生发展的过程，着力理解小数的本质，实现对知识的掌握、转换和迁移，学生的学习效率整体提高。

问题3：怎样设计练习，使得学生在练习过程中内化知识，巩固结构，并且激发新的认识、见解和创意的形成？

见片段五：循环练习，深化认识。

解答：练习是对本节课学习成效的评价。教师在课堂中设计了层次分明、结构联结的习题，优化教学过程，提高教学效率，促进高阶思维的发展。其中“数轴”习题的设计显得别有韵味，课件展示从0点开始逐渐变大形成数轴的动态过程，化静为动，用新的模型动态呈现“十进累积”以及“十分细化”的过程，唤醒学生经验。与分数更为关注数量关系不同，小数更为关注“量”，“填写数轴上对应点的小数和分数”的设计更是让学生脱离了“米”“元”等等单位的束缚，直接来看数，帮助学生再次构造知识的模型，内化知识，巩固结构。另外，像1.1、1.3这样的小数用分数怎样表示呢？这又打开学生思维，激发新的认识、见解，发展学生的创新意识。

问题4：如何鼓励学生质疑创造，实现对后续活动的自然延伸以及课程的育人价值？

见片段六：鼓励质疑，活动延伸。

解答：一个知识学习的结束，也是新知识的开始，如此循环往复。结构化学习重视学生对知识学习的自然延伸，在自然而然的知识应用中，激发学生的问题再生，有序创造知识结构。在课尾，教师鼓励学生大胆质疑：“学习完一位小数之后，你有没有什么问题要问？”激发学生思考："有没有两位小数？小数是谁发明的？"教师对这些问题进行快速地整理排序，鼓励学生进行后续研究，学生在不断地反思和追问中触发新结构知识的生长，产生想要继续细分计数单位的欲望，有效实现后续活动的自然延伸。同时，教师播放小数的发展史，让学生在实现对新知延伸的同时也实现了文化的普及，帮助学生了解和领悟中华民族独特的数学智慧，增强文化自信和民族自豪感，将核心素养落到实处。

三、同构异课呈现

【环节一】回忆旧知，感受联系

师：（板书"数"）认识"数"吗？自己写一个数。

（学生写的都是自然数，其中大部分都写了"1"）

师：写的都是我们学过的自然数，而且对"1"情有独钟。数学中的"1"可以表示什么呢？

（根据学生回答，出示1个长方形、1个正方形、1个圆、1元硬币、1个苹果、1个人、1条线段等图片）

师：（在板书"数"前面添上"小"）小数，还认识吗？你能把刚才写的数，改一改，变成一个小数吗？

（学生修改，大部分都在原来的数前面添上"0"和"."，"1"变成了"0.1"）

师：改一改，都能变成小数？看来，小数和我们学过的自然数还是有联系的是吗？你怎么想到这么改的？

生：超市里很多东西的价格都是小数，我见过。

生：我的身高是1.4米，也有小数。

（根据学生回答出示：橡皮筋的单价0.1元）

师：生活中确实会用小数表示价格。那你觉得什么是小数？小数"长"什么样子？

生：小数中间都有一个点，我知道这个是"小数点"。

师：你是说小数分为两个部分是吗？哪两个部分，有谁知道？

生：左边是整数部分，右边是小数部分。

（根据学生回答，出示小数各部分名称）

生：小数都比1小，都是零点几。

师：你看到周围的小朋友写的都是零点几，观察挺仔细的。看来，大家都对小数有一定的认识，那么，这些小数到底是什么意思呢？今天我们一起来认识小数。

【环节二】发散思维，合理推想

师：你们都认为小数比1小，（出示图6-5）这里有很多“1”，请同学们用自己的学材画一画，表示自己对0.1的理解，并在小组内介绍自己的思考。

图6-5

（学生画好后，在小组内介绍自己的作品。教师巡视。）

师：（出示图6-6）这些同学利用不同的学习材料表示出了0.1，你有什么想说的吗？

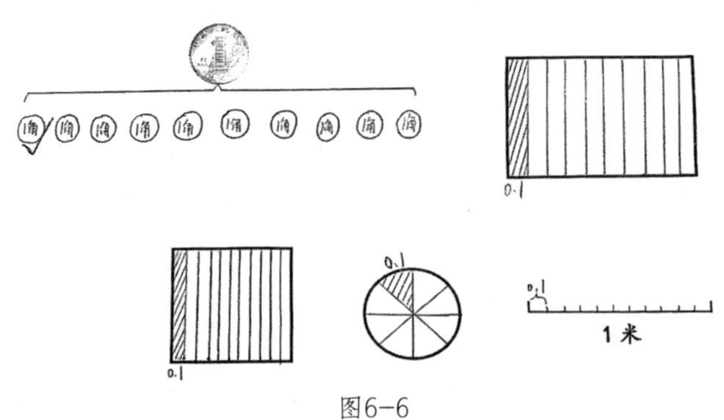

图6-6

生：其他都是对的，这个圆有点问题，他没有做到平均分。

师："圆"的小作者，你想说什么？

生：我也想平均分，但是做不好。

师：看来，你们都想把手中的材料平均分成10份，来表示0.1，是吗？根据刚才分一分的过程，发挥你们的想象，你还想到怎样表示出0.1？

生：我把一个三角形平均分成10份，一份涂上颜色，就是0.1。

生：我把一个梯形平均分分成10份，一份就是0.1。

生：任何一个东西，都可以把它平均分成10份，一份就是0.1。

师：你们想象力真丰富，表示出了这么多0.1。仔细想一想，它们有什么相同之处？

生：都是要平均分成10份，10份中的1份就是0.1。

师：怎么都想到平均分成10份呢？

生：1元里有10个1角。

生：1分米里面有10个1厘米。

生：我们以前学习的数，都是满十进一。

师：你们想得都很有道理。我们以前学习的很多单位，相邻的进率是10；学习的自然数，也是十进制的。所以自然而然的，也想到可以把"1"平均分成10份，一份就是0.1。

【环节三】抓住生成，体现联系

师：大部分同学都表示出了0.1，（出示图6–7）这个同学很特别。1份不是0.1吗，怎么就变成了0.5？

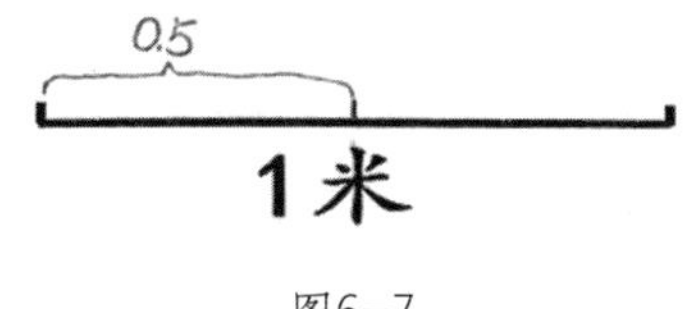

图6–7

生：一定要平均分成10份，1份才是0.1。

师：我明白了，1份就是0.1，2份呢？

生：就是0.2。

师：3份？

生：就是0.3。

师：那0.5应该是几份？

生：5份。

师：我看不到5份啊，谁能想办法改一改他的作品，让我们清楚看到0.5的“5”在哪里？

（学生修改后的作品如图6–8）

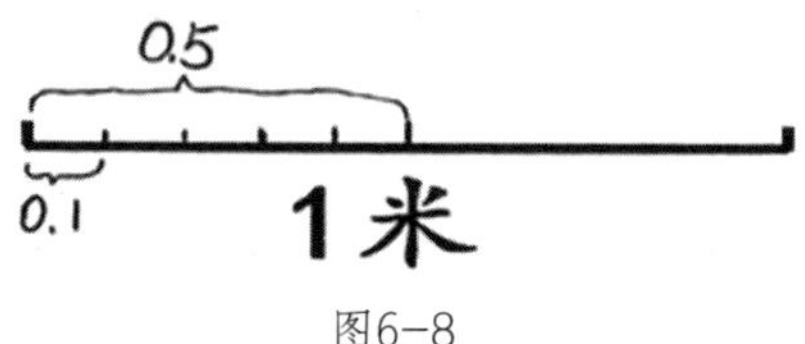

图6–8

师：现在看到0.5了吗？7份？9份？你发现了什么？

生：几份就是零点几。

生：几个0.1，就是零点几。

师：看来，0.1的作用很大啊。继续，10份？

生：1.0，就是1。

师：在哪里，到图上来指一指。

生：这里有10份，就是一整个图形，也就是1了。

师：你们看到满十进一了吗？怎么个“进”法？

生：这里有10个0.1，就进位了，变成了1。

师：（动态出示图6–9）如果把这个端点打开，你还能继续找到小数吗？它们在哪里，是多少？

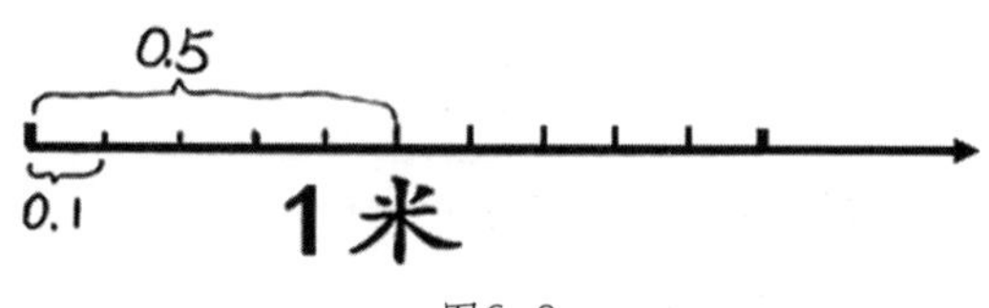

图6–9

生：（边指边说）后面一格，就是1.1，往后，就是1.2、1.3等等。

师：你们看到了吗？能说得完吗？

生：说不完，有无数个。

师：那刚开始有的同学说，小数很小，现在你觉得呢？

生：不小，它可以不断往后“长”。

生：还会有几百点几，几千点几。

【环节四】激发创造，整体建构

师：我们把很多的“1”平均分成10份，找到了0.1，还找到了零点几、几点几。这个“1”可以在简易计数器上表示吗？（学生点头）在计数器上还能表示小数吗？（出示图6-10）讨论讨论，试着表示表示0.3。

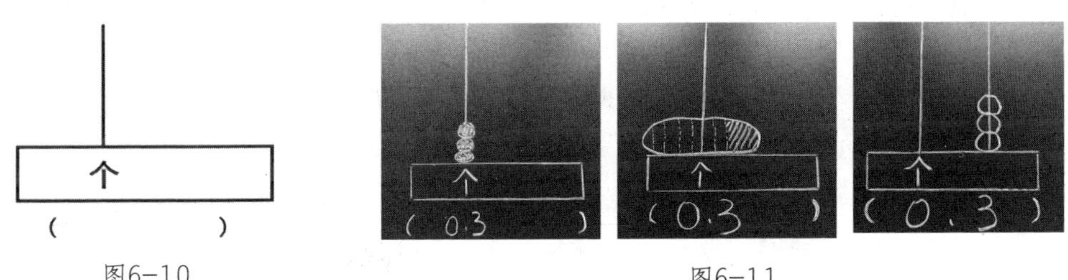

图6-10　　图6-11

师：（出示图6-11）比一比，你想说什么？

生：第一个不对，个位上3颗珠，就是3，不是0.3。

生：第二个没有平均分，如果平均分，表示的就是0.3。

生：第三个在个位后面一个数位，就是小数数位，这个数位上的3颗珠，才是0.3。

师：我想问问这位小作者，怎么想到要在个位后面增加数位，表示小数的？

生：个位前面的数位比个位要大，是十位、百位，在个位上肯定不能表示小数，小数比个位小，所以在后面添上一个数位，表示比个位小的数位。

师：大家明白他的意思吗？其实，这也是根据我们学习过的自然数数位顺序表的规律，左边的数位高，右边的数位低。寻找比个位还要低的数位，就可以在个位的右边增加一个数位，表示比个位低。这里的3颗珠，就表示前面作品（长方形、正方形、圆平均分成10份图）中的什么?

生：（指“1米的10等分线段”）这里的3段。

生：（指“10等分的圆、长方形、正方形”）这里的3份。

生：还有3角钱。

师：不同的方法都表示出了0.3。

【环节五】联系生活，明晰认识

师：课刚开始时，有同学说生活中有很多小数。你们看，是吗?（出示图6–12）先思考，然后完成。

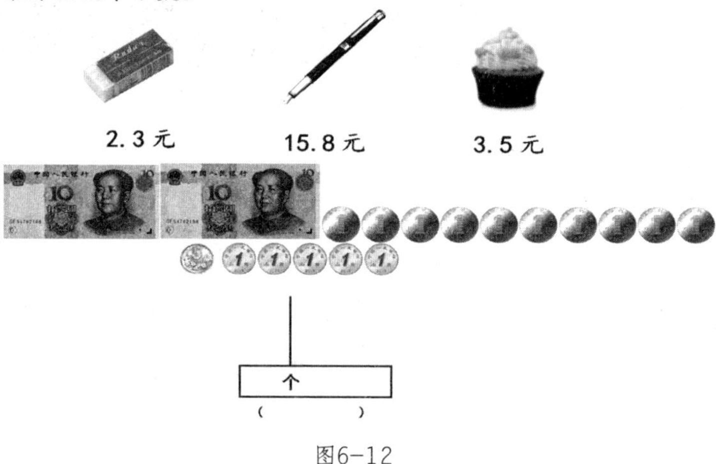

图6–12

（学生介绍自己的作品）

师：谁能总结一下，怎样才能正确地根据标价，圈出人民币?

生：小数点后面是几，就表示几角。

生：小数点前面的是多少就圈多少元。比如，15.8元，先圈出15元，圈出一个10元，再圈5个1元，然后圈出8个1角。

师：那怎么在计数器上表示出这些小数呢？

生：我先找个位，橡皮2.3元，个位上是2，在后面的就是那个“.3”了，再来一个数位。

生：我先想3.5元，就是3个1元，就在个位上画3个珠子，然后在它后一位上画5个珠子，表示0.5。

师：对照人民币，这些珠子表示的人民币是多少？还能找出来吗？

（学生回答）

师：我们同学说，生活中还有身高也会用到小数。这是1米。（出示1米白色直条）同学说他的身高1.4米，这个“.4”，你能利用直条找出来吗？

生：平均分成10份，一份就是0.1，4份就是0.4米。

师：我们用它来量一量课桌的高度。

（学生测量，发现课桌高度比0.6米多一点）

师：确切的高度怎么量，又怎么表示呢？

生：再继续平均分10份。

师：（出示图6–13）是你说的意思吗？那还能用几点几表示吗？

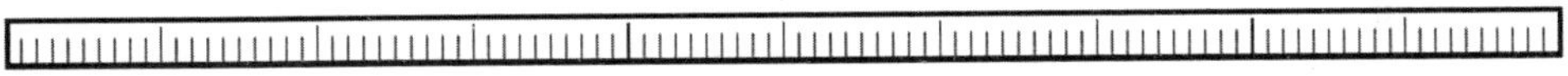

图6–13

生：不行了，还要多一个数位，就是零点六几。

师：看来，还有更多类型的小数是吗？

生：是的，还会有几点几几，比如，0.01什么的。

师：你想得很对。那这个0.01，和我们今天学习的又有什么联系？以后，我们还会继续研究。

认识小数不同维度的教学理解

一、认识小数的教学理解（一）

“小数的初步认识”是苏教版教材三年级下册第八单元的教学内容。这是学生第一次接触小数，也是数系的又一次扩展，其重要性不言而喻。在本节课之前学生已经有了学习“分数的初步认识”的经验，这也为本节课沟通小数与十进分数之间的联系埋下伏笔。关于本节课的教学，教材中为学生提供的是测量课桌的长度（5分米）和宽度（4分米）这样一个情景式的学材，这样的学材对接学生已有的度量经验。一线教师在教学中通常分两步处理：首先，让学生尝试把5分米和4分米改写成用“米”做单位的分数，鼓励学生介绍自己的思考过程；其次，把这两个十进分数改写成小数，这一环节由教师告知，并相机介绍小数的读法和写法。这样的教学设计也许能够很好地完成教学任务，但却不利于学生思维的生长以及对认识小数的整体建构。基于这样的理解，我们对“认识小数”教学进行了如下尝试：

（一）初次解读

“认识小数”是一节概念教学课，如果概念的建构处理不当，就很容易把一节课上得零零碎碎，课堂上问题小而多，留给学生的思维空间可想而知。因此在教学中，借助两个大活动和评价练习来进行课堂学习的整体架构，以尽可能大的数学问题，给学生腾出更多的思维空间，激发学生的思维活力。如何在课堂中看到不同学生的思维，是需要突破的重点。课前为学生们设计了一张学历案（如图6–14），以便上课时记录学生的思维。

“小数的初步认识”学历案　　　　姓名：__________

问题	任务	评价
一位小数表示什么意思？	1-1 你知道0.3表示什么意思？ 我添上的单位后是：0.3（　　） 我是这样理解的：	1-1 如果下图表示“0.2”，那么你能画出“1”吗？ 0.2
小数与整数之间有怎样的联系？	2-1 下列商品用“元”表示分别是多少元？ 1元2角　笔记本 3元5角　99元9角 （　　）元　（　　）元　（　　）元	2-1 你能看到哪些小数？（找一找、写一写） 1厘米 $\frac{1}{10}$ 分米 0.1分米

图6-14　“小数的初步认识”学历案

课堂中为学生提供了这样几种学材：

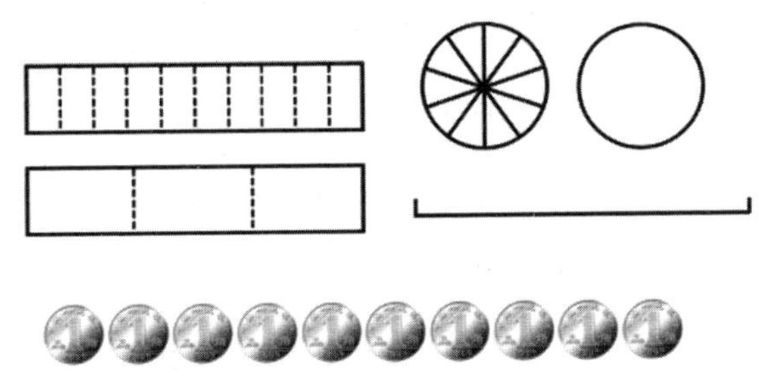

图6-15　“小数的初步认识”学材

这几种学材的思维难度是不同的。有比较开放的一条线段、一个圆；也有半开放式的十等分长方形、十等分圆、十枚1角硬币图；还有极具干扰性的三等分长方形图。

首先是经验的唤醒与激活：关于小数，你已经知道些什么？对于三年级的学生而言小数并不陌生，在生活中常常能够接触到小数，比如：超市中商品的价格中出现过小数，测量身高、体重、视力等结果用小数表示，甚至学生使用的铅笔芯粗细也用小数来描述，学生对于小数已经有了相当的经验储备。通过交流与分享，学生已有的经验储备一一呈现，生活中的小数的基本含义，小数的读法与写法等，都在这一过程中逐步解决。其次是意义的表征与建构，抛出这样一个问题：以0.3为例，你知道0.3表示什么意思吗？先给0.3添上一个单位，想一想这个数表示什么意思？可以写一写、画一画，用你喜欢的方式表示对这个小数的理解。（如果有需要，可以利用老师提供的学材）。

由于学生对小数的现实理解已经有了一定的积累，如何引导学生从小数的现实感受上升为数学理解，借助一定的数学方式呈现自己的思考，是本节课的教学重点。在教学中，这样的设计比较开放，且具有挑战性。当然，不同思维层次的学生可以选择不同难度的学材，但学生借助独立思考，调动原有的生活经验和数学经验，可以将自己的理解呈现出来。在实际教学中，我们发现并非所有学生都能够完成对小数的理解，不同的学习个体由于知识储备、数学能力和学习方法的差异，往往会呈现出不同的理解和表征水平。有学生不能够选择学材表示自己对0.3的理解，有学生则是选择三等分的长方形进行表示，认为0.3就是把一个长方形平均分成三份，取其中的一份就是0.3，显然是和分数的意义混淆。但正是有了这样的差异，教学中才可以实现不同思维之间的碰撞，让生生之间的对话、师生之间的对话得以展开，实现主动建构小数理解的可能。

当然，教学中必要的评价还是要有的，为此我设计了这样的问题：下图表示0.2，你能想办法表示出1吗？这里的设计主要是考虑学生是否真正地理解了一位小数，能够厘清一位小数和1之间的关系。学生可以借助对0.2的理解，反向思考1里面有几个0.2；也可以借助0.2和0.1之间的关系进行思考。第二个环节的设计则是回到实际生活：下面商品用“元”做单位，如何表示？考查学生是否真正认识了小数，知道小数和整数之间的关系，让学生对生活中小数的理解从模糊走向清晰。随后的练习，则是在常用的直尺中，寻找小数、分数和整数，感受三者之间的关系。

从实际课堂教学效果来看，这样的设计能够帮助学生建构对小数意义的理解，但学生对认识小数还不够深刻。让学生给0.3添上单位，教师“扶”的痕迹比较明显，可以适度考虑放手。练习设计之间缺乏层次性，学生已经能够理解一位小数，再由一位小数去想整数，显得比较多余。

（二）再次解读

“小数的初步认识”学历案　　　　姓名：＿＿＿＿＿＿

问题	任务	评价
一位小数表示什么意思？	1. 你知道0.3表示什么意思？ ①任意选择1-2个学材表示0.3的意思， ②尝试用语言简单描述你的理解。	1. 尝试在计数器上表示出0.3。 个
小数与整数之间有怎样的联系？	2. 你能接着画一画表示不同的小数吗？ 0　0.2	2. 下列商品的价格你能用小数表示吗？并在数轴中标出来。 1元2角　笔记本 2元5角 0　1

图6-16　“小数的初步认识”学历案（修改版）

这次的教学设计直接呈现问题：以0.3为例，你知道0.3表示什么意思吗？可以画一画，任意选择1-2个学材表示0.3的意思；也可以写一写，尝试用语言简单描述你的理解。没有任何多余的提示，教学时呈现不同学生的作品，有结合人民币来理解的，也有结合长度来理解的，还有学生用长方形图示表征。通过不同表征之间的对比，抽象出一位小数的意义。在练习的环节也进行了改编，让学生在计数器上画出0.3，但这里的计数器则是和以往的计数器不一样，只为学生提供了个位和竖杆，其余什么也没有。这就需要学生进行创造，学生创造的过程就是对小数的再次理解。

第二次的教学设计相较于第一次更加开放，探究的味道是有了，数

学味儿似乎还欠缺一些，比如课堂一开始用不同学材表征0.3，可不可以让学生自己创造学材；再比如，在创造计数器环节中可不可以将小数和整数的计数方式进行关联。

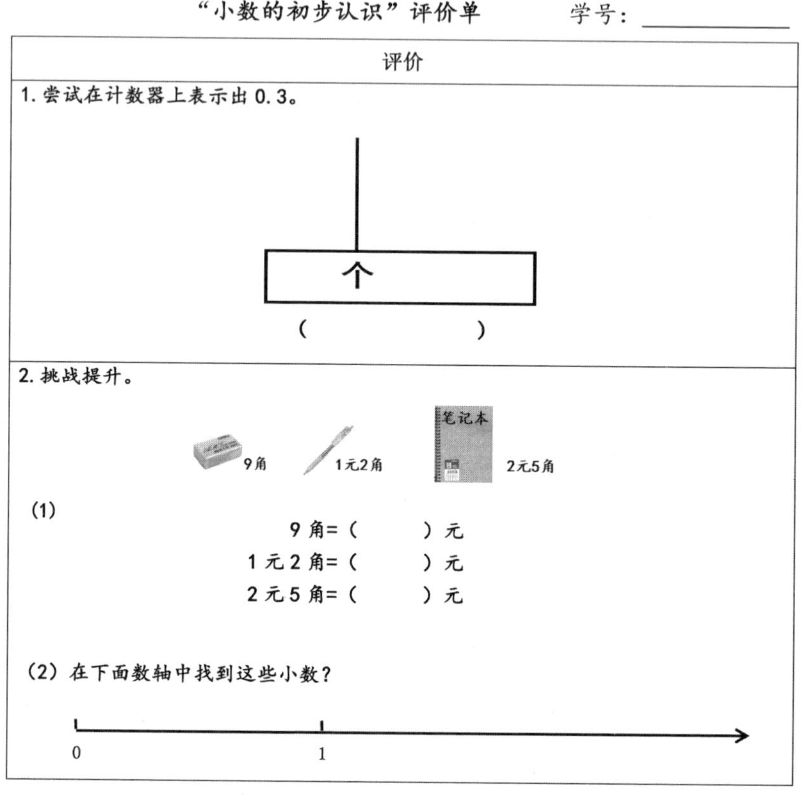

“小数的初步认识”评价单　　学号：________

评价
1. 尝试在计数器上表示出 0.3。 个 （　　　　）
2. 挑战提升。 9角　1元2角　笔记本 2元5角 (1) 9 角=（　　　）元 1 元 2 角=（　　　）元 2 元 5 角=（　　　）元 (2) 在下面数轴中找到这些小数？ 0　1

图6-17　“小数的初步认识”的评价单

第一个评价题，依据小数核心元素之间的关联结构，打通知识点之间的联系，创造学生真实的学习情境，促进认识小数的过程由内而外结构化的理解。通过“你能尝试在计数器上表示出0.3吗”这一问题，再度将学生带入学习状态，此时计数器上只有个位，其余什么也看不见，脱离了具体直观的图式，学生的思维得以放飞。课堂中学生呈现了三种代表作品，追问“你们觉得哪幅作品一定不正确”，正确的作品也许不太好判断，但错误的作品一目了然。第一个被学生否定的就是1号作品，学生说，因为他是在个位上画了3粒珠子，所以表示的是3，不是0.3，理由简单、明确，很快就获得了大家的认可；后面两幅作品学生不太容易判断，让学生分别解释自己是怎么想的？

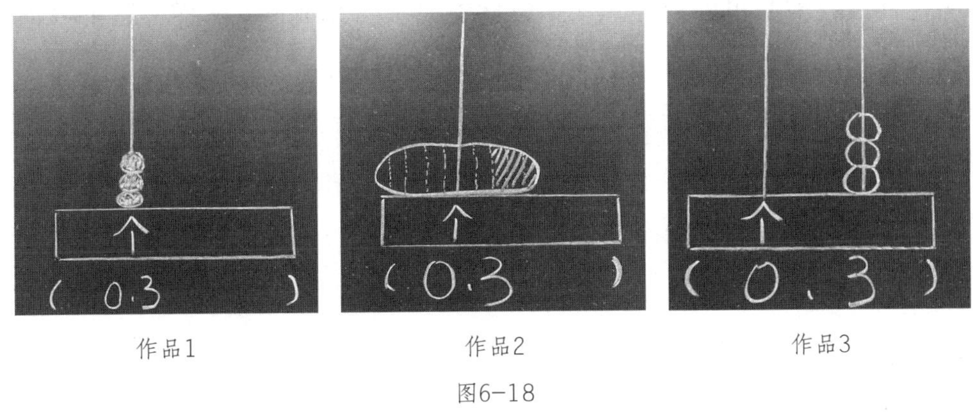

作品1　作品2　作品3

图6-18

在不同作品的解读中，数学的抽象性展现得淋漓尽致。面对看似没有空间的简单学材，学生在尝试中创造出了新的计数器。从错误地将三粒珠子画在个位上，到将个位上一粒珠子平均分成10份，表示其中的3份，这是关联任务中的操作经验，再到创造一个新的数位表示，学生的思维得到进阶发展。学生对作品解读完之后，追问学生：无论是我们之前用不同的学材表示0.3，还是在计数器上创造0.3，大家都不约而同地将1平均分成10份，现在能体会这是为什么吗？学生回答：因为1里面有10个0.1，因为我们以前学习整数就是十进制，现在学习小数应该也是十进制，那么10个0.1就是1……此时，教师相机追问：现在如果这一位（指着计数器十分位）上的一粒珠子表示一个数还比较大时，你会怎么办呢？再一次引发学生想象。

“材”虽简，但厚重，计数器中的自由表达，从真正意义上将小数纳入整数的学习体系，体现“数的认识”体系的不断发展与完善，促进学生学习正迁移。这样的学材关联了知识的核心元素。“画计数器”这一学材既关联了小数的意义，还关联了整数与小数之间的十进关系。关联，“关”的是一切有关系的，“联”的是所学知识构成一个整体。

第二道评价题，为学生提供了三种生活中的物品价格（橡皮9角、自

动铅笔1元2角、笔记本2元5角），先让学生用“元”做单位的小数表示这几种物品的价格，再尝试在数轴中找到这些小数。这是一个去情境化的过程，看似简单的数轴，却和教材中提供的数轴不太一样，这个数轴中只给了两个数据0和1，这样的数轴对学生而言有着一定的思考空间。这里的学习目标分三个层次：

第一个层次，让学生尝试用“元”做单位的小数表示商品的价格，这是一个“放”的过程，让知识回到学生的生活中去；其次，在数轴上估一估0.9、1.2、2.5这三个小数的位置，培养学生的数感，那估得准不准呢？

这时就进入第二个层次，找到小数的具体位置，呈现学生作品（图6–19），相机追问学生“0–1之间还有哪些一位小数？它们分别表示什么意思？1.2和2.5又是怎样找到的？”学生回答这些问题的过程中进一步丰富了对小数的理解，一方面通过0–1之间不同的一位小数和十进分数之间的关联知道，另一方面在找三个小数的过程中，纯小数、带小数应运而生。

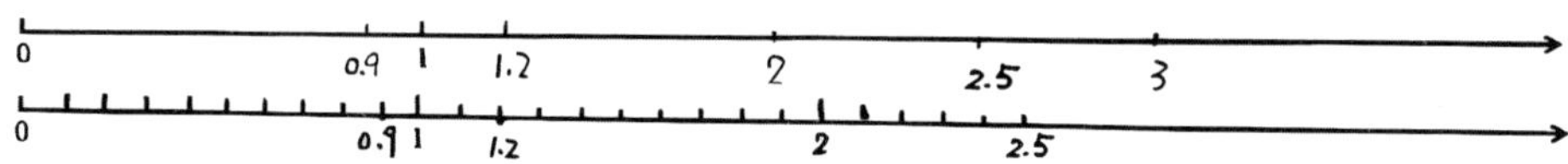

图6–19　数轴图

第三个层次，则是通过这样一个问题引领：“你们知道为什么大家把这样的图叫作数轴吗？”学生以前对数轴感觉可能还不深入，因为接触最多的就是整数，而三年级上册我们尝试在数轴上表示分数，今天尝试在数轴上表示了小数，学生对数轴也就有了更深刻的认识，有学生说“这上面可以表示无数个数”，也有学生说“这上面能表示整数、分数、小数”，更有学生说“每个数在数轴上都有自己‘特有’的位置，他们排在一起就是数轴”。收，收的是学生对数系的理解，学生对数的认识再上一个台阶。

综上所述，学材的使用需要注重知识间贯通，关联教学中的核心元素，所选学材必须有利于学生的思维发展，学材元素简、空间大、结构清，可以助推学生对概念本质的理解，促进知识的整体建构。

二、认识小数的教学理解（二）

教学是实施教育的基本途径，将教学落实在学习上，实现教学向教育的转变，需要思考教与学活动中的情感因素。基于学生主体建构富有个体知识的认知过程，与情感态度融合起来，充分发挥师生主体间的动态作用，从而认识到其作为教育目标的价值与意义，需要我们“逆向”思考教师教学思维方式的改善与学生学习方式的改进。小学数学结构化学习，基于课程内容结构化，着力认知过程与情感态度发展相融合，来培养学生数学学习的好奇心和求知欲，以及良好习惯、自信心与意志品质等，这对于改变偏重知识传授的教育以及改善学习浅表的教学现象都有着积极的现实意义。

（一）搭建梯子：连续认知基础与问题驱动的兴趣培育

数学学科知识具有高度的整体性和关联性，作为教师，在进行教学设计时要重视对教学内容的整体理解与分析，了解数学知识的产生与来源、数学知识的结构与关联，理解知识核心要义，清晰学生认知冲突，基于教材甚至突破教材创造最符合学生认知需求的学习内容。把知识从教材中“请”到学生的身边、手上、心中以至大脑里，为学生搭建一个具有“脚手架”意义的学习“梯子”，以充分调动学生主动投入学习活动的兴趣和自信心，唤醒教师与学生一起进入学习的积极状态。

1. 整体感知中培育好奇心

首先，要基于对教材知识的理解以及学生认知基础的了解，搭建合适的“脚手架”，让知识从书本上回归到学生的身边，回归到学生的生活经验当中。在教学“小数的意义”一课中，刚开始教师就突破了教材的主题以及学生学习的主题，即五年级学习“小数的意义”是基于三年级的认知基础进行的“小数再认识”。从课程内容的整体性出发，连续旧知，综合运用多种生活情境有层次地回顾了整数十进制计数原则，即回归了知识的本源——“计数单位”是“数概念”的一致性本质。这里，教师借助“无刻度米尺”从测量身边熟悉的物体“黑板、屏幕”到想象“报告厅的长、操场的长”，由近及远，层层递进，学生在观察和想象中感受“随着测量长度的增加，计数单位也在不断变大”的过程，再通过问题“这些整米数能在计数器上表示出来吗”的驱动，触发学生积极进行回顾与思考。通过观察与思考，学生对数学学习的好奇心油然而生，在问题驱动下打开了想象的思维。学生经历“用计数器表示整米数”的操作应用过程，通过模型抽象化真实地“回顾”并进行数学观察思考的实践体验，调动了数学学习的积极情感，培养了数学学习的兴趣和主动学习的好奇心。另一方面也帮助了学生认知水平的提升，让计数器成为学习小数意义思维的“脚手架”。教师基于课程内容整体性的情境设计能够使学生对教材从“可接受”到“乐接受”，有利于培养学生积极的课堂学习情绪，促进学生认知优化、深化和内化的发展。

2. 认知冲突中激发求知欲

认知是引起情感产生的主导性因素，教师基于学生的认知基础，让学生经历无刻度米尺量课桌发现“量而不足”的操作，产生认知冲突“不足1米，是多少米呢？”学生已有的经验瞬间被唤醒，积极主动表达自己的想法“将1米平均分成10份去量，其中1份就是$\frac{1}{10}$，也就是0.1”，自然连续了学生已有的关于小数的经验。当学生已有的经验被成功唤醒，学习兴趣浓烈时，教师又通过问题驱动：“0.1在计数器上怎么表示？画在你的学习单上。”调动了学生的好奇心并促使独立思考，进而针对不同的作品及时进行恰当的反馈调节。基于认知的分类与分层，适切的问题引导与学生原有的认知产生冲突，激发了学生强烈的求知欲，在独立思考与自我反思中促使学生认知层级上升，思维品质伴随自我认知完善而不断深刻发展，学生的自我效能感也不断强化。其间教师站在尊重学生生命独特性和自由发展性的立场，用适当的问题引导为学生搭建“妙梯”，在认知冲突中激发学生的求知欲和探索精神。这样，在富有挑战性任务学习活动中有助于学生形成独立思考的个性和勇于探索未知的精神。

3. 贯通理解中发展自信心

要想发展学生自信心，就要找到知识的源头，连续学生已有的学习经验，并让学生真实经历问题解决的过程。在课堂的开端，学生已经经历了“用计数器表示整米数”的过程，并且成功连续已有的一位小数的经验，解决“量课桌长不足1米怎么表示”的问题。学生的自信心显然已经得到发展，感受到自己是课堂活动的主动体验者、探究者和表达者，并不断连续已有经验促进自主探究。紧接着又回归到计数器：“0.1米怎么表示？”引导学生积极思考、创生创造“新的数位”并表示出一位小数0.1，贯通理解小数和整数计数原则的一致性，为实现整数和小数数系融通打下坚实的基础。这个过程既增进了学生对知识的贯通理解，又发展了主动学习的自信心，学生也就愿意主动构建数学知识框架，主动思考数学问题，营造和谐愉悦的数学课堂氛围。

（二）找寻钥匙：关联独立思考与合作探究的能力培养

学生获得数学经验和情感体验往往来自个体经历的数学活动过程，而这个过程也是通过交往的社会化学习而不断实现的。学生在交往活动中，通过与他人对话、互动，可以让模糊的认知清晰起来，促进元认知水平不断提升，从而对认知的对象形成更全面、更深刻的认识。要想学生能够更加专注地投入同伴交往活动中，就需要教师基于学生认知基础引导学生找到一把把打开思维之门的“钥匙”，即通过突出学习方式的变革激发每一个学生能够独立思考并积极参与到“共同”问题的探讨之中，展示不同学生不同的理解与表达，多元表征成了在解决真实复杂问题的过程中培养学生意志品质的教育成果，教学方式变化也将随着课堂的差异发言和个性表达回归到学生主体，教师的教给予学生的学在理解实践以及展示分享方面更大的时空，让学生在合作交往中自主研讨，交流探索，质疑反驳，平衡统一，在经过一次次的思维碰撞之后，不断寻得知识文化的本质认同，在具有小组合作探究的社会学习活动中培养良好的学习习惯和发展专注学习的意志品质。

1. 独立思考中的好习惯养成

数学课堂需要学生进行有意义的数学思考，学生数学学习效果与良好学习习惯的养成具有密切的联系，良好的学习习惯可以让学生在课堂上保持专注力，促使学生独立思考数学知识，并开阔学习视野。在“测量数学书的长”活动中，除了在小组合作学习的角色体验，经历人人独立思考与表达的过程之外，在合作“成功”之后，又继续推动学生对“作品”进行赏析与评价。每一份展示的作品也是一把打开思维之门的“钥匙”，反映出学生们不同的思维方式与思维水平。这时，针对学生不同的表达方式，教师引导“对他们的作品进行提问和补充”“哪些作品比较相似”，不断促进学生思维在“分类与分层”中品质的提升，并请学生上台当“小先生”进行讲解，台下的小伙伴进行独立思考与互动研讨，在学生自主学习的过程中自然养成了独立思考、敢于表达和勇于质疑的好习惯。

2. 合作探究中的社会性发展

每一份作品都是学生个人与集体智慧的结晶，需要经历对比优化的过程，才能实现数学表达的简洁性，感悟数学知识的真谛。这里，教师把课堂交给了学生，鼓励学生按作品层次排序自主上台当“小先生”，学生A：“把米尺平均分为十份，取其中的一份，再分为十份，这样就可以量出数学书的长度。”学生B：“我是画线段图的，这一段就表示1米，也就是10分米，数学书在2分米到3分米中间，是2.5分米。”在差异处教师相机追问：“你能评价一下这幅作品吗？”学生的积极性立马被调动，主动反馈：“这样测量不够准确。”同伴在差异处、本质点的评价意见，有力量的合作探究点燃了学生们的学习激情，并且在合作探究的过程中提炼出概念的本质，更多同学愿意相互合作、支持，大胆主动地表达自己的想法。情感的接受与认同是学生心脑合一地理解知识的重要标志，能够促使学生比对自身原有的知识，内化并形成新的个体知识结构。生生之间以平等的身份进行交流分享、合作互助，学生在倾听他人发言中启发了自己，在相互思辨中修正了自己，不同的学生在交流质疑中实现不同的思维进阶。

不同作品相同点、不同点的对比，在具象与抽象、特殊与一般之间不断地完善、优化与建构小数的意义，有效促进认知结构的发展和完善。同时，教师引导学生对不同的表征进行对比与优化，对于儿童来说，也是必要的学习方法指导。教学是师生与生生之间以具体学科为依托展开的一场精神对话。显然，这样的对话是认知与情感的高度融合与契合。通过及时的反馈调节，自然构建较为完善的认知结构，由整体性走向结构化的教学活动改变了单一的知识传授，师生进行积极情感交流以实现师生心灵的共同成长，以发展心智的视角，探索实践认知与情感“双轮”驱动人的全面发展。

3. 自主创新中的意志力培养

学生在生活化学习情境中学习数学知识时，注意力就会变得更加集中，学习进度也会加快，从而加深对数学知识的记忆，提高创新创造能力。在自主探究“数学书的长”之后，引导学生又一次经历了对“数学书的宽到底是多少”的推理想象过程，生生之间相互合作，补充完善，台上台下互动，学生越来越走到学习的前面，这时教师便成为欣赏质疑的人，鼓掌激励的人。学生的学习兴趣更加强烈，思维碰撞也更加激烈，在相互摩擦、质疑辨析的过程中，达成共识。从用一位小数表示长度，拓展到两位小数、三位小数等等，教师在这里设计由浅入深、层层递进的问题环节，激发学生思考，生生之间相互鼓舞，相互启发，在逐步克服困难的过程中，创新创造新的数位，自主概括小数的意义：“一位小数就是十分之几”“两位小数就是百分之几”“三位小数就是千分之几”，深入地认识了小数。

显然，自主思考、交流质疑之后的学生形成了科学的学习态度、敢于质疑的精神以及坚强的意志力，让学生持续不断进行数学思考的学习品质得到有效提升。学生在情感和认知的碰撞与冲突、接纳与吸收过程中构建个体知识，并结合自己的生活经验及情感体验主动将其内化为自身的核心素养。

（三）打开窗户：循环实践应用与自我认知的素养提升

数学学习的过程是一种螺旋递进、循环上升的过程，学生获得了新知之后，要重新回到生活中去实践，在实践创造中进一步发展知识、认知与情感。科学的迁移应用、回顾反思促进元认知水平不断提升。结构化学习重视构建师生、生生动态主体结构，激发学生打开多扇窗户，想象预见未来的可能，启发创新创造的能力，打开思维的视野，变换思维的视角，培养对新问题持续学习的意志品质，不断实现核心素养落地生根。

1.迁移应用中开放质疑

恰当的练习评价有助于推动学生联系已有的知识经验来解决复杂情境当中的问题，实现新知的迁移应用，打造开放质疑的课堂氛围。在循环应用的学习环节，出示活动问题：“小数和整数可以连接起来吗？”并提供结构化评价题：“你知道1.1米怎么表示吗？”“100.1米呢？”引导学生综合迁移应用，进阶思维品质，发展观察、比较、理解、应用、想象的综合能力，将独立思考与合作交流不断应用其中，改进学生学习方式，打开了学生思维，激发学生学习潜能。在解决第一道题时，学生之间就产生了思维碰撞，有的同学想到用黑板上的无刻度1米尺和对折后的有刻度1分米尺拼接在一起表示，有的同学则想到用计数器来表示。在反馈调节的过程中逐渐形成独立思考、反思质疑、合作交流的好习惯与好方法，发展了实事求是的科学态度和敢于质疑的理性精神。而后两道题更能够打开学生想象思维，学生在经历想象表达的过程中实现了思维的进阶，展现了开放、联想、发散的良好学习思维状态。开放性的应用教学切实增强了学生探索学习的积极性与自信心，充分发挥了学生学习的主体作用，学生在开放质疑的课堂氛围中，大大提高了对数学的热爱与用数学实践创造的热情。

2.生活实践中理解创造

学生学习了新知之后，要回归到生活实践中去寻找知识的原型，对已学知识进行再认知，促进知识理解和思维创造。这里，教师又提供多素材的结构化情境：“从佳营小学到南京南站的距离是7.4千米”，针对生活中的素材情境，提供问题驱动：“你知道这里的小数表示什么意思吗？”面对生活当中所熟悉的问题，学生的情绪瞬间被调动，思维立马被打开，纷纷表达自己的想法，展现出不同水平学生不同层面的理解，最终对于“7.4千米”能够理解表达是“七千四百米”。结构化的练习，有助于学生自觉将各要素联系起来以解决不同层次的问题，自然而然对小数相关知识经验进行提炼、精细、联系、丰富和拓展，感受小数丰富的内涵，体会小数在不同情境中的含义以及不同情境中小数含义的一致性，最终回归到小数的本质——计数单位的一致性。这里教师选用一种自然通透的教学方式，体现了数学与生活的关联性，让学生通过数学的眼光理解自然现象背后的数学原理，感悟数学的实用价值。学生回归到生活实践中对新知进行再认知，既增进了对新知的理解，又培养了创新意识，发展了学生的数学表达的能力。

3.自我反思中认知完善

教学中，教师引导孩子进行自我回顾与反思，是通过“例题”不同层面的育人要求，回来引导学生再认识去实现的。数轴作为学材，既能够将整数、分数和小数关联呈现，又能够脱离现实情境，脱离单位的束缚感受不同数之间的关联。“0–1之间有哪些小数？”“0–10之间有哪些小数？”“0–0.1之间有哪些小数？”层层递进的问题自然而然地完善了学生认知结构，并进一步增强了学生的数感。最后，教师设置开放性问题：“今天又认识了新的小数，你有什么发现？还有什么问题？”抛出开放性的问题为学生打开了多扇窗户，激发学生问题再生，学生在自我反思的过程中完善认知结构，在开放想象的过程中激发积极的学习热情。在掌握数学基础知识和基本技能的同时，又进一步培养数学学习和终身发展所需的核心素养，形成正确的情感、态度和价值观。

这启示我们需要基于课程内容结构化，积极促进认知与情感发展相融合，在学习的整体过程中形成独立的个性、健全完整的人格以及持续学习的关键能力，从而培育具有文化精神、生命人格特征的人。

参考文献

[1] [美]皮亚杰.结构主义.商务印书馆，1987（2）.

[2] [美] J.S.布鲁纳.布鲁纳教育论著选.邵瑞珍，张渭城等译.人民教育出版社，2018(1).

[3] 吴玉国.小学数学结构化学习的实践研究.江苏凤凰教育出版社，2021（1）

[4] 谭敬德,陈清,张艳丽.维特罗克生成学习理论认识论特征分析及其对教学设计的指导意义[J].电化教育研究,2009(08):22-25.

[5] 朱俊华,吴玉国.结构化学习因“变式”而精彩[J].中小学教师培训,2019(04):63-65.

[6] 朱俊华,吴玉国.基于单元整体的小学数学结构化教学[J].中小学教师培训,2019(09):60-63.

[7] 颜春红,吴玉国.结构化学习的活动设计与组织[J].江苏教育研究,2018(01):35-39.

[8] 郑毓信.数学哲学与数学教育哲学.江苏凤凰教育出版社.2007(4).

[9] 席爱勇,吴玉国.学理分析:让结构化学习深度发生[J].中小学教师培训,2018(04):54-57.

[10] 万兆荣,吴玉国.结构化视角下“认识比”学材开发的实践与思考[J].中小学教师培训,2019(05):68-71.

[11] 陈碧芬,张维忠,唐恒钧.“数学教学回归生活”:回顾与反思[J].全球教育展望,2012,41(01):86-92.

[12] 郑旭东,王美倩,饶景阳.论具身学习及其设计:基于具身认知的视角[J].电化教育研究,2019,40(01):25-32.

[13] 李迪.十进小数发展简史[J].数学通报,1964(10):47-49+16.

[14] 陈黎春.数系家族中的晚辈:小数[J].小学教学(数学版),2021(11):66-68.

[15] 房元霞.小数的起源与发展[J].中学数学杂志,2008(06):65-66.

[16] 汤慧龙.试论秦九韶《数书九章》的数学教育价值[J].绍兴文理学院学报(自然科学),2004(09):96-98.

[17] 索宇.明清算学歌诀化及其在江南产业技术中的运用[D].苏州大学,2010.

[18] 谭青兰,袁箭卫.分数与小数的发展简史[J].湖南教育(数学教师),2008(03):42-44.

[19] 崔婉婷.巧用数学史厘清数学概念——以“小数的初步认识”为例[J].天津教育,2021(03):24-25.

[20] 井兰娟,潘丽云.数学史融入小学数学课堂教学的研究与实践——以小数的初步认识为例[J].中小学数学(小学版),2019(09):3-8.

[21] 吴玉国.结构化学习指导提升教学品质与效益的研究[J]. 江苏教育研究, 2018(6):4.

[22] 吴玉国.教师队伍专业化发展的理性思考与问题解决[J].江苏教育,2021(Z2):100-101+106.

[23] 吴玉国.“五学”融通, 整体建构——小学数学结构化学习的理解与实践[J].小学教学(数学版),2020(12):13-15.

[24] 吴玉国.关联:让学习自然结构起来——“小数的意义”同课异构教学评析[J].小学数学教育,2020(18):51-52.

[25] 万兆荣.结构化:为思维有痕而学——吴玉国老师《小数的意义》教学赏析[J].教育视界,2017(20):22.

[26] 万兆荣,吴玉国.小学数学结构化学材开发的实践探索[J].教学与管理,2021(11):51-53.

[27] 毛文波,吴玉国.小学数学结构化学习:学程设计模型的建构与实践[J].中小学教师培训,2021(02):46-52.

[28] 毛文波,吴玉国.结构化学习学情调研的框架与实践[J].教学与管理,2020(35):23-25.

[29] 朱俊华,吴玉国.小学数学结构化学习评价内涵、模型和实践策略[J].中小学教师培训,2020(09):53-58.

[30] 孙谦,吴玉国.小学数学结构化学习：整体意义关联的教学理解与设计[J].江苏教育研究,2020(25):53-58.

[31] 吴玉国.《小数的意义》教学实录[J]. 教育视界, 2017(20):4.

[32] 万兆荣,吴玉国.小学数学结构化学材开发要义及原则[J].教学与管理,2020(23):33-36.

[33] 席爱勇,吴玉国.数学实验让小数概念意义的建构看得见[J].教学与管理,2020(05):34-36.

[34] 万兆荣,吴玉国.元素发现：让结构化学材有章可循[J].数学教学通讯,2019(25):10-12.

[35] 毛文波,吴玉国.备课轴:小学数学结构化教学设计实务[J].中小学教师培训,2018(12):62-66.

[36] 万兆荣,吴玉国.小学数学结构化学材的开发[J].教学与管理,2018(32):44-46.

[37] 吴玉国.重整数学教材,培养学生的数学学习力[J].江苏教育,2013(17):39-40.

[38] 赵鑫.课程文本理解的情感逻辑和育人路径[J].南京社会科学,2022(8):143-151.

[39] 王平.发挥课堂教学中情感的育人价值[J].教育家,2022(28):28-29.

[40] 陈美英.如何在小学数学课堂中培养学生独立思考能力[J].科幻画报,2020(11):106.

[41] 赵敏，崔岐恩.简论核心素养中的情感:基于朱小蔓情感教育研究[J].生活教育,2022(6):44-49.

后 记

小学数学结构化学习教学指导研究很有意义，其节点课“认识小数”的实践研究作为第一个案例《小学数学结构化学习教学指导》结集出版了。

结构化学习的教学指导，是实践与实现结构化项目研究的成果应用。“十三五”期间，《小学数学结构化教学实践研究》是我参加江苏省人民教育家培养工程的主题研修项目、主持研究的江苏省教学前瞻性改革项目与江苏省教育科学重点规划课题，实践研究了结构化教学与学习的框架与范式。这本书，是我们一课研究的过程梳理和成果呈现。“十四五”期间，接着研究申报了江苏省基础教育内涵发展项目《小学数学结构化学习课程基地建设》，研究不断走向深入，《小数的认识》是基地建设主题研究的第一本课程资源。

结构化学习的教学指导是理解与实施新课程标准理念的前瞻探索。新课程标准强调课程内容的结构化，我们的研究在新课标颁布之前就有所探索，其过程与成果都是在积极科学实践新课程改革的探索。显然，这本书对现在落实新课程标准，特别是课程内容结构化要求的是能够起到示范与引领作用的。结构化学习的教学指导，旨在促进教师教学思维的完善与学生学习方式的改进。其中的结构化学理、学情、学材、学程与学评的“五学”实践，为有意义的数学学习开辟了新路径，切合知识原理、认知规律与情感路径，从而让学科育人的实践改革能有效地落地生根。

结构化学习的教学指导是引导与指导小学数学教师专业化成长与发展的课程资源建设。这本书完成过程，就是促进教师数学教学思维完善的过程，采用聚焦核心知识节点课的方法，立足一课，突破性地将数学知识与思想方法结合起来，举一反三、融会贯通，促进教师数学教学“一课通，百课通”与学生数学学习“课课不同，课课融通”的素养发展。

结构化学习的教学指导，是体验与体现了团队发展的智慧过程。从构思框架到细节修正，得到了领导的关心与老师的支持。首先感谢市教科所刘大伟所长，组织汇编南京教育文库，鼓励我们将教育的实践成果呈现出来，这才有了这本书的面世。其次感谢参与小学数学结构化研究的团队成员，在这本书的形成过程中积极参与和用心整理工作。特别是南京市秦淮区五老村小学的孙谦、王静、杨梅芳、高小娣、朱岩、陆小蓓、王佳、傅子萱、刘念、王睿、汤雅茗、汤玉美、周啸笑，南京外国语学校明远小学的左小平、郭文静，南京市佳营小学的徐燕、姜梦莹、陈博文、朱文娟，南京市秦淮区第一中心小学的杨蓉，南京市凤游寺小学的周萍，南京市银龙花园学校的胡小婷等老师在整理实践资料的过程中，都付出了艰辛的努力，孙谦、朱文娟、姜梦莹老师还在书稿的研究组织、文献收集、校对整理等方面做了许多的工作。南京市特级教师名师工作室的成员毛文波老师给本书框架设计提出了建设性的意见与建议。以上，一并表示感谢！

“认识小数”是结构化学习研究“一课一本书”的第一个成果。我们希望通过这种方式，推动结构化学习研究不断走向深入与成熟，也期待能够引起更多的教育同行的思考和关注。这本书出书时间短，一定有许多看来仍不够科学，甚至是错误的地方，需要进一步研究与实践。这些，都恳请专家与读者给予指导与指正。

谨以此书献给大家！

吴玉国
2023年2月1日于南京市五老村小学